全国高职高专规划教材·旅游系列

 浙江省"十一五"重点教材建设项目

客房服务与管理实务

叶 红 主 编

林 枫 副主编

内 容 简 介

本书以教育部关于高职课程改革的具体要求为指导思想,与行业相关人员合作,根据技术领域和职业岗位(群)的任职要求,参照相关职业资格标准改革课程体系和教学内容,建立了突出职业能力培养的课程体系以规范课程教学的基本要求。全书内容共分为 14 个项目。项目一概要介绍了客房服务的礼貌礼节;项目二至项目十对现代酒店客房部各项工作进行了详细分项讲解,内容涵盖客房清扫、公共区域、客服中心、制服和棉织品部以及洗衣房等;项目十一至项目十四则从客房服务管理角度入手,结合现代酒店客房部对管理人员的要求展开,内容包括如何打造知识型客房部员工、客房部员工沟通技巧和抗压能力培养以及管理者的管理风格。

本书以行业要求为导向选择教学内容、以能力要素为标准建设教学项目,以实际过程为线索串联教学体系,以客房职业资格证书要求设立考核体系,可以作为高等职业教育旅游酒店管理专业的教学教材,也可以作为酒店职业经理人的培训和自学用书。

图书在版编目(CIP)数据

客房服务与管理实务/叶红主编. —北京:北京大学出版社,2010.11
(全国高职高专规划教材·旅游系列)
ISBN 978-7-301-17861-4

Ⅰ. ①客… Ⅱ. ①叶… Ⅲ. ①饭店—商业服务—高等学校:技术学校—教材 ②饭店—商业管理—高等学校:技术学校—教材 Ⅳ. ①F719.2

中国版本图书馆 CIP 数据核字(2010)第 192832 号

书　　　名:	客房服务与管理实务
著作责任者:	叶　红　主编
策 划 编 辑:	胡伟晔
责 任 编 辑:	胡伟晔
标 准 书 号:	ISBN 978-7-301-17861-4/F·2594
出　 版　者:	北京大学出版社
地　　　址:	北京市海淀区成府路 205 号　100871
网　　　址:	http://www.pup.cn
电　　　话:	邮购部 62752015　发行部 62750672　编辑部 62765126　出版部 62754962
电 子 信 箱:	zyjy@pup.cn
印　 刷　者:	三河市博文印刷有限公司
发　 行　者:	北京大学出版社
经　 销　者:	新华书店
	787 毫米×1092 毫米　16 开本　14 印张　324 千字
	2010 年 11 月第 1 版　2020 年 7 月第 6 次印刷
定　　　价:	28.00 元

未经许可,不得以任何方式复制或抄袭本书之部分或全部内容。
版权所有,侵权必究
举报电话:010-62752024;电子信箱:fd@pup.pku.edu.cn

前　言

　　高职酒店管理专业培养适合现代酒店服务管理第一线岗位需要的高素质技能型专门人才。客房服务与管理技能是专业学生必须掌握的核心技能之一。对客房服务管理知识的教学进行改革和强化是专业人才培养及教学改革的重要组成部分。

　　高职教育改革要求课程能够以实际工作过程为导向，实现理论知识和实践知识的融合。要实现这样的目标，必须以学生在未来岗位上可能面对的实际工作情景为依据设置项目，在项目中融合学生解决问题所需要的理论与实践知识。本书正是在这样的改革背景下编写而成的，内容紧贴行业现状和教学实际，在满足旅游类高职院校的教学改革的同时，也可以作为星级酒店客房部员工培训学习的资料使用。本书的特色主要体现在以下方面。

　　1. 课程内容创新，具有一定的先进性。

　　酒店管理人员的加入使得本教材能够体现专业的最新发展，本书参考目前酒店正在实际采用的服务程序和正面临的一系列服务问题组织内容，弥补了现有教材中尚未涉及的一些服务管理实用知识，如：酒店客房内设施设备的维护（地毯的维护，除污方法），领班查房技巧，打造知识型的客房部员工；客房部员工的沟通技巧与抗压能力的培养；客房部管理者的管理风格等。

　　2. "教学做"一体化的编写思路。

　　教材结构能够打破传统的课程学科体系，以项目为单元组织教学内容，以具体的服务过程贯穿整个教学过程。让学生"在做中学"，而做的内容即是目前酒店客房服务与管理中须掌握的程序、方法；需要解决的是学生未来上岗后面临的真实问题，符合高职学生的认知规律。

　　3. 注重培养学生后续发展能力和职业迁移能力。

　　本书在满足高职教育"必需、够用"的基础之上有一定的突破，相关内容的设计考虑到学生作为酒店职业经理人的发展，为学生踏入管理岗位做了铺垫。

　　4. 课程内容覆盖了酒店客房服务与管理的理论与实践。

　　按照酒店客房部整体运行情况设置章节保证了教材对相关知识能力要素的全面覆盖，项目中的各个服务过程由浅入深，将相关理论与实践知识有机串联起来，体现了本书的整体性和逻辑性。

　　5. 与企业相关人员合作开发。

　　本书编写团队由高星级酒店中高层管理人员和具有丰富教学经验的高职教师组成，能够保证教学编写体系的科学性和内容的实践性。

　　本书服务与管理项目一至五由林枫老师编写，服务与管理项目六由刘斐老师编写，服务与管理项目七至十四由叶红老师编写；在编写过程中得到了浙江世贸君澜酒店管理公司及杭州国际假日酒店的大力支持。由于本书编写时间紧、实际应用性强、编写方式改革幅度大，书中难免有疏漏和不足之处，敬请广大读者指正。

目 录

服务与管理项目一 客房服务的礼貌礼节 … 1
礼貌礼节训练项目分解 … 1
- 第一节 仪表仪容要求 … 2
- 第二节 举止仪态要求 … 2
- 第三节 服务用语要求 … 5
- 第四节 常用礼仪要求 … 10

案例分析 … 19
项目练习 … 20

服务与管理项目二 客房清扫及查房 … 22
职位设置及能力分解 … 22
- 第一节 职位一：楼层主管 … 22
- 第二节 职位二：楼层领班 … 24
- 第三节 职位三：楼层服务员 … 25
- 第四节 职位四：文员 … 25

客房清扫及查房服务过程分解 … 26
- 第一节 服务过程一：清扫房间准备工作 … 26
- 第二节 服务过程二：进入房间 … 27
- 第三节 服务过程三：房间预清理 … 27
- 第四节 服务过程四：清扫卫生间 … 29
- 第五节 服务过程五：抹尘 … 30
- 第六节 服务过程六：吸尘、检查，退出房间 … 31
- 第七节 服务过程七：住客房打扫 … 32
- 第八节 服务过程八：查房 … 35

服务与管理知识点 … 40
- 第一节 客房清扫的内涵 … 40
- 第二节 酒店客房的卫生隐患 … 42
- 第三节 常用客房清洁药水 … 43
- 第四节 常用杯具消毒方法 … 44
- 第五节 客房消毒与杀虫 … 45
- 第六节 吸尘机的使用和保养 … 47
- 第七节 常用表格 … 49

案例分析 … 52
项目练习 … 53

服务与管理项目三　做床技能

做床技能项目分解
- 第一节　服务过程一：撤布件 …… 57
- 第二节　服务过程二：西式铺床 …… 58
- 第三节　服务过程三：中式铺床 …… 59
- 第四节　服务过程四：夜床服务 …… 59

服务与管理知识点
- 第一节　床具及床上用品参考尺寸 …… 61
- 第二节　西式铺床与中式铺床的比较 …… 61
- 第三节　夜床服务中的注意事项 …… 62
- 第四节　加床服务中床铺的处理 …… 63
- 第五节　各种房态代码 …… 64

案例分析 …… 65
项目练习 …… 66

服务与管理项目四　公共区域

公共区域职位设置及能力分解
- 第一节　职位一：公共区域主任 …… 70
- 第二节　职位二：公共区域服务员 …… 71
- 第三节　公共区域的清洁特点 …… 72

公共区域服务过程分解
- 第一节　服务过程一：公共区域日常清洁 …… 72
- 第二节　服务过程二：电梯清洁 …… 74
- 第三节　服务过程三：客用卫生间清洁 …… 75
- 第四节　服务过程四：地毯清理及保养 …… 75
- 第五节　服务过程五：沙发、椅面清洗 …… 76
- 第六节　服务过程六：吊灯清洁 …… 76
- 第七节　服务过程七：大理石地面日常清洁保养 …… 76

服务与管理知识点
- 第一节　饭店常用地面材料的种类 …… 77
- 第二节　饭店各类地面的保养 …… 78
- 第三节　清洁剂的使用方法 …… 81
- 第四节　清洁设备的使用和保养 …… 82
- 第五节　羊毛地毯的维护 …… 85

项目练习 …… 86

服务与管理项目五　客房服务中心

客房服务中心职位设置及能力分解
- 第一节　客房服务中心的职责 …… 87

第二节　职位一：服务中心领班 ………………………………………… 88
　　第三节　职位二：服务中心服务员 ……………………………………… 89
客房服务中心服务过程分解 …………………………………………………… 89
　　第一节　服务过程一：接听电话 ………………………………………… 89
　　第二节　服务过程二：钥匙管理 ………………………………………… 90
　　第三节　服务过程三：婴儿服务 ………………………………………… 93
　　第四节　服务过程四：借用物品 ………………………………………… 94
　　第五节　服务过程五：客人遗留物品处理 ……………………………… 95
　　第六节　服务过程六：失物认领 ………………………………………… 96
案例分析 ………………………………………………………………………… 97
项目练习 ………………………………………………………………………… 97

服务与管理项目六　客房综合服务　98

客房综合服务项目分解 ………………………………………………………… 98
　　第一节　服务过程一：迎客服务 ………………………………………… 98
　　第二节　服务过程二：送客服务 ………………………………………… 99
　　第三节　服务过程三：洗衣服务 ………………………………………… 99
　　第四节　服务过程四：擦鞋服务 ………………………………………… 100
　　第五节　服务过程五：托婴服务 ………………………………………… 101
　　第六节　服务过程六：物品租借服务 …………………………………… 101
　　第七节　服务过程七：代客开门服务 …………………………………… 102
　　第八节　服务过程八：加床服务 ………………………………………… 103
　　第九节　服务过程九：会议服务 ………………………………………… 103
　　第十节　服务过程十：VIP 服务 ………………………………………… 105
　　第十一节　服务过程十一：醉酒服务 …………………………………… 107
　　第十二节　服务过程十二：病客服务 …………………………………… 108
案例分析 ………………………………………………………………………… 108
项目练习 ………………………………………………………………………… 110

服务与管理项目七　制服和棉织品管理　111

制服和棉织品部职位设置及要求 ……………………………………………… 112
　　第一节　车工 ……………………………………………………………… 112
　　第二节　裁缝 ……………………………………………………………… 112
　　第三节　制服和棉织品部服务员 ………………………………………… 113
　　第四节　制服和棉织品部主任 …………………………………………… 113
　　第五节　制服和棉织品部副主任 ………………………………………… 114
制服和棉织品部服务过程分解 ………………………………………………… 115
　　第一节　服务过程一：定制新制服 ……………………………………… 115
　　第二节　服务过程二：领取制服 ………………………………………… 115

第三节　服务过程三：领换制服 ······ 116
第四节　服务过程四：制服的储藏、控制 ······ 116
第五节　服务过程五：制服处理 ······ 116
第六节　服务过程六：棉织品分发 ······ 116
第七节　服务过程七：棉织品破损原因及处理 ······ 117
第八节　服务过程八：棉织品失窃及处理 ······ 117
第九节　服务过程九：棉织品控制 ······ 118
第十节　服务过程十：棉织品保养 ······ 119
第十一节　服务过程十一：客人要求缝补衣服 ······ 120
项目练习 ······ 120

服务与管理项目八　洗衣房 ······ 121

洗衣房职位设置及能力要求 ······ 122
第一节　职位一：洗衣房经理 ······ 122
第二节　职位二：洗衣房主管（领班） ······ 122
第三节　职位三：洗衣房文员 ······ 122
第四节　职位四：客衣收发员 ······ 123
第五节　职位五：洗涤工（干洗、水洗） ······ 123
第六节　职位六：熨烫工 ······ 123
第七节　职位七：织补工 ······ 123

洗衣房服务过程分解 ······ 123
第一节　服务过程一：客房和餐厅布草的运作流程 ······ 123
第二节　服务过程二：客衣及员工制服运作流程 ······ 124
第三节　服务过程三：各类衣物的洗涤 ······ 124
第四节　服务过程四：裤类熨烫 ······ 126
第五节　服务过程五：其他衣物熨烫 ······ 133

服务与管理知识点 ······ 135
第一节　洗涤相关知识 ······ 135
第二节　衣物熨烫知识 ······ 136

案例分析 ······ 142
项目练习 ······ 142

服务与管理项目九　客房安全管理 ······ 143

客房安全服务过程分解 ······ 144
第一节　服务过程一：火灾事故处理 ······ 144
第二节　服务过程二：防盗训练 ······ 146
第三节　服务过程三：客人受伤和死亡处理 ······ 149
第四节　服务过程四：传染性非典型肺炎防治 ······ 151
第五节　服务过程五：人禽流行性感冒防治 ······ 152

        第六节　服务过程六：醉酒客人处理 ……………………………………… 153
        第七节　服务过程七：停电、停水事故处理 …………………………… 154
        第八节　服务过程八：防范台风 ………………………………………… 154
        第九节　服务过程九：自然事故处理 …………………………………… 155
    服务与管理知识点 ………………………………………………………………… 156
        第一节　如何保障客人的安全 …………………………………………… 157
        第二节　公共场所卫生知识 ……………………………………………… 158
        第三节　消防管理相关知识点 …………………………………………… 159
        第四节　安全作业标准 …………………………………………………… 162
        第五节　急救相关知识 …………………………………………………… 164
    案例分析 …………………………………………………………………………… 165
    项目练习 …………………………………………………………………………… 166

服务与管理项目十　服务与管理制度 …………………………………………… 167
    饭店规则及条例 …………………………………………………………………… 167
    客房部的日常规章制度 …………………………………………………………… 171
    工作时间、休假和请假制度 ……………………………………………………… 173
    员工福利和赔偿 …………………………………………………………………… 175
    纪律行为和程序 …………………………………………………………………… 177
    客房部防火责任制度 ……………………………………………………………… 181
    客房部安全管理制度 ……………………………………………………………… 181
    客房部培训制度 …………………………………………………………………… 182
    客房部巡视检查制度 ……………………………………………………………… 184
    客房部员工绩效考核管理制度 …………………………………………………… 185
    项目练习 …………………………………………………………………………… 188

服务与管理项目十一　客房实用英语 …………………………………………… 189
    项目练习 …………………………………………………………………………… 192

服务与管理项目十二　打造知识型客房部员工 ………………………………… 193
    知识型客房部员工打造要素 ……………………………………………………… 194
        第一节　知书达理是知识型客房部员工的基本素质 …………………… 194
        第二节　个性化服务是知识型客房部员工的追求 ……………………… 194
        第三节　知识型员工要真正了解宾客需求、追求服务创新 …………… 195
        第四节　培养知识型员工的幽默感 ……………………………………… 198
        第五节　注重知识管理 …………………………………………………… 198
    积极开展知识型管理 ……………………………………………………………… 198
    项目练习 …………………………………………………………………………… 200

服务与管理项目十三　客房部员工的沟通技巧和抗压能力培养 ……………… 201
    客房部员工的沟通技巧 …………………………………………………………… 201

第一节　有效的聆听 …………………………………………………… 201
   第二节　有效的回应 …………………………………………………… 202
   第三节　有效的无声启示 ……………………………………………… 202
  客房部员工的抗压能力培养 ……………………………………………… 203
   第一节　酒店客房部员工自我应对压力的措施 ……………………… 204
   第二节　酒店管理者帮助员工缓压的有效策略 ……………………… 205
  项目练习 …………………………………………………………………… 206

服务与管理项目十四　客房部管理者的管理风格 ………………………… 207
  客房部管理者的管理风格 ………………………………………………… 207
   第一节　独裁式的管理风格 …………………………………………… 207
   第二节　制度式的管理风格 …………………………………………… 207
   第三节　民主式的管理风格 …………………………………………… 208
   第四节　放任式的管理风格 …………………………………………… 208
  多种管理风格的综合运用 ………………………………………………… 209
  案例分析 …………………………………………………………………… 210
  项目练习 …………………………………………………………………… 210

参考文献 ……………………………………………………………………… 211

服务与管理项目一

客房服务的礼貌礼节

项目导入

良好的礼貌礼节是高星级饭店对客房服务员的基本要求。如果你有志于高星级饭店的服务与管理工作,并希望在这个行业里有良好的发展,首先,你就必须使自己具备与这个行业工作相匹配的礼貌礼节。根据高星级饭店对客房服务员的基本要求,我们将礼貌礼节知识设置为本教材的第一个项目。为了方便掌握,本项目将从仪表、仪容、仪态以及饭店常见礼节等方面进行项目分解。你可以从这几个子项目入手反复练习,从而具备符合高星级饭店要求的礼貌礼节。

知识储备

礼节是指人们在日常生活中,特别是在交际场合中,相互表示问候、致意、祝愿、慰问、哀悼以及给予必要的协助与照料的惯用形式。如待人接物的规则和方式,人们在公共场所的举止、风度和衣着等。礼貌是指在待人接物的过程中,服饰、容貌、表情、语言、举止等谦虚恭敬的外在表现。它是人与人之间在接触交往中相互表示敬重和友好的行为规范,体现了时代的风尚和人们的道德品质,体现了人们的文化层次和文明程度。其最基本的要求是诚恳、谦恭、和善和适度。礼仪是在较大、较正规、较隆重的场合,为表示礼貌和尊重而举行的礼宾仪式,其要求是注重规格,讲求程序,讲求次序。这三者与基本服务的结合是饭店从业人员出于对顾客的尊重或友好,在服务中注重礼节、礼貌、礼仪,讲究仪表、举止、语言,执行、操作规范,是主动、热情、周到服务的外在表现,是使顾客在精神上和心理上都感受得到的服务。饭店工作人员不但要加强自身的礼节礼貌学习和修养,而且更要尊重别人,尊重各国、各民族的风俗习惯,了解他们的不同礼节、礼貌和做法,从而使我们在服务工作中真正做到以礼相待、微笑服务、文明待客,为我国旅游事业发展做出贡献。当前我国旅游事业蓬勃发展,由于宾客来自不同的地区和国家,他们的风俗习惯不尽相同,要想搞好服务接待工作,重要的一点是了解他们不同的礼节,尊重各国来宾的风俗习惯,以礼相待,使宾客在所下榻的饭店有宾至如归之感,否则,会有损于饭店荣誉,甚至有损于我国人民同各国人民之间的友好往来。

礼貌礼节训练项目分解

服务人员在工作中仪表整洁、大方、美观,可以使刚刚下榻饭店的来宾有一个良好的第一印象。每个服务员的仪表不仅反映出个人的社会生活、文化水平及各方面的修养,而且也反映出一个饭店的管理水平。

第一节　仪表仪容要求

西服的穿着

服务员穿着西服一般内衬白衬衫，衬衫要洁白干净，穿着衬衫时，要注意衬衫白领露出部分平整，两袖口露出部分应一样，不能有多有少。穿着西服就要系领带，领带一般长度为130～150cm，领带应系在西服翻领的"V"字区的中心，领带大箭头垂到裤腰处最为标准。西服上衣口袋、裤兜不要乱装杂物，以免变形。西服上衣可扣扣，也可不扣扣，但裤扣要扣好。

普通工作服

服务员穿着普通工作服要保持整洁，扣好上衣及裤子的纽扣。另外，必须配有内衣，并把内衣下围塞进裤内，以免工作时露出后背。女服务员穿着裙子，不要把裙腰系得太靠上，应在胯与腰之间，以免裙子过短。

着装要求

男员工按规定岗位要求着装，保持清洁、整齐、熨烫挺括；名牌位于前胸左上方，扣子无脱落；衣裤无开线、破损；袜子为黑色或深藏青色；皮鞋着黑色，保持清洁闪亮。

女员工保持清洁、整齐、熨烫挺括；名牌位于前胸左上方，扣子无脱落；衣裤无开线、破损；着肉色连裤袜，不得有挑丝、破损；皮鞋着黑色，保持清洁闪亮。

发型

男员工保持清洁、整齐；前面不过眉毛，后面不过衣领；发角不过耳；不蓄胡须。女员工保持清洁并梳理整齐；前面不过眉毛，后面不过肩；发网按规定颜色佩戴，不得盘于头顶或盘得过大；发夹为黑色或深咖啡色且不带饰品，不得大于10cm。男女员工都不能染彩发，不留怪发型。

饰物

员工在当班时不得佩戴手链、手镯、项链、耳环、别花等饰物（戒指可戴一只，但厨师除外）。

个人卫生

服务员应保持面容整洁，头发整齐，适时理发，发型自然、美观、大方，头发不宜涂抹重味的头油。常修指甲，不涂有色指甲油。常洗澡，勤洗手，勤更衣。男服务员要经常修面，不留小胡子，大鬓角，发不遮耳。女服务员不梳披肩发，前发不遮眼，后发不过肩，不留长指甲，不可浓妆艳抹，化淡妆。保持口腔卫生，不吃有异味的食品。

第二节　举止仪态要求

饭店的服务人员在工作中正确的举止姿态，应是端庄稳重、落落大方，表情自然诚恳、蔼然可亲，表现出一个人的气质、风度和教养，体现出一个人的礼貌修养。我们常对那些虽有漂亮的容貌，但举止傲慢、动作粗野的人表示惋惜、厌恶，而那些虽然相貌平平，但有高尚的思想品德情操、高雅的气质、端庄的举止的人却能够给人亲切感，给人留下美好的印象和回忆。

微笑

亲切微笑地主动向客人和同事问候。亲切微笑地回答客人问题、为客人提供服务。与客人和同事目光相遇时，微笑致意。无论男女员工都应精神饱满，面带微笑，一旦客人或同事走过来，或有顾盼之意，应立即趋前热情招呼"您好，请问我能为您做些什么？"或"您好"。

站立

女员工双手自然地交叉放在身体前面，右手在上，左手在下；双腿并拢站直；挺胸、收腹。目光注视前方，不可倚、靠、趴、勾、交手抱臂等。

男员工双手自然下垂，贴裤缝外；也可双手背在身体后或交叉放在身体前面；两脚略分开些，与肩同宽。

遇有两人以上在一起，两人间应保持15cm以上距离，不得拉手、搭背或相互倚靠。

坐姿

上身端正挺直、下身自然，不靠椅背，一般坐在椅子的2/3处。

双手自然放在腿上，不要把手夹在两腿之间；双手不要叉开，不要高跷二郎腿，更不能抖动。

男性两腿可稍微分开，女性尤其应注意两腿不可分开，不可随意向前伸直，应收拢弯曲，膝盖自然靠拢，可以采取小腿斜交叉的姿态。

向下坐时要轻而稳，不要猛地坐下，否则会显得粗鲁；注意裙子和裤腿。

坐稳后，手、脚的动作以及面部表情都要协调；不要手放裤袋，搔弄头发、衣服，或面无表情及表情不专注。

当有客人进入时应站立表示尊重。送别客人时也应站立。

行态

挺胸、抬头、目视前方，并用余光注意周围客人情况。

步伐适中，不摇不晃，轻松自如。走路时注意靠右边行进。

遇有客人应主动让行，不可碰撞陈设，不得在柜台内随意走动，不得手插口袋（寒冷天室外值勤人员可根据规定戴手套）。

路遇

行进间目光与客人或同事相遇，应自然点头，亲切微笑致意。

给别人让路，要面对对方，不能背对他人，应退至方便他人行进处。

需要他人让路时，应讲"对不起"。别人为你让路，应向对方说"谢谢"。

指示方向

目光注视着他人，说"您请"，或简要重复对方的问询（如"电传室吗？在那边"）。要用右手，手心朝上，大拇指自然张开，手臂略弯，目光随着手臂的伸展方向移去，不便的情况下可用目光示意，切勿用手指对着客人指指点点。

引领

引领他人时步子不能太快，与其保持三步左右的距离，两三步回顾一下，环境条件允许的话，尽可能避免背对他人，而应侧身45°，照顾他人，向前行进。遇有转角上楼应有示意。

引领中遇到门，应这样处理：门开的方向与行进的方向一致时，应上前推开门，用手按住门，侧身站在门旁，微笑点头，待他人进门后，轻轻关上门，继续引领。门开的方向与行进的方向相反时，应上前拉开门，用手按住，侧身站在门旁，微笑点头，等候他人进门后，自己再进去，轻轻关上门，继续引领。

引领途中如遇有电梯，这样处理：上电梯，门开后，按住电梯示意客人先上，并说"您请"；下电梯，门开后，按住电梯示意客人先下，并说"您请"。

引领遇有转角时等待客人并示意方向。

引领中遇到熟识的人，原则上可颔首致意，但不能与其攀谈。

送客时要注意，如送客人进电梯时面对客人正送客人。

上楼梯时客人在前，下楼梯时客人在后。

递交物品

态度谦恭，双手递到客人面前或手中，切忌不到位时就随手丢过去。如客人坐在席位上，要从客人右侧呈上，其高度以方便客人接好为准，切忌越过客人身体递交。如是文字材料应将正文面对客人。物品要轻拿轻放。如需签名则打开笔，笔尖朝自己。

敲门

敲门前要看清门上是否有"请勿打扰"牌（DND）或双锁（DL），然后用手（中指）轻轻敲三下，静候反应；若无反应，可略高点声再敲三下，静候。切勿用力或用器具（如钥匙）敲门。

交谈

与客人或同事交谈时，应保持一臂有余的距离，不要太近，也不能太远；眼神的处理不能左顾右盼，心不在焉；眼睛要注视讲话人，目光亲切自然，强调或提问时看对方眼睛。但不能长时间停留，音量适中而尽可能压低声音。对对方的话给予肯定时要嘴角挂上微笑。被对方的话打动时睁大眼睛。使用标准的普通话，三人在一起应使用大家都明白的语言。

> **注意**
>
> 对客服务时不得在宾客面前打哈欠、伸懒腰等；不得在宾客面前掏耳垢、挖鼻孔、剔牙齿、剪指甲等；不能对着他人咳嗽、打喷嚏（如不能抑制，应侧转过头，避过客人并用手帕掩口，随即对客人致歉）；不得在前台整理服装；不得在宾客面前整理头发；勿窃窃私语或嬉笑喧哗；非必要勿过分注视客人。
>
> 三角定律：根据交流对象与你的关系的亲疏、距离的远近来选择目光停留或注视的区域。关系一般或第一次见面、距离较远的，则看对方的以额头到肩膀的这个大三角区域；关系比较熟、距离较近的，看对方的额头到下巴这个三角区域；关系亲昵的、距离很近的，则注视对方的额头到鼻子这个三角区域。分清对象，对号入座，切勿弄错！
>
> 时间规律：每次目光接触的时间不要超过三秒钟。交流过程中用60%~70%的时间与对方进行目光交流是最适宜的。少于60%，则说明你对对方的话题、谈话内容不感兴趣；多于70%，则表示你对对方本人的兴趣要多于他所说的话。

第三节　服务用语要求

语言是人们交流思想的工具。在服务工作中，语言是每个服务人员完成各项工作任务的重要手段，是提高服务水平、搞好文明服务的先决条件。服务员的一言一行是极为重要的，不能由于我们的举止不文明或语言不艺术而被客人误解，造成不良影响。在日常服务工作中，运用优美的语言，涉及服务知识、生活知识、文化水平、个人修养等诸方面。在这一方面，服务员必须注意使用易懂的语言、使用礼貌用语、注意音量的控制和说话的语气等。

问好

1. 行30°鞠躬礼。
2. 保持微笑和目光接触。
3. 音量、音调：3m内能够清晰、明确地听到。
4. 距离客人2m时，员工应准备问好；距离1.5m时开始鞠躬问好。
5. 用词："您好！"如知道客人姓名及职位应问候"×先生，您好"或"×总，您好"。

交流语言

1. 需要避免的做法：无反馈、无目光接触、无点头、无微笑、反驳、打断对方。
2. 不能说的话：
（1）我知道你的意思是……（打断客人的话）
（2）我不知道你在说什么。
（3）这是我们酒店的规定。

（4）你不能做/不允许做……<u>应该说</u>→我们请求您做……（至少给其两种以上的答案，给其选择的余地）

（5）我不知道应该说我帮您查一下。×分钟后给您回复。

3. 成为好听众：身体前倾一些，保持有效距离内的音量，跟进式的提问，保持微笑。

服务敬语

1. 欢迎语：欢迎下榻××××酒店/欢迎您来用餐/欢迎您入住我们酒店。
2. 问候语：您好/早上好/下午好/晚上好。
3. 祝愿语：祝您生日快乐/祝您玩得开心/祝您旅途愉快。
4. 告别语：再见/祝您一路平安/欢迎您再次光临。
5. 征询语：我可以帮您吗？/可以上菜了吗？/可以整理房间吗？
6. 答应语：好的/是的/马上就来。
7. 道歉语：对不起/很抱歉/这是我们工作的疏忽。
8. 答谢语：谢谢您的夸奖/谢谢您的建议/多谢您的合作。
9. 指路语：请这边走/请从这里乘电梯/洗手间在这边。

称呼

1. 男士一般称"先生"，未婚女士称"小姐"，已婚妇女称"太太"。
2. 对于无法确认是否已婚的西方女士，不管其年纪多大，只能称"小姐"。
3. 不知道客人的姓氏时，可称"这位先生/这位小姐"。
4. 称呼第三者不可用"他/她"而要称"那位先生/那位小姐"。
5. 对客人称"你的先生/你的太太"是不礼貌的，应该称"刘先生/张太太"。

介绍

1. 把年轻的介绍给年长的。
2. 把男士介绍给女士。
3. 把未婚的介绍给已婚的。
4. 把职位低的介绍给职位高的。
5. 把个人介绍给团体。
6. 被介绍时若是坐着，<u>应立即起立</u>。
7. 被介绍双方互相点头示意。
8. 双方握手相互问候。

➡ 项目技巧1

语言是沟通交流的工具，服务用语有两大特点。

1. 方便交流。使用标准的普通话。
2. 体现对客的尊重。使用礼貌用语、多用征询语、不要过多使用口语而是要用服务用语、不用反问句。

（1）说话时以顾客为中心。试比较"我们要求您在购物清单上签名，然后再记入您的账户"与"为了保护您的利益，只有在您签名以后，我们才会把购物清单记入您账户"。

(2) 倡导五声：

① 宾客到时有问候声，例如"您好"、"欢迎您的光临"等。

② 遇到宾客有招呼声，例如"您好"、"早安"、"早上好"等。

③ 得到帮助有致谢声，例如"给您添麻烦了"、"谢谢您的帮助"。致谢时一定要诚心诚意，发自内心，表现出确有感谢对方的意愿，不要轻描淡写含糊不清，更不要怕别人知道你在致谢而不好意思。如果要感谢的是几个人，那就要明确地说"谢谢大家"、"谢谢诸位"。

④ 麻烦宾客有致歉声，例如说"打扰您了"、"实在很抱歉"、"对不起"等。

⑤ 宾客离店有告别声，例如"再见"、"一路顺风"、"欢迎下次光临"等。

注意杜绝四语：杜绝蔑视语、烦躁语、否定语、斗气语。服务人员在工作中要注意控制自己的情绪，牢牢记住"让客人完全满意"是我们的服务宗旨。

项目技巧2

常用基本礼貌用语

1. 常用礼貌"十字"用语：您好、谢谢、请、对不起、再见。
2. 常用称呼用语：先生、小姐、女士、太太、×首长、×经理等。
3. 礼貌用语：
(1) 早上好/下午好/晚上好。
(2) 很高兴见到您。
(3) 欢迎光临我们酒店。
(4) 祝您在酒店过得愉快。
4. 电话用语：
(1) 对不起，请稍等。
(2) 对不起，他暂时不在。
(3) 请稍微讲得慢一点。
5. 答谢用语：
(1) 谢谢。
(2) 谢谢，您真客气。
(3) 不用谢。
(4) 非常高兴为您服务。
(5) 我随时愿为您服务。
(6) 没关系。
6. 征询语：
(1) 我能帮您什么忙吗？
(2) 您有什么意见或建议吗？
(3) 对不起，请问尊姓大名？

7. 指路用语：

（1）这边请。

（2）往前面走，然后往左/往右拐。

（3）在二楼。

（4）您先请。

8. 提醒用语：

（1）请走好。

（2）请当心。

（3）不要担心。

（4）请别忘了您的东西。

9. 道歉用语：

（1）对不起，让您久等了。

（2）请稍等，我马上来处理。

10. 告别用语：

（1）再见。

（2）明天见。

（3）旅途愉快。

（4）欢迎下次光临。

（5）很高兴能为您服务。

> 项目技巧3

饭店各类情景用语

1. 在梯厅口或楼道上遇到客人：

早上好/下午好/晚上好，先生/小姐（注意"三二一"标准，"三米"微笑，"二米"问候，"一米"提供服务）。

2. 遇到客人入住楼面：

您好，欢迎您的到来，请问您几号房间/让我带您去好吗？

3. 当客人要求我们提供服务时：

好的，请稍等。/请稍等，我马上就来。

4. 若让客人久等：

对不起，让您久等了。/很抱歉，耽误您时间了。

5. 当客人提出的服务要求一时无法满足时：

对不起，让您失望了，但我正通过……您看这样是否可以？

对不起，我不清楚，但我可以马上去问明白再回复您。

6. 进房为客人打扫房间：

对不起，打扰了。请问现在可以为您整理房间吗？

（客人不要打扫房间）打扰了，我等下再来，请您在需要时联系服务中心。

服务与管理项目一　客房服务的礼貌礼节

（客人同意打扫房间）谢谢您，我会尽量快地打扫完毕。

7. 房间打扫完毕：

先生/女士，您的房间已整理完毕，请问还有什么需要我效劳的吗？

8. 退出房间时：

您辛苦了，请您好好休息，再见。

对不起，打扰您了，再见。

9. 客人在梯厅口等候电梯（或时间较长）时：

请稍等，电梯马上就到。

真对不起，让您久等了，现在是高峰期，电梯马上就到。

10. 当电梯到达时：

这边的电梯到了，请进，请慢走/祝您一路顺风。

11. 当客人提出退房时：

请您到总台直接结账，欢迎您再次光临。

请允许我带您到我们的楼层柜台结账好吗？感谢您的光临。

12. 当受到客人表扬时：

谢谢您的表扬，这是我应该做的。

您太客气了，我很乐意为您服务。

13. 进房为客人开夜床：

先生/女士，晚上好，请问现在可以为您开夜床吗？

（当客人拒绝开夜床时）对不起，打扰您了，如果您觉得何时方便，请通知服务中心。

这是今天的报纸，放在写字台上好吗？谢谢。

14. 进房收取客衣：

上午好，我来取您要清洗的衣服。/请问衣服需要干洗吗？

我们有加快服务，可以在4小时内取回，同时加收50%的服务费。

15. 发现衣物上有破洞（缺纽）：

先生/女士，请问这件衣服在送洗前是否需要先织补一下？

先生/女士，您这件衣服纽扣掉了，如有备用，我们可以为您先钉上，好吗？

16. 整理房间时，客人回房：

先生/女士，您好，我正在为您清理房间，请问我可以继续吗？

（不可以）那我先不打扰了，如您何时需要，请与我们服务中心联系。

（可以）谢谢，请您先坐下休息，房间10分钟便可完成的。

17. 当客人询问去×处时：

您可以先到一楼大堂，然后在商场往右拐，再走10m便到了。

×房间在走廊的尽头，这边请。

如您不介意，我愿与您前往/我可以带您过去，这边请。

18. 行进中，需超越同行客人：

对不起，我可以先过吗？谢谢。

9

19. 工作时不小心损坏了客人的物品：
真对不起，由于我的工作失误不小心损坏了您的东西，但我愿意承担赔偿。
20. 将物品送入房间：
您好，这是您要的××吗？我帮您放在桌上好吗？
21. 打电话询问是否可以进房维修设备：
先生/女士，您好，我是楼层服务员，请问我们现在是否可以进房维修××？
22. 维修完毕后：
先生/女士，××已修好，给您添麻烦了，谢谢，再见。
23. 开单后请客人签字：
先生/女士，您的消费金额是××元，请您在此签名，谢谢。
24. 当客人遗失物品时：
先生/女士，您先别急，我们会尽力帮您寻找，您可否告诉我们您最后看到是什么时候，在哪儿？
25. 当客人提出批评时：
先生/女士，谢谢您的提醒（指正）。这种事不会再发生，请接受我们真诚的歉意。
我会马上将您的意见（建议）传达给我们的领班，谢谢您。
26. 当客人因为自己的动作慢、手脚不灵而感到困惑时：
先生/女士（夫人），请慢慢来。/请别急，让我来帮助您好吗？
27. 劝告、建议客人怎么做时：
对不起，请您到吸烟处吸烟，好吗？/对不起，我们轻声交谈好吗？
对不起，请您到大厅等候好吗？/对不起，请您到总台支付今天的房款好吗？
对不起，可以将您的小狗交我们看管吗？我们能照顾它的。
我可以为您留个口讯吗？/如果您不介意的话，就这样处理好吗？
28. 客人不小心损坏房间物品：
我们希望您没有受伤，若有我们可以为您联系医生前来就诊。
对不起，依据酒店的规定，可能还要您破费，谢谢您的理解。
29. 查房时客人房间有物品少损：
对不起，先生/小姐，耽误您的时间了，我们在检查时发现房间少了××，您能帮我们回忆一下它具体放在哪了吗？谢谢。

第四节　常用礼仪要求

一、问候礼仪

语言问候礼仪是指接待客人时使用亲切、热情而又有分寸的关切、恭候、致意的问候语。例如初次见到客人，你热情迎上去亲切地问一声："您好，见到您很高兴。"主动打招呼问候，就是向客人示意：我乐意为您服务或者我们欢迎您的到来，在这一瞬间，你与客人之间就建立了感情联系。若客人远道而来，初次见面还可以说："欢迎您到我们酒店来，先生（夫人）。"对于曾在酒店下榻过或在酒店用过餐的客人则可以说："欢迎您回来，先生（夫人）。""再次见到您十分愉快。"

当客人到你工作处时要问"早晨好"或"晚上好"。然后问："您有什么事需要我办吗？"分别时说"再见"、"祝您一路顺风"、"欢迎您再来"、"谢谢您来我们这里住，请您以后再来"等。

不同情况的问候语

除了要注意用语得体之外，还要根据客人的不同情况来使用相应的问候语。如运动员参加比赛可以说："祝你们比赛取得胜利。"对演员可以说："祝你们演出成功。"如果是节日可问候："祝您圣诞节快乐！""祝您新年快乐！"如知道客人住宿本酒店，也可说："祝您在这儿过得愉快。"当客人因长途旅行而显得疲劳时可说声"祝您睡好"等。如果员工根据客人的不同情况而致以亲切的问候，客人就会感到十分愉快。

不同国籍的问候语

不同的国家、不同的民族有不同的习惯问候语。例如，欢迎问候语，我们中国人的习惯，一般见到客人后的问候语是"您路上辛苦了"之类的话；若对外宾用这种欢迎用语，外国人就不习惯，他觉得我一路的旅行都非常愉快，没有一点儿的辛苦，到底为什么你这样说呢？会觉得难以理解，所以我们应该这样说："你一路很愉快吧？欢迎您到酒店来。"又例如，当我们看见朋友面色苍白时，就会关心地问："你是否病了？"而西方人则往往会说："你脸色有些苍白，你还好吗？"由此可见，我们是从担心朋友健康的角度表示关心，而西方人则从祝愿朋友健康的角度表示关心，言殊意同。如果对方表明身体不太舒服或感冒，我们就会关心地说"多喝些开水、穿暖和点、不要再着凉"等，但若你对西方人士这样说，他们会认为你带着父母腔讲话或以监护人高高在上的语气教训人，这对于有强烈独立意识的西方人士来说是难以接受的。在这种情况下，我们通常可以说："听到你病了我很难过。我真诚希望你很快会好起来。"如果对方否认自己身体有任何不适，就不宜继续谈这个话题，免得使对方不愉快。

问候语要切合情境

切合情境是指问候语运用要与所处的语言环境和空间相切合、相适应，还须作文化背景的思考，要注意不同文化所带来的语言运用、理解方面的明显差异性。

在远古时代，人们使用的工具极其粗糙简单，无法抵御毒蛇猛兽的侵袭和吞噬，因此人们相遇的问候语是："无它乎？"古时候"蛇"与"它"相通，"它"象征毒蛇猛兽，这在当时是最大的关心，"无它"则对彼此都是一种莫大的安慰。随着生产力的发展，工具更新，已相对能抵御毒蛇和猛兽了，"恙"，即疾病，对人类的威胁又上升到主要地位，人们的问候语遂以"无恙乎"取代"无它乎"，直到新中国成立前在民间仍流传着这样的俗语："穷人无病就是福。"又过了若干年，医学医药发展了，人们对疾病的防治能力大大加强了，温饱又成了主要的问题，于是人们见面时的问候语又变成了"吃过饭了吗"。

现在，在我们的同事、朋友或邻居间问"一早到哪儿呀"、"饭吃过了吗"。但如果你见到一些外国友人，你也问他们"一早到哪儿呀"、"饭吃过了吗"，外国友人听起来就会引起误解和不快。问他（她）吃过饭没有，会认为你要请他们做客吃饭，可是我国仅作问候，并无下文；问他一早上哪里去，他会认为你干预他的私事。

另外，我们中国人送客的时候，主人说"慢走"，客人说请主人"留步"，这些话你如果直译过去，也会使外国人感到困惑，心想，我就要走了，怎么还叫我慢走，是不是叫我不要走呀？这样就会感到有疑问。

同样，英国人、美国人习惯说"So long"（到此为止），也就是再见的意思，如果我们想 so long 就这么长，也会感到困惑，所以我们在跟外国人打交道的时候，最好是用国际上习惯的打招呼用语，与世界潮流"接轨"，否则就难以适应世界各国的交流。

各国习惯用的招呼用语

1. 阿富汗。阿富汗人无论在繁华的都市，还是在偏僻的乡村，亲友、熟人相逢时说的第一句话是："愿真主保佑你！"

2. 日本。日本人平时见面以"您早"、"您好"、"请多多关照"、"拜托您了"、"失陪了"等短语互相招呼，但不能问"您吃饭了吗"。

3. 蒙古。蒙古人主客相见是互相询问："牲畜好吧?"同辈相遇说声"您好"。

4. 老挝。老挝人相见常用的祝词有："愿您像鹿的角、野猪的颚骨和象的牙一样强壮！""愿你活到千岁，象、马、粮食，应有尽有，金玉满堂！""倘若你得了寒热病，愿它消失！""愿你在世上万能！""愿你长寿、健康、幸福而有力量！"等等。

5. 土耳其。土耳其每当亲戚朋友相会时，双方必须互道平安，然后说一句尊敬的客套话"托您的福"，否则对方会不高兴。当客人离去的时候，主人必定要说一句："请下次再来玩。"一个初到土耳其的异邦人士，只要你会一些土耳其语，即使只会说一句话，主人对你就会显得格外亲热。

6. 阿尔及利亚。阿尔及利亚是一个比较开放的阿拉伯国家，客人和朋友相见时总喜欢说一句"真主保佑你"。

7. 突尼斯。突尼斯人的问候语也是"真主保佑您"。

8. 美国人。美国是极其重视节约时间、提高效率的国家，人们连使用日常用语也注意节约时间。第一次世界大战前，人们见面打招呼说："How do you do?"这是四个音节，后来变成一个单词"Hello"，只有两个音节，现在就干脆简单地说一声"Hi（嗨）"。

如用英语问候，切忌用"Hello"或"Hi"，因为这只是熟人之间随便的问候语，如用于服务人员问候客人，就显得不够尊重。

二、握手礼仪

握手礼在交际场合也是最常见的。握手是一种友好的表示，它是我国的一种传统礼节，现在它已经成为国际上通用的礼节，有代表性的问候动作。

握手的渊源

握手礼在今天已经是最平常的礼节，它起源于很久的古代。在"刀耕火种"的原始社会，人们用以防身和狩猎的主要武器就是棍棒和石头。传说当人们在路上遭遇陌生人时，如果双方都无恶意，就放下手中的东西，伸开双手让对方抚摸掌心，以示亲善。这种表示友好的习惯沿袭下来就成为今天的握手礼。

另一种说法认为，握手源于中世纪，当时打仗的骑兵都披挂盔甲，全身除了两只眼睛外都包裹在盔甲中，如果想表示友好，互相接近时就脱去右手的甲胄，伸出右手表示没有武器，消除对方的戒心，互相握一下右手，即为和平的象征。沿袭下来到今天，它成为一种国际通用的相互见面和离别时的礼节。

伸手

握手一般要用右手来与别人握手，不能用左手，伸左手一般不礼貌，因为一些国家认为左手是不洁的，是脏的。握手用右手，左手可加握，也就是双手握对方右手，以示恭敬和热情，但男子对女子一般不用此种握法。握手还可右手握其右手，左手抓住对方的右前臂或右肩膀，这种握法更表示亲密的关系，但英美等国最忌拍肩搭臂，认为这是失礼的。

站立

握手时一般要站着，除因重病或其他原因不能站立者外，不要坐着与他人握手。如果你坐在办公桌后面，不要隔着办公桌与客人握手。

握法

正确的握法是伸出右手，五指齐用，四指并拢，拇指张开，稍微一握。握手时，如果掌心向下握住对方的手，显示着一个人强烈的支配欲，无声地告诉别人，他此时处于高人一等的地位，应尽量避免这种傲慢无礼的握手方式。平等而自然的正确握手姿势是两人的手掌都处于垂直状态，这是一种最普通、最稳妥的方式。

轻重

握手时轻重要适度，正确的握手是在相当于手掌高处结实地握一下。有力，表示诚意、决心和感激之情，握得愈紧愈能表现出握者的热情和信任，但不可握痛对方的手。握手时需要上下轻微地摇动，不要一握不动，也不要抓住对方的手使劲摇动。握手不宜太紧，尤其是和戴着戒指的女性握手时，把人家的骨头几乎握碎的握法与其说是粗野，不如说是不关心人的行动。握手轻重要适宜，要有度但又不能太重、太紧，同时又不能太轻、无力。有些不懂交际礼仪的人在握手时只伸几个指头，漫不经心，缺乏应有的热情和力度，这不仅对别人是一种轻蔑，而且也表现了自己缺乏教养。行握手礼是双方的事，不管谁先伸手，只要握上去，就是代表自己的心情、自己的愿望、自己的态度。因此，与人握手时不能有气无力，显得过分柔弱，不可手指轻轻地触碰一下对方的手掌就算作握手，这样有可能使对方产生错觉，认为你是虚伪地敷衍，或者感到你是一个拘谨或者傲慢无礼的人。

时间

握手时间太短，表达不出热烈的情绪，彼此两手一接触随即松开，表明双方没有交往或进一步加深关系的欲望，纯粹是一种客套或应付。但如果时间过长，则会使人感到局促不安。

礼节性的握手时间大约有两三秒钟就足够了。一般情况下，握一下即可。如果关系亲近的，则边握手边问候，两人双手可以长时间地握在一起。但如果在路边，男子握着女子的手，只顾热情地说话，长时间不放，那是很令人讨厌的。

身体的弯度

在外交场合，握手一般身体要稍稍向前欠一下，以示恭敬。与地位相等的人握手，除非需要特别表示谢意，一般不必弯腰，要表现出不卑不亢的态度，切忌那种又点头又哈腰的握手动作，如果这样，别人会以为你太卑贱，有失身份。对长者或身份高的人，要求弯腰握手，以表尊敬。有些人跟人握手时腰板笔挺，像块铁板，昂首挺胸凸肚，给人造成傲慢无礼的印象，认为你架子大，旁若无人，难以接近。

表情

握手本是亲热、友好和感激的表示，除了手上的动作与身段的配合以外，还应以脸上的表情给以辅助。

首先，态度要自然，面带微笑。这种微笑是发自内心的喜悦和激情，喜形于色会使人望之可亲，假若面无表情、冷若冰霜，那么会令人望而生畏，感到不安。其次，握手时精神要集中，注视对方的眼睛。但不能过久地不停地打量对方，盯着对方眼睛，一动不动，特别是对女子，尤其不可盯着不放，贯注太强烈的感情。最后，不要一边握手，一边心不在焉，东张西望，或者和第三者说话，或手拿香烟，这些都是不礼貌的。

> **注意**
>
> 1. 同一天多次见面不必都握手。
>
> 如果在同一天不同的场合，人们多次见面，就不一定要再握手了，可以点头致意，可以打个招呼，也可以微微一笑或者说句客套话："你好，我们又见面了。"
>
> 2. 戴手套时应摘下右手手套。
>
> 握手时如果戴着手套，男子应先摘下右手手套，再握手。如因故来不及脱掉手套，应向对方说明原因，并表示歉意。例如欧美的传统礼仪，穿大礼服、戴羊皮手套者，因不易脱下，按习惯可以不脱手套握手，但须请求对方原谅。按国际惯例，身穿军服的男军人是可以戴着手套与女子握手的；另外，女子戴着礼服手套、穿着晚礼服的时候，可戴着手套握手，这些是例外。一般来说，戴着手套与人握手是不礼貌的。在大多数国家，戴着手套与人相握既不礼貌也是对对方的侮辱，应注意避免戴着手套同他人握手。
>
> 3. 人多时握手。
>
> 在日常生活中，不是经常都只有两个人在握手，而是常常会碰到很多人在一起握手。比如说，一些大的宴会、晚会等，开场或结束时会有很多朋友，那么大家同时

在握手,这个时候,就要特别注意了,遇到若干人在一起要握手致意时,握手的顺序应是:先贵宾、老人,后同事、晚辈,先女后男。在众多的下级面前,可以只与主人及熟识的人握手,而其余的人则点头示意。还须注意的是,不要几个人竞相交叉握手,即越过另一双握着的手与另一个人握手。每逢热烈兴奋的气氛时,有些人容易忽略这一点,要特别注意,自己伸出手的时候,如果看到别人已经伸出手或者已经握住的时候,就要马上把自己的手缩回来,说一声"对不起",然后等别人握完后,自己再伸出手去。俄罗斯人最忌讳形成四手交叉,这样会认为是十分不吉利的事。另外,也不要在跨门槛甚至隔着门槛时握手。

4. 戴帽子时握手。

男子在户外,如果当时戴着帽子,那么在擦肩而过时,把帽子轻轻地抬一抬就可以了;在要停下来谈话的时候,就要把帽子摘下来,拿在手里,然后再跟别人握手,等谈完了话,告别了,再戴上帽子离开。军人戴军帽与人握手时,应先行举手礼,然后再握手。

5. 在公共场所或者马路上握手。

在公共场所或者马路上,熟人相见,彼此距离比较远,就不一定要跑过去握手,可以点点头,笑一笑,或者举起手来,打个招呼就可以了。

6. 注意手要干净。

在社交活动中,除了应注意自己仪容的整洁之外,同时也应该注意保持双手的卫生,以不干净或弄湿的手与人相握,是欠礼貌的。如果老人或者贵宾来到面前,并主动向你伸出手来,而你又恰巧正在干活,比如洗涤东西,擦弄油污之物等,你可以一面点头致意,一面亮出双手,简单说明一下情况,并表示歉意,以取得对方的谅解,同时赶快洗好手,热情招待。另外,如右手有皮肤病、包扎等不便,可以说明,点头致意。

三、称呼礼仪

(一)敬语

敬语亦称"敬辞",与"谦语"相对,是表示尊敬礼貌的词语。除了礼貌上的必需之外,能多使用敬语,还可体现一个人的文化修养。

敬语通常应用于比较正规的社交场合,与师长或身份地位较高的人的交谈,与人初次打交道或会见不太熟悉的人,会议、谈判等公务场合等。

常用敬语包括我们日常使用的"请"字,第二人称中的"您"字,代词"阁下"、"尊夫人"、"贵方"等,另外还有一些常用的词语用法,如初次见面称"久仰"、很久不见称"久违"、请人批评称"请教"、请人原谅称"包涵"、麻烦别人称"打扰"、托人办事称"拜托"、赞人见解称"高见"等。

(二)谦语

谦语亦称"谦辞",与"敬语"相对,是向人表示谦恭和自谦的一种词语。谦语最常用于在别人面前谦称自己和自己的亲属。例如，称自己为"愚"，称亲属为"家严"、"家慈"、"家兄"、"家嫂"等。自谦和敬人是一个不可分割的统一体。尽管日常生活中谦语使用不多，但其精神无处不在。只要你在日常用语中表现出你的谦虚和恳切，人们自然会尊重你。

（三）雅语

雅语是指一些比较文雅的词语。雅语常常在一些正规的场合以及一些有长辈和女性在场的情况下，被用来替代那些比较随便甚至粗俗的话语。多使用雅语，能体现出一个人的文化素养以及尊重他人的个人素质。

在待人接物中，要是你正在招待客人，在端茶时，你应该说："请用茶。"如果还用点心招待，可以说："请用一些茶点。"假如你先于别人结束用餐，你应该向其他人打招呼说："请大家慢用。"雅语的使用不是机械的、固定的。只要你的言谈举止彬彬有礼，人们就会对你的个人修养留下较深的印象。只要大家注意使用雅语，必然会对形成文明、高尚的社会风气大有益处，并对我国整体民族素质的提高有所帮助。常用雅语如表1-1所示。

表1-1　常用雅语

初次见面应说：幸会	老人年龄应叫：高寿
看望别人应说：拜访	好久不见应说：久违
等候别人应说：恭候	客人来到应用：光临
请人勿送应用：留步	中途先走应说：失陪
对方来信应称：惠书	与人分别应说：告辞
麻烦别人应说：打扰	赠送作品请对方指正时应用：雅正
请人帮忙应说：烦请	请人解答应用：请问
求给方便应说：借光	赞人见解应用：高见
托人办事应说：拜托	归还原物应说：奉还
请人指教应说：请教	求人原谅应说：包涵
他人指点应称：赐教	欢迎顾客应叫：光顾

四、应答礼仪

应答客人询问要站立答话，站立姿势要好，背不能倚靠他物。而且思想集中，全神贯注地聆听；不能侧身或目视别处、心不在焉、说话有气无力，提倡边听边记录的职业习惯。

应答客人提问或征询有关事项时，语言应简洁、准确，语气婉转、声音大小适中，不能随心所欲地谈天说地或声音过大、词不达意。

如果客人讲话含糊不清或语速过快时，可以委婉地请客人复述，不能听之任之，凭主观臆想，随意回答。

回答多位客人询问时，应从容不迫，按先后次序、轻重缓急——作答，不能只顾一位客人，而冷落了其他客人。

对于客人提出的无理的要求，须沉得住气，或婉言拒绝，或委婉地回答"可能不会吧"、

"很抱歉,我确实无法满足您的这种要求",表现得有教养,体现出有风度而不失礼。

对于客人直率的批评指责,如果确实属于员工操作不当或失职所致,应首先向客人道歉,对客人的关注表示感谢,并立即报告或妥善处理。

如果客人提出的要求及某些问题超越了自己的权限,就应及时请示上级及有关部门,禁止说一些否定语。

酒店员工服务忌语

(一)服务员应注意的四种忌语

1. 不尊重的语言。

(1) 对老年的服务对象讲话时,绝对不宜说什么"老家伙"、"老东西"、"老废物"、"老没用"。

(2) 跟病人交谈时,尽量不要提"病鬼"、"病号"、"病秧子"一类的话语。没有什么特殊的原因,也不要提什么身体好还是不好。

(3) 面对残疾人时,切忌使用"残废"一词。一些不尊重残疾人的提法,诸如"傻子"、"呆子"、"侏儒"、"瞎子"、"聋子"、"麻子"、"瘸子"、"拐子"之类,更是不宜使用。

(4) 接触身材不甚理想的人士时,尤其对自己最不满意的地方,例如体胖之人的"肥",个低之人的"矮",都不应当直言不讳。

2. 不友好的语言。

在任何情况之下,都绝对不允许服务人员对服务对象采用不够友善,甚至满怀敌意的语言。如客人要求服务人员为其提供服务时,服务人员对"你买得起吗"、"这是你这号人用的东西吗"等不友好的语言应坚决不说。

3. 不耐烦的语言。

服务人员在工作岗位上要做好本职工作,提高自己的服务质量,就要在接待服务对象时表现出应有的热情与足够的耐心。假如使用了不耐烦之语,不论自己的初衷是什么,都不允许给对方答以"我也不知道"、"从未听说过"。

4. 不客气的语言。

服务人员在工作之中,有不少客气话是一定要说的,而不客气的话则坚决不能说。如在需要服务对象交零钱或没有零钱可找时,直截了当地要对方"拿零钱来"或告知对方"没有零钱找",都极不适当。

(二)服务人员服务忌语举例

(1) 喂!

(2) 老头儿。

(3) 土老冒儿。

(4) 你吃饱了撑的呀!

(5) 谁让你不看着点儿。

(6) 问别人去!
(7) 听见没有,长耳朵干嘛使的。
(8) 我就这态度!
(9) 有能耐你告去,随便告哪都不怕。
(10) 有完没完?
(11) 到底要不要,想好了没有?
(12) 喊什么,等会儿!
(13) 没看见我正忙着吗,着什么急?
(14) 我解决不了,愿意找谁就找谁去!
(15) 不知道。
(16) 刚才和你说过了,怎么还问?
(17) 有意见,找经理去。
(18) 到点了,你快点儿。
(19) 价签上都写着呢(墙上贴着呢),你不会自己看呀?
(20) 你问我,我问谁?
(21) 没上班呢,等会儿再说。
(22) 干什么呢,快点。
(23) 我不管,少问我。
(24) 不是告诉你了吗,怎么还不明白?
(25) 现在才说,早干嘛来着。
(26) 越忙越添乱,真烦人。
(27) 怎么不提前准备好?
(28) 我有什么办法,又不是我让它坏的。

(三)服务员与客人沟通的八忌

1. 忌抢。

谈话时,突然打断客人的讲话或抢过别人的话题去随心所欲发挥,扰乱对方说话的思路,粗鲁地"剥夺"他人说话的机会。

2. 忌散。

说话内容庞杂,重心不明,主旨不清,语句散而乱,使客人有"你不说我还清楚,你越说我越糊涂"的感觉。

3. 忌泛。

讲话泛泛而谈,没有中心,使客人不得要领,无所适从;看似健谈,但废话连篇,浪费客人时间,给人以哗众取宠之嫌。

4. 忌急。

说话连珠炮似的,使客人应接不暇;发问过急过密,使客人穷于应付,步步紧迫的口吻同样使人难以接受。

5. 忌空。

只唱高调,没有实际内容,把服务宗旨挂在嘴上,但没有行动表现,就会成为

"说话的巨人,行动的矮子"。

6. 忌横。

在谈话中,突出自我,个人意见第一,轻率地下结论,丝毫不尊重客人的意见;当客人对某些话题谈兴正浓时,却武断地把话题转移到自己感兴趣的方面去。

7. 忌虚。

说话故弄玄虚,云山雾罩,让对方迷惑不解;说话虚情假意,缺乏真诚,使客人感到服务人员根本不想为解决困难助一臂之力。

8. 忌滑。

说话躲躲闪闪,回避矛盾,避重就轻,支支吾吾,敷衍塞责;用语油腔滑调,低级庸俗。

案例分析

[案例1]

某报社记者吴先生为作一次重要采访,下榻于北京某饭店。经过连续几日的辛苦采访,终于圆满完成任务。吴先生与两位同事打算庆祝一下,当他们来到餐厅后,接待他们的是一位五官清秀的服务员,接待服务工作做得很好,可是她面无血色显得无精打采。吴先生一看到她就觉得没了刚才的好心情,仔细留意才发现,原来这位服务员没有化工作淡妆,在餐厅昏黄的灯光下显得病态十足,这又怎能让客人看了有好心情就餐呢?当开始上菜时,吴先生又突然看到传菜员涂的指甲油缺了一块,当下吴先生第一个反应就是"不知是不是掉入我的菜里了",但为了不惊扰其他客人用餐,吴先生没有将他的怀疑说出来。但这顿饭吃得吴先生心里很不舒服。最后,他们叫柜台内服务员结账,而服务员却一直对着反光玻璃墙面修饰自己的妆容,丝毫没注意到客人的需要,到本次用餐结束,吴先生对该饭店的服务十分不满。

[评析]

服务员的仪容、仪表也是服务产品的一个重要组成部分,服务员不注重自己的仪容、仪表或过于注重自己的仪容、仪表都会影响服务质量。

[案例2]

在一次印度官方代表团前来我国某城市进行友好访问时,为了表示我方的诚意,有关方面做了积极的准备,就连印度代表团下榻的饭店里,也专门换上了舒适的牛皮沙发。可是,在我方的外事官员事先进行例行检查时,这些崭新的牛皮沙发却被责令立即撤换掉。原来,印度人大多信仰印度教,而印度教是敬牛、爱牛、奉牛为神的,因此,无论如何都不应当请印度人坐牛皮沙发。

[评析]

对于重要客人,事先了解其风俗习惯十分重要,本例中服务人员就是忽视了对方的宗教礼仪,做出了错误的接待行为。

项目练习

1. 仪容仪表项目。

要求学生上课时严格按照酒店要求整理仪容仪表,并按照相关标准打分,记入学生课程成绩。项目标准如表1-2所示。

表1-2 项目标准(参考)

仪表项目	细节要求	分值	扣分	得分
头发 (1.5分)	男士			
	1. 后不盖领	0.5		
	2. 侧不盖耳	0.5		
	3. 干净、整齐,着色自然,发型美观大方	0.5		
	女士			
	1. 后不过肩	0.5		
	2. 前不盖眼	0.5		
	3. 干净、整齐,着色自然,发型美观大方	0.5		
面部 (0.5分)	男士:不留胡及长鬓角	0.5		
	女士:淡妆	0.5		
手及指甲 (1.5分)	1. 干净	0.5		
	2. 指甲修剪整齐	0.5		
	3. 不涂有色指甲油	0.5		
服装 (1.5分)	1. 整齐干净	0.5		
	2. 无破损、无丢扣	0.5		
	3. 熨烫挺刮	0.5		
鞋 (1.0分)	1. 黑颜色皮鞋	0.5		
	2. 干净,擦拭光亮、无破损	0.5		
袜子 (1.0分)	1. 男深色、女浅色	0.5		
	2. 干净、无褶皱、无破损	0.5		
首饰及徽章 (1.0分)	1. 不佩戴过于醒目的饰物	0.5		
	2. 选手号牌佩戴规范	0.5		
总体印象 (2.0分)	1. 举止:大方,自然,优雅	1.0		
	2. 礼貌:注重礼节礼貌,面带微笑	1.0		
合计		10.0		

2. 礼貌用语项目。

注意理解酒店常用礼貌用语,理解服务过程的礼貌用语,会熟练运用礼貌用语。

请思考面对以下情景时的用语：

(1) 问询客人是否要做卫生时，如果客人不需要。

(2) 做完房间时。

(3) 问询客人是否需要开夜床时，如果客人不需要。

(4) 问询客人是否有洗衣时。

(5) 如客人有需求在不知道的情况下。

(6) 如客人需要清理房间你正在清理其他住人房或者赶房时。

(7) 如客人出去回来后房间仍未清理时。

(8) 把客人需要的东西送进房间时。

(9) 收银员通知查房，但是房内有客人。

(10) 正在清理房间时客人回来了。

服务与管理项目二

客房清扫及查房

项目导入

客房产品是饭店提供给客人各项服务的核心组成部分;与之相对应,客房清扫及查房工作是饭店楼层工作的核心。

客房是饭店最直接销售的商品,一间清洁舒适的客房是客人对饭店产品的最基本要求。当客人进入客房后,首先映入眼帘的是一张宽大舒适整洁的床,接着就是清洁工作的落实与否,每家饭店的客房清洁皆有所差异,但提供舒适、清洁与高雅的住房是每家酒店所努力达到的目标,它关系着顾客对饭店服务品质及管理水准的评价好坏。

客房清扫及查房工作就是为了保障饭店这一核心产品的质量,客房清洁工作是很烦琐的,要做好清洁服务工作,除了必须具有耐心和体力外,更需要具备细密周详的工作计划流程,才能达到事半功倍的效果。本项目内容主要围绕这一工作展开,目的在于使大家掌握客房清扫及查房工作的相关职业能力。

职位设置及能力分解

饭店楼层工作的核心目标是为客人创造一个清洁、美观、舒适、安全的理想住宿环境。

为达成这一目标,饭店设置的相关岗位包括楼层主管、楼层领班、楼层服务员及文员。以上岗位需要掌握的职业能力分解如下。

第一节 职位一:楼层主管

职位描述:负责楼层各项服务工作有效率地进行,管理楼层领班和楼层服务员,联系和主持本部门在职员工的培训等。

报告上级:客房部经理。直接下属:楼层领班、楼层服务员。

任职能力分解:计划能力,执行能力,监督能力,沟通能力。

计划能力

1. 编排楼层服务员、联络员和文员每个月的工作表,保存病假、公众假期和年假的记录。
2. 制订管辖区域内的清洁保养计划,并组织实施管理。
3. 保持区域客房清洁用品、消耗用品等的合理平均库存。

4. 合理调配客房部人员工作分配。

5. 对布草、消耗用品和清洁用品按时间段进行消耗分析。

6. 针对本部门每年所需进行的资产更新形成合理计划并上报客房部经理。

执行能力

1. 确保客房及公共区域的维护保养计划工作。

2. 定期将区域年度、月度工作计划及指定的报告按要求递交客房部经理，并遵从客房部经理的协调。

3. 按照酒店的要求负责相应的钥匙管理。

4. 严格执行遗留物品的规范管理。

5. 确保所管辖区域地毯的维护保养。

6. 尽可能地向宾客提供帮助。

7. 时时接受客房部经理分配的工作。

监督能力

1. 检查部门管辖员工的制服和仪表。

2. 检查管辖区域的卫生计划。

3. 检查楼层服务间的客人供应品、棉织品和客人借用物品。

4. 检查贵宾房，抽查空房、住房、维修房，检查工作间、办公室、储藏间、制服和棉织品部。

5. 每个月的第一天清理过期的遗失物品。

6. 检查部门相关施工单。

7. 检查保存的家具、装修的工具、清洁地毯用具、客人借的东西、折床和婴儿床。

8. 审阅各岗位领班递交的指定的计划和报告。

9. 关注服务中心的电话服务记录。

10. 确保酒店制定的各项服务及管理标准的贯彻执行。

11. 管理、指导、训练、评估本区域所有员工。

12. 确保楼层的高标准清洁。

13. 确保员工明确化学品安全、员工操作等相关安全程序。

14. 定期回顾工作流程及岗位工作标准，并提出更新意见。

15. 定期回顾和检查管辖区域的设备和用品质量。

16. 特别关注 VIP 宾客服务。

17. 了解有关安全紧急事件处理程序，懂得预防事故发生的措施。

沟通能力

1. 保持本部门与相关支撑部门之间的沟通协调。

2. 参与各班组召开的会议。

3. 对员工进行专业知识上的指导，并帮助其进行职业规划。

4. 协助客房部经理进行人员选拔、培训、指导、管理。

5. 处理客人投诉及员工诉苦。

第二节　职位二：楼层领班

职位描述：负责对楼层服务员的监督、管理。

报告上级：楼层主管。直接下属：楼层服务员。

任职能力分解：计划能力，执行能力，监督能力，沟通能力。

计划能力

1. 合理编排本楼层服务员的班次及公休日，协调服务员之间的工作关系，确保本楼层的工作效率。
2. 合理规划楼层的用品申领和成本控制。

执行能力

1. 负责分发员工表格、工作钥匙及相关工作用品，提出特殊注意事项。
2. 保证马上反映和跟进有关住房情况，如损失或损坏、遗物招领、客人没有回来睡、少量或没有行李、请勿打扰、反锁、客人病倒、客人特别要求、投诉或表扬、报告陌生人、奇怪的行为等。
3. 跟进入住单、欢迎茶，观察和提高楼层服务员的工作水平。
4. 及时报告房间状态。
5. 保管好客人的遗留物品和书刊画报，并及时送交客房部办公室。
6. 负责填写工程修理单或向客房部办公室报修。
7. 负责保持所有服务区域的干净与整洁。
8. 负责楼层安全管理，包括化学品安全、机械操作安全、财产安全等。
9. 履行上级领导委派的职责。
10. 给员工树立一个好榜样。
11. 负责楼层员工的绩效评估，组织实施技能培训。

监督能力

1. 检查服务员的工作服、仪表、仪容和行为。
2. 抽查客房内酒吧饮料的保障和补充情况。
3. 检查每间客房、楼道和工作间的卫生及服务工作情况，重点检查走房的卫生和VIP客房。
4. 检查和控制客房内所需物品及清洁用品的消耗，合理地填写物品申领单，保证各种物品在工作间有适量的备用。

沟通能力

1. 尽量满足客人的要求，减少客人的投诉，提供有效的客房服务。
2. 参加部门例会，提出合理化建议，并主持班组例会，布置工作。

第三节 职位三：楼层服务员

职位描述：负责按照饭店相关标准来进行客房清扫。
报告上级：楼层领班。
任职能力分解：执行能力。

执行能力

1. 熟练掌握并执行饭店制定的各项制度和操作规范。
2. 保持工作间、储藏柜的整洁有序。
3. 保持服务车的整洁和供给充足。
4. 清洁客房卫生。
5. 做好日常物品的领取工作。
6. 记录棉织品使用情况。
7. 为宾客收取客衣。
8. 将餐车、餐盘从房内撤出至指定地点。
9. 负责检查房间设施的完好，对设备设施维修状况及时上报。
10. 正确使用和保管万能钥匙。
11. 妥善处理宾客遗留物品。
12. 熟悉消防知识，确保工作区域内的宾客和财产的安全。
13. 随时清除客房地毯、墙纸的污迹。
14. 完成计划卫生。
15. 根据客史提供个性化服务。
16. 做好请勿打扰房及外宿房的记录工作。
17. 接受各级管理人员对卫生及程序的检查工作。

第四节 职位四：文员

职位描述：负责进行信息记录和沟通。
报告上级：楼层领班。
任职能力分解：执行能力。

执行能力

1. 接听电话要有礼貌及有效率。
2. 听取客人的要求，投诉及向主管汇报并做出适当的行动。
3. 与前厅部和其他部门互相合作。
4. 记录所有电话在记录簿上。
5. 保持办公室的整齐和不要闲谈。
6. 保存失物招领记录、来往书信和收藏好客人存在这里的衣服。
7. 编排和保存好楼层服务员的报告、主管报告以及客人借物报告。

8. 分派和收回钥匙。
9. 记录损失和损坏事件。
10. 更新电脑中的住房情况。
11. 紧急的维修请先用电话通知工程部,然后补发施工单。
12. 打印办公室的文件。
13. 假如客人需要,安排托婴保姆服务。
14. 履行主管委派的任务。

客房清扫及查房服务过程分解

服务场地:模拟饭店客房。

服务过程:清扫房间准备工作;进入房间;房间预清理;清扫卫生间;抹尘;吸尘、检查,退出房间;查房。

第一节　服务过程一:清扫房间准备工作

旺季时,客房服务员每天要整理很多房间,要保证工作的质量和效率,就必须有充足的准备工作。准备工作中包括仪容仪表的检查,检查工作车上用品是否配备齐全,吸尘器是否可以正常工作(电线、开关、插头及尘袋是否装好),并且要注意核实工作单上的房间清扫顺序。主要应把握以下几个方面。

(一) 房间清扫顺序

工作分配单用来安排清理顺序,决定哪些客房要先清扫,一般退出的房间先做,除非续住客人有特别要求,其次再打扫续住客人的房间。

开房率高时的清扫顺序:"请即打扫"房—VIP房—预抵房—走房—住房—预离房—空房。

开房率低时的清扫顺序:"请即打扫"房—VIP房—住房—预抵房—走房—预离房—空房。

(二) 工作车的准备

工作车对客房服务员而言是非常重要的。工作车的准备通常于当日工作结束之后次日工作开始之前再检查一次,将需要的东西妥善放置在车上。

1. 清洁工作车:将车子放在楼层工作间,用湿毛巾将全车内外擦干净,留意车轮有否损坏。
2. 将垃圾袋及布巾袋挂在车钩上。
3. 将布巾放在工作车架内:重物在下,轻物在上;将床单及浴巾、毛巾、踏巾等较大、较重的布巾放在下格;将枕套及较轻或较小的布巾置于上格。

4. 房间用品放于架顶上：将大件物品放在后部，小件物品放在前部。较贵重的物品勿暴露在显眼处。

5. 将清洁用具放在清洁用的工具箱中：将厕所刷、清洁剂、百洁布、手套、家具蜡、空气清新剂、洁厕剂及除尘布放在工具箱内。

第二节　服务过程二：进入房间

为表现服务的规范性，客房服务员请求进入客人房间前应严格按照饭店规定的程序进行。先应观察门外情况，观察房间是否开启"请勿打扰"灯或挂上"请勿打扰"牌，然后再按照规定程序敲门。

1. 人侧身站立于门边，距离房门一脚间距，约30cm。
2. 站立时，双手体前交叉，右手压左手，双脚成"V"字形或"丁"字形站立。
3. 用右手食指和中指轻叩房门三下，报"HOUSEKEEPING"。
4. 敲门时右手的位置是略高于胸部，左手则仍放在腹部处。
5. 间隔2~3s后再叩三下，报"HOUSEKEEPING"。注意尾音必须有升调，表现生动性、委婉性。
6. 间隔2~3s后，人略微转身，正面对准猫眼（目的是为了让里面的客人看清来人），报"服务员"。
7. 将门打开至30°，人略跨前一步，右手轻叩门三下，称"我可以进来吗"或"MAY I COME IN"方可进入。
8. 将房门开直，在取电牌上插上取电卡。
9. 若是帮客人开门，在将门开直后，人略微向后退一步，面带微笑，略欠身，做"请"的手势，请客人进入房间。
10. 若客人在房间，要等客人开门同意后方可进入并向客人问候及询问"是否可以打扫房间"。
11. 入门之后挂上"正在清扫"牌。

第三节　服务过程三：房间预清理

客房清洁工作项目烦琐，工作程序复杂，需要注意的方面很多。因此，要把房间清理工作做好，必须要有一套完整的工作计划流程作为保障，要求客房服务员严格按照标准流程作业。

（一）清理前准备工作

1. 把清洁篮放在卫生间的台面下，并把报废的地巾铺在卫生间门口。
2. 打开房间的所有灯，检查是否有损坏。
3. 拉开窗帘，检查窗帘是否脱钩等状态。
4. 打开窗户，检查窗销是否开启灵活。
5. 将空调调到适当位置，加速空气流通。

（二）清洁脏布草和做床

1. 取走床上宾客的衣服，整齐地放在椅子上。
2. 取出装有客衣的洗衣袋（将要洗的衣服及时交于服务员送洗）。
3. 换下床上的床单、被套、枕套，连同浴室内需更换的方巾、毛巾、浴巾等布草，分类点清放入工作车的布草袋内，注意勿夹带宾客的个人物品（在撤床上物品时切莫夹带客人的衣物及房内小型物件，卫生间注意是否有客人的白色毛巾）。
4. 将棉被、枕头摆放在椅子或桌上；将撤下的脏床单、枕套、浴袍等放入工作车的脏布草袋内。
5. 检查床上是否有宾客遗留的物品，若有，按照酒店失物招领规定处理。
6. 撤下的棉织品不得随意放在地上，尤其是卫生间湿的毛巾等。
7. 搬走房内房客用毕的食具或餐车（勿将房间物品放在餐车上，尤其是烟缸或花瓶）。
8. 收集所有的垃圾、脏烟灰缸、更换用过的杯。
（1）把烟灰缸内的物品倒入垃圾桶，检查烟蒂是否熄灭。
（2）把烟缸放到卫生间洗脸池。
（3）用干净的面巾纸收集卫生间的头发，倒入垃圾桶。
（4）把垃圾桶内的垃圾倒入工作车上的垃圾袋里。
（5）收集用过的肥皂、牙膏、香波、卫生纸。
（6）发现遗留物品及时通知文员，写字台上的信封要检查。

凡有字的纸片，不确定客人到底要不要时不得将之随意丢弃。
留意垃圾桶是否有客人误放于桶内的物品。
小心玻璃及刀片。
尤其是客人放在垃圾桶边上的一些物品清扫时必须打开查看。

9. 整理房间用品。

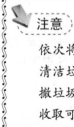

依次将衣柜、吧台、行李柜等处的垃圾撤走（注意所有的烟头是否熄灭）。
清洁垃圾桶及烟缸，确保垃圾桶及烟缸干净无污迹。
撤垃圾时，注意检查是否有宾客的遗留物品。
收取可回收利用的物品，放入工作车上相应的容器中。例如报纸、铝罐、玻璃瓶。
将烟灰缸收集至浴室，准备清洗。

10. 包床。
（1）棉织品不能随意乱扔在地毯上，以免沾到毛发灰尘。
（2）发现床垫有血迹要换，发现床单上有血迹要做特殊处理，打个结，放在布草的最上面，破损的交给制服房。

（3）整张床看上去要平整饱满，床罩直线，横线对齐，没有凹凸不平，床裙整齐。

第四节　服务过程四：清扫卫生间

卫生间清扫是客房清洁的重要组成部分，随着饭店装修的豪华化，卫生间的设施也越来越复杂，这无疑是给卫生间的清扫工作带来了更高的难度。客房服务员在清扫卫生间时一定要按照一定的标准流程作业，才能够提高工作的速度和成效。

1. 打开浴室灯光并将清洁用具放在浴室的中央。
2. 观察物品是否有破损。

> **注意**
>
> 杯、皂碟、烟灰缸。

3. 将杯子、皂碟、烟灰缸放入洗手盆，用热水及百洁布清洗。
4. 将物品倒放在石台上并抹干。

> **注意**
>
> 将特备的干布放在左手上，然后将湿的物品放在左手的干布上，右手拿着干布的另一端，将其推进杯内，顺时针方向转动，直至全干；抹干后将杯子对着灯光照射，看其是否清洁。

5. 通风口清洁：用干布、小扫帚或干刷子清除通风口上的尘土；不要在通风口周边墙上或天花板上留下脏的条纹印迹。
6. 墙面清洁：用水将墙壁淋湿，喷上清洁剂；百洁布从上至下、从左至右擦洗墙面。
7. 浴帘清洁：如浴帘较湿，用干抹布包住浴帘下部，将水渗透到抹布中；如浴帘上有水珠，用干抹布掸净。注意清洁浴帘的正反面和下摆，同时检查浴帘钩有否脱落。
8. 淋浴房清洁：将淋浴房淋湿，用纸巾去除淋浴房内的发丝，在淋浴房内、外玻璃、肥皂盘、固定装置上喷洒清洁剂，用浴盆刷进行擦洗，使清洁剂在淋浴房内保留一段时间发挥化学作用。
9. 浴缸清洁：将浴缸内淋湿，用纸巾去除浴缸内的发丝，在浴缸内壁、皂缸及固定装置上喷洒清洁剂，用浴缸刷擦洗缸底部、浴缸壁、浴缸四边及水龙头，使清洁剂在浴缸内保留一段时间发挥化学作用。将浴缸活塞关闭，将少量热水及清洁剂倒入浴缸内，用百洁布混合皂水后清洗浴缸内外、墙壁及浴帘；开启浴缸活塞，让皂水流走并开启热水花洒，让热水射向墙壁及浴缸，冲走污迹。
10. 恭桶清洁：戴上防护手套；冲洗恭桶，若冲水器不能正常冲洗或蓄水，则及时作记录以上报；在恭桶内侧、外侧均喷洒清洁剂；用另一种颜色的百洁布清洁恭桶外侧及通向恭桶的水管；用毛球刷清洗恭桶内部、下水口及恭桶边缘、座圈下的部位；使清洁剂在恭桶内保留一段时间发挥化学作用。拿起恭桶盖板并按冲水把，用厕刷擦刷恭桶内壁，以百洁布背面海绵抹恭桶外壁及盖板，用干布将恭桶外壁及盖板抹干。

11. 清洁洗手盆：将洗手盆淋湿，用纸巾去除洗手盆内的发丝，在洗手盆内、台面上喷洒清洁剂，用百洁布刷洗洗手盆，使清洁剂在洗手盆内保留一段时间发挥化学作用。用蘸了皂水的百洁布轻轻摩擦洗手盆及钢器，如开关及水龙头等，并特别留意活塞的清洁，看是否有杂物或毛发在内。

12. 清水冲洗：用清水依次冲洗淋浴房、浴盆、面盆、恭桶。

13. 抹干：用一条抹布抹干淋浴房、浴盆、面盆、墙壁、云石面；用另一条抹布抹干恭桶。

14. 镜面清洁：使用蘸了水的海绵清洁镜子，用干净抹布从上至下、从左至右擦干擦亮。检查镜子是否有水渍的角度要注意。

15. 金属制品清洁：用干抹布将其表面擦净，必要时可用抛光剂进行擦拭。

16. 补充用品：补充四巾、补充浴室消耗用品。

17. 地面清洁：将水桶内的水倒至地面使之湿润，取地刷蘸少量清洁剂从里至外清洁地面，冲洗地面、地漏，用干抹布抹干地面。

18. 将卫生间门虚掩。

> **注意**
> 留意用品包装是否符合酒店的规定，上一个客人未用过的东西是否完好，留意四巾是否有脱线。

第五节　服务过程五：抹尘

1. 抹门：使用湿抹布从左至右、从上至下抹门、门框、门铃、门吸；抹衣柜、护墙板；从左至右抹衣柜内搁板、挂衣杆、衣架、衣刷、保险箱、衣柜底部；从左至右、从上至下抹衣柜门、护墙板表面。

2. 抹吧台：将吧台抽屉内的杯具、咖啡具、电热水壶等用具擦拭干净，将吧台台面或镜面擦拭干净。

3. 抹小冰箱：抹冰箱门及顶部；边移边抹冰箱内饮料、酒水，且使饮品商标朝外。

4. 抹行李柜：从左至右抹行李柜四边、底部、侧面等部位。

5. 抹电视机和电视柜：使用湿抹布抹电视机框架、底部、电视机柜内外；用喷洒了玻璃去污剂的干净抹布抹电视机屏幕，须在电视机关机的情况下擦拭；核对和检查电视频道。

6. 抹台灯：使用湿抹布抹灯杆及灯罩固定架，使用干抹布抹灯泡表面，将灯罩接缝移至后面。

7. 抹桌面：移开台面上的物品，抹尘后归还原位，使用湿抹布从左至右抹台面和文件夹正反面；抹抽屉。

8. 抹椅子、沙发、茶几：从左至右抹茶几台面、底座、椅子、椅圈、椅档（沙发类同）。

9. 抹窗台（及阳台）：从左至右抹窗框及窗台（阳台四周）。

10. 抹床头板、床头柜：从左至右抹床头板台面、底部、内外侧面。
11. 抹床头灯（方法同步骤6）。
12. 抹电话机：用消毒剂擦拭电话机，特别是送话口和受话口；检查拨号音是否正常。
13. 抹画框：将画框边抹干净；在画框表面使用干抹布擦拭。
14. 抹穿衣镜：用蘸了水的海绵清洁镜面，使用干抹布擦干、擦亮。
15. 抹踢脚板：从门口起，沿顺时针方向擦拭。
16. 抹尘过程中须同步检查房内电器是否完好无损，如灯泡有破损，应及时更换（工作车上应配有灯泡）。
17. 抹尘顺序可根据不同的房间从外至内、从上至下的原则进行。

> **注意**
>
> 擦拭客房家具之顺序应以同一个方向进行，以免遗漏（从里到外，从上到下，先卧室后卫生间）。
>
> 抹布应拧干，以免太湿留下水痕。
>
> 擦拭家具时顺便记忆客房内须补充的备品，以便节省来回走动时间。
>
> 擦拭玻璃面的家具时，一律用干布喷上玻璃清洁剂，使其保持光亮。
>
> 擦拭时切忌使用湿布擦拭热灯泡，以避免灯泡爆裂或触电，危及客人及自身。

18. 补充消耗品。

> **注意**
>
> 补充消耗品应按一定顺序进行，以免遗漏（从门口起，沿顺时针方向补充物品）。
>
> 提供一致、整齐的第一印象。
>
> 禁止破损或有污点。
>
> 数量完整。
>
> 按规定位置进行摆放。
>
> 上一位客人未用的物品注意检查是否完整，铅笔要重新削好。

第六节　服务过程六：吸尘、检查，退出房间

吸尘

1. 及时准确地用清洁剂清除地毯污迹。
2. 用吸尘器从里至外，顺时针方向吸净地毯灰尘。
3. 不要忽略床、桌、椅下和四周边角，并注意勿碰撞墙面及房内设备。

巡视检查房间

1. 将窗户关上。

2. 检查房间是否整理洁净，物品摆放是否到位。

离开房间

1. 取下钥匙，轻轻关上门，并对门做安全检查。
2. 登记出房时间。

> **注意**
>
> **客房清扫工作过程中的注意事项**
>
> 1. 清扫走房时，应先清洁浴室，再清洁房间。
> 2. 清扫住房时，应先整理床，然后清洁浴室，再清洁房间，这样可以让宾客在房间还未打扫完回来时能够感觉到房间的整洁性。
> 3. 房间的布草和浴室的布草应同时撤掉，这是打扫房间和浴室的第一个步骤。
> 4. 清扫时用工作车挡门（一是整洁美观，二是方便工作，三是防止无关人员进入），吸尘器要跟工作车，不可一个在东，一个在西，必须在一起。
> 5. 若有人进入则要询问，查对身份，并请示是否可继续打扫。
> 6. 撤床铺时切莫将床上用品随意地扔在地上。
> 7. 登高时注意安全，若要踩到椅子上必须用干净的布垫在上面，不可直接踩在家具或洁具上。
> 8. 吸尘时勿忘床下。
> 9. 抽屉的各角落必须擦抹到位。
> 10. 清洗卫生间时门口必须垫上卫生垫，以防水溅湿地毯。
> 11. 浴室清洁箱不得放在恭桶盖上，以免划伤面板，影响美观。
> 12. 擦净杯子时要注意用布将杯子整个包住，以防擦拭过程中碎裂而划伤手。
> 13. 注意查看房内的文字资料及宣传资料有否过期，注重及时性。
> 14. 擦拭灯具及沿边有墙纸的地方必须用干布擦，以免触电或弄污墙纸。
> 15. 在清理床铺时若发现有血迹，在处理时须戴上手套，以防细菌感染。
> 16. 在房内若发现客人有遗留物品应及时通知服务中心，以便客人查询。

第七节 服务过程七：住客房打扫

1. 打扫住房之前先了解客人的信息。
2. 住房整理时先卧室后卫生间。
3. 进房先检查房内的设备设施，如窗帘、灯具，并检查设备的牢固度。
4. 推车确保挡门，住房挡一半（如客人在房间推车挡一半门，客人不在则全挡）。
5. 客人中途回房间要做好客人身份的确认工作，注意语言的技巧，用客人的卡开门做确认，示范用语："我帮您检查一下您的卡是否有效。"询问客人是否可以继续打扫客房,如客人不要继续打扫时,要做好交班,特别是房内配备的物品未补齐时,以防误报。

6. 打扫前,先根据房间状况,首先检查客人是否有什么特殊的习惯,并做好记录,以便做针对性的个性化服务。在打扫的过程中应注意收集客人的喜好;如客人使用几个枕头,物品的摆放位置,喜欢哪些水果等。客人在房内时要特别注意工作的动作幅度不能太大,如在铺床,在打扫过程中可视客人的情况适时跟客人进行沟通交流。了解客人的喜好及住店期间的感受和意见。

7. 客人的床单不做更换,也要检查床单上面是否有发丝黏附,如有则做清除或更换。客人放在床上或椅子上的衣服,外衣可挂在衣柜内(注意衣柜内留开一点以便客人发现),睡衣等可折叠后放在床上,女士的衣服不要轻易动。在抹尘时不要搬动客人的行李。

8. 更换杯具时必须先做检查。先检查杯内是否有客人放在里面的假牙、隐形眼镜等;酒店里的茶叶,冷的更换,热的不更换。一些特殊的情况,如杯内有果汁、咖啡、麦片等残渣可更换。杯内的茶叶一律不准倒入恭桶。

9. 倾倒垃圾前最好能事先做一定的检查,避免客人的损失(如在垃圾桶边的"垃圾",在不能确定前不要先扔掉,可征询客人的意见)。

10. 如是酒店提供的报纸一般情况下隔天处理。如客人整理较好不可收取,尤其是不要夹带客人的报纸(客人上面写有号码或重要信息等不可取出)。

11. 无工作指令不得进入客房,员工任何一次进房都必须有理由,中途离开房间必须将门关好。

12. 维修设备时,服务员必须陪同,跟踪检查维修结果,并签字确认。

13. 迷你吧及时输账并补入。

14. 房内发现贵重物品、违禁物品及时上报处理。

15. 房内有宠物的处理,客人若在房间则适时地提醒;客人若不在房间则先报告上级,灵活处理,不得擅自将宠物带离房间。

16. 在清洁住客房时,客人的文件、杂志、书刊等可以稍加整理,但不能弄错位置,更不能翻看,客人的贵重物品(如首饰、钱包等物品)不能随意触摸,女性用的化妆品即使使用完了,也不得处理,总之对于住客房内的物品不能轻易处理。

17. 不能偷吃客人的食品,也不要在打扫中将客人的食品随意地放置。

18. 打扫中若客人在房间,主动与客人沟通,并积极反馈客人的需求。

19. 打扫时与客人沟通,如无法解决时不要轻易做出判断,应上报处理。

20. 特别注意检查卫生间冷热水是否正常,出水是否顺畅。

21. 客人卫生间的化妆品,若不知具体的使用方法顺序,可按从高到低的顺序排列,若有些化妆品可能会因某些因素将台面弄脏,可在下面垫上方巾,做好防护工作。

22. 强调卫生间整理时必须将门打开,加强安全考虑。

23. 客人在房内时更换烟缸要注意用替换方法。

24. 住房内酒店赠送的鲜花已枯萎要及时撤出。

25. 接待商务客人,适当增加信纸的张数,最多是房间物品配备量的两倍。

26. 当住客提出要求需要其他部门落实的工作,要及时跟进,确保服务及时完成。

27. 电视机频道不做调整。

28. 房间的空调除非客人操作错误，其他情况不做改动。
29. 打扫时住房内的电话机响不得接听，也不要拨打，做电话机卫生时将电话机的线拔掉。
30. 对于赔偿事项，第一时间做好检查工作，并及时与客人沟通。
31. 发现房内物品缺少时，先要注意房内物品有否配备齐全，再考虑是否是客人拿走，不要盲目地让客人赔偿，以免引起客人投诉。
32. 如访客有留言服务时，尽快将留言传达到客人处。
33. 对于取电卡，若客人无任何电器使用，可将卡拔掉；若客人用梳子等其他异物取电，必须用楼层的备卡做更换；若客人有手机充电器或传真机等在使用，不可将客卡取出，以免影响客人使用。
34. 吸尘前必须询问客人是否可以吸尘。
35. 卫生整理好关门后注意反推，确保完全上锁。如果客人在房内，客房整理完毕时，要有礼貌地向客人致歉、道别、询问客人是否还有其他需求。退出客房时一定要面向客人后退两步再退出客房。关门时要注意面对客人退出。
36. 房内有加床时，注意不能遗忘补充相应的客用品。
37. 在操作过程中要注意"三轻一快"，如有客人在房内时更要注意。吸尘时要征询客人的意见："我能为您吸一下尘吗？"打扫完毕后说："××先生/小姐，房间已打扫好了，您还有其他需要吗？"最后应说："对不起打扰您，再见。"打扫住客房应尽量选择客人不在房内时打扫，同时根据客情，住客房尽可能在中午12点之前打扫完毕，以方便客人午休。
38. 物品的标备。

牙具：客人使用过的不要处理掉（可配备牙膏），新的补入。
梳子：客人使用过留在清洁后房内的可以不用补充。
肥皂：用过的肥皂少于1/2更换，补入新的。若超出1/2不更换，但仍要补入新的。
沐浴液、洗发液：住房用过少于1/2更换，补入新的。
卷纸：C/O房不少于1/2，但与新的比，两卷差异不可太大。住房不用做更换。
面巾纸：走客房不少于2/3、住客房不少于1/2。
拖鞋：住客房内可再次使用时不用更换，但要在衣柜内补入新的。
火柴：住房内的火柴保证有10根。
圆珠笔：配入客房前要进行检查是否可以书写，住客房内也要进行检查。
铅笔：客人使用过后视情况将铅笔削好。
其他一次性用品及时补充，如擦鞋布、信封、信纸等。

请即打扫房的处理

1. 三种即扫房的情况：房门上挂有"请清洁房间"牌，客人口头通知，客房中心通知即扫。收到通知后应立即前往，进行打扫。
2. 当有客人告知要清扫客房时，礼貌地回答客人"好的，马上过来打扫"或告知客人几分钟之后到房打扫，要求在10分钟内到达客房，30分钟内打扫完毕，如有必要，服务员可协同完成。
3. 此时如正在整理住客房，要尽快完成手头工作，进行下一房间的即扫。

4. 如正在整理一般走客房，应放下手头工作，立即前往即扫，再回过头来继续做未完成的走客房。

5. 如10分钟内无法进行即扫，须通知领班安排其他人去即扫，保证客人的服务需求及时得到满足。

第八节　服务过程八：查房

查房是保证客房质量的一项重要工作。领班作为一个部门的挑剔执行者，必须为宾客住宿品质把关，严格谨慎审视客房的各个角落，以求宾客能有个舒适整洁的环境。为达到这一目的，领班必须掌握查房的基本原则以及查房的具体步骤。

客房检查基本原则

检查即是预防，客房内的设备不论是卧室或浴室的小细节处，皆必须细心地检查，保持正常状况才可销售。掌握客房检查必须了解七大基本原则。

1. 不要让眼睛习惯肮脏的环境。
2. 必须具备"五到"：查房作业必须要做到眼到、手到、耳到、鼻到和心到。
3. 遵从循序监察的原则：由上而下—由内到外—左右观望，动作均须由同一方向开始逐一检查，以避免遗漏。
4. 记录查房之状况：在"客房检查记录表"上记录每一间客房的检查状况，以方便查询。
5. 发现任何的家具及备品，马上查看并擦拭或更换，发现任何破损，立即要求修缮，并于修缮后马上做复检动作。
6. 特别注意检查不易保持清洁的部分，如恭桶、垃圾桶等。
7. 不要忘记检查房间门（例如，手把、门扣）、安全门、自动锁、警报器等的状况。

客房检查的具体步骤

（一）房门的检查

1. 门框是否干净无灰尘。
2. 门牌是否清洁无污渍。
3. 门铃是否清洁无污渍。
4. 门铃是否工作正常，声音是否清脆。
5. 闭门器是否工作正常，能够自动关闭。
6. 防盗扣是否完好。
7. 猫眼是否清楚。
8. 逃生图是否清楚、标志准确。

（二）衣橱的检查

1. 衣柜门是否灵活。
2. 衣柜内外是否清洁。

3. 衣架上排列整齐并统一朝向。
4. 浴袍是否干净无破损。
5. 电子保险箱是否有效。
6. 保险箱是否备有操作使用说明且整洁。
7. 衣橱内若有手电筒，必须查看是否正常，而且须将开关固定在开的状态。
8. 鞋柜清洁无杂物。

（三）灯具的检查

1. 每次检查或整理房间时必须将开关全打开，以确定所有的灯具正常。
2. 灯罩是否清洁，而且必须把灯罩的接缝放置于后面。
3. 检查灯泡是否有灰尘。各楼层必须自备各种瓦数的灯泡，若发现灯泡不亮，可能是插头脱落的问题，则可自行先更换灯泡，这不但可增加效率，且可节省报修的手续；但假如更换后仍未正常时，则有可能线路出了问题，此时则应请工程人员检修。
4. 房内灯光是否明亮适中。

（四）空调的检查

1. 房间温度是否适宜。
2. 房内空气是否新鲜无异味。
3. 空调控制开关是否工作正常。
4. 进入房间若感觉到闷热或冰冷，则应查看调温度器的设定是否适中，若温度太高或太低时，应予以调整适中，但若是客人特别的设定，则不要变更。
5. 若温度设定正常，房间空调仍不舒适，则应检查开关是否在关的状态中，并检查马达转速的设定，强（H）、中（M）、弱（L）是否正常，若有问题，则应报工程部检修。
6. 风口是否发出声音及藏有灰尘。

（五）电视的检查

1. 电视机是否干净无污迹。
2. 电视节目是否清晰。
3. 先使用电视遥控器按电源键，以确定电源正常，有时可能是电源插头脱落或遥控器电池太弱，当无法正常开启时，可先检查电源或更换电池。
4. 查看影像、声音是否正确。
5. 付费电视、电视网络通常会有一个接收控制盒。这些功能也要检查，以确认功能正常。

（六）书桌的检查

1. 抽屉是否都容易打开。
2. 所有的抽屉是否都干净，无灰尘和废屑。
3. 洗衣用品是否排列有序。
4. 洗衣袋、洗衣单是否清洁。

5. 书桌旁的垃圾桶内是否有垃圾以及是否有脏污。
6. 如是无烟房是否配有烟缸和火柴。
7. 服务指南是否整洁，无涂写、无卷边或折角。
8. 所有提供的信息是否不过时。
9. 传真纸、信纸、信封、宾客意见表是否平整干净。
10. 各类宣传资料是否平整干净。
11. 报纸或杂志是否当期。
12. 提供的笔是否好用。
13. 烟灰缸是否干净。

（七）迷你吧的检查

1. 冰箱放置是否平稳。
2. 冰箱内外是否干净无异味。
3. 酒架是否干净无积灰。
4. 酒水价目表是否清洁完好。
5. 冰箱内是否无积霜、无积水。
6. 冰箱温度是否打在规定位置。
7. 饮料数量与价格表上的是否一致。
8. 饮料是否无变形，生锈，并且须注意品牌是否为酒店所用之品牌。
9. 饮料标签是否都朝外，且在保质期内。
10. 吧台镜面是否洁净无水迹。
11. 检查电源插头是否脱落。
12. 检查所有迷你吧的东西是否有被使用过。例如，颜色透明的酒类有时会被打开喝掉，并加入水，所有检查时必须注意开口是否有被开过的痕迹等，以减少酒店的损失。
13. 是否放有相配备的杯具。
14. 茶叶质量是否符合要求。
15. 茶具是否干净完好。
16. 是否配备咖啡。
17. 电热水壶是否工作正常，干净无水垢。
18. 水杯、酒杯等不可有指印。

（八）床的检查

1. 床是否铺叠完美，保持平滑。
2. 床裙是否清洁卫生而无破损。
3. 床面平挺无毛发。
4. 床上用品干净无破损，中线对齐。
5. 软包无污迹、无破损。

（九）枕头的检查

1. 靠垫布料有否破损。
2. 靠垫下是否藏有纸屑或灰尘。
3. 枕头是否太扁或太膨。

（十）电话的检查

1. 首先拿起话筒查看是否正常，假如无信号，则应检查线路是否脱离，或与总机测试或更换机测试，以了解故障原因，再向工程部报修。
2. 续住房间必须注意留言灯是否操作正常；退房的房间，若有电话留言，应将留言灯取消。
3. 电话及电话线要定期用酒精清洁，以保持卫生。
4. 各营业场所的直拨键设置是否准确。

（十一）窗帘的检查

1. 厚、薄两帘是否干净及悬挂美丽。
2. 窗户的玻璃是否光亮以及无裂痕。
3. 窗锁是否关闭安全。
4. 窗帘钩是否松脱或窗帘绳是否操作正常。
5. 窗帘箱内是否有蜘蛛网或积尘。

（十二）墙壁的检查

1. 纸和墙边若有灰尘或油渍，客房服务员必须将它处理掉。
2. 壁画的悬挂是否正常或有积灰。
3. 壁上的灯座是否有手印或污渍。
4. 内墙壁有裂痕、破损，都必须报工程部检修。

（十三）地毯的检查

1. 地毯是否有破损，地毯上的烟洞是否已做修剪。
2. 地毯边是否有积尘。
3. 清洁的程度是否达到标准，尤其是床脚、床头柜等地方较易积尘。
4. 地毯若太脏或有污渍，例如有咖啡渍或茶渍时，应请派人员洗地毯。

（十四）天花板的检查

1. 天花板若有裂痕、破损、漏水或小水泡等现象，都必须报工程部检修。
2. 是否有积尘或蜘蛛网。

浴室检查具体步骤

（一）卫生间门的检查

1. 卫生间门锁是否工作正常。
2. 卫生间内是否有异味。
3. 卫生间的灯光是否明亮。

（二）镜子的检查

1. 是否有积尘及污渍。
2. 是否有破裂的现象。

（三）洗脸盆及浴缸的检查

1. 将洗脸盆及浴缸冷、热水龙头打开，分别一一测试，才能知道水量大小操作情况。
2. 须注意洗脸盆及浴缸内的水塞拉杆是否顺畅、水塞高度是否恰当，并且注意是否积有毛发。
3. 洗脸盆旁的饮水管应按压测试，出水量是否适中，而且每天放水，以保持饮水之洁净。
4. 所有水器，如水龙头，是否保持清洁。
5. 洗脸盆及浴缸内壁是否有水珠或污渍。
6. 皂碟是否有碎肥皂或皂渍。
7. 浴垫必须保持干燥，不可有毛发残留。
8. 晾衣绳是否无损坏，并且没有脏污。
9. 浴帘是否有异味或发霉，若有，则必须送洗换新。
10. 浴帘杆要保持无灰尘。

（四）淋浴房的检查

1. 浴缸的冷、热水龙头及淋浴莲蓬头皆要测试水量是否正常。
2. 注意水压是否稳定，否则客人洗澡时忽冷忽热，会造成客人的抱怨。
3. 淋浴间的墙壁、玻璃门不可有水渍及皂渍，并且必须保持干燥。

（五）恭桶的检查

1. 检查冲水是否正常，以避免异物阻塞而无法使用。
2. 检查恭桶盖板、坐板是否有故障或脱落。
3. 恭桶盖内外侧是否残留污渍，例如清洁剂或尿渍。
4. 恭桶的四周是否残留毛发。
5. 恭桶按钮是否太紧或太松，操作是否正常。

（六）浴室备品检查

1. 所有卫生间物品摆放是否有序整齐。

2. 是否按床位数配备一次性用品。
3. 垃圾桶内是否有垃圾。
4. 烟灰缸是否干净。
5. 吹风机是否可以正常运行。
6. 毛巾类与消耗品（沐浴乳、洗发精等）是否足够，洁净干燥。
7. 人体称是否能正常使用，是否清洁。
8. 卷纸是否备齐。
9. 卫生间鲜花是否新鲜。

（七）排水的检查

1. 检查洗脸盆、浴缸、恭桶、地板等排水速度是否正常，以避免客人用水过多而造成淹水事件。
2. 通常用水、排水之检查须靠清理人员来测试，当发现有问题时，应立即报修。

（八）天花板的检查

1. 是否有积尘或蜘蛛网。
2. 风口是否清洁。
3. 天花板若有裂痕、破损、漏水或小水泡等现象，都必须报工程部检修。
4. 换气设备是否干净正常。

（九）金属件的检查

1. 金属件光亮无刮痕。
2. 所有金属件无皂迹、水迹。
3. 地面是否清洁无毛发。
4. 墙面是否清洁无裂纹。
5. 台面是否干净干燥。

服务与管理知识点

第一节 客房清扫的内涵

一家酒店是否干净、是否整洁并不是只看这家酒店的家具上面有无灰尘，地上有无垃圾，还有更多的因素会影响到客人对酒店洁净程度的认识，具体包括以下几个方面。

酒店客房的气味

应该说，客房的气味是衡量一家酒店是否洁净的首要标志。客房内既不允许有霉味，也不能有明显的香水味。住店客人一般都喜欢自己所住客房的卫生间里有柠檬型香味，而卧室里则应该有混合型香味。气味浓烈，刺鼻的空气清新剂很容易让客人产生恶心等反应，因此一定要谨慎使用。勤开窗户也能使客房保持空气清新。

前一位住店客人留下的痕迹

酒店客房内有没有前一位客人留下的痕迹应该是客人对一家酒店的洁净程度认识的最重要因素之一。入住一家酒店的客人绝对不希望在自己的房间里看到任何会使他们联想到有人曾在此处居住过的物品。一般来说，最令酒店客人反感的痕迹包括：留在卫生间面盆和浴缸里，以及卫生间地面上的毛发丝，走道里凌乱摆放的客房送餐盘，有污渍的地毯和布草，抽屉里客人忘了拿走的个人用品等。

酒店员工的态度和工作效率

一家酒店的员工，尤其是其管家部、工程部，以及餐厅工作人员的整体服务态度也会影响到住店客人对酒店洁净程度的认识。一般来说，客人只要看见酒店的员工在不停地清扫公共区域，他们就会很自然地觉得这家酒店十分洁净。而且员工本身的整洁也很重要。干净利落、着装整齐的员工有助于提升客人对酒店整体洁净程度的印象。

酒店设备的维护

住店客人的基本要求是客房里的每一件物品和设施设备在任何时候都完好无损，而且维护得当。即使某个设施设备有故障，也应该在最短的时间内修好，否则即使客房表面上再干净，客人还是会觉得不舒服，而使其满意度受到影响。

客房的装备优良

入住一家酒店的客人都会要求这家酒店客房的设施和装备合理、实用。在客房的工作区域，照明效果好，易于连接电话接口、数据接口和电源插孔的写字台对于商务旅行者来说尤为重要。另外，适当数量的毛巾、口杯、免费的卫生用品、一定数量的毛毯和枕头、床头收音机、闹钟、电视机及其遥控器都不可缺少。

酒店本身的历史

一家酒店的设施、家具陈设的年代长短与这家酒店是否洁净应该说是没多大的联系，但是酒店的客人一般会觉得，破损而且陈旧的客房家具和布草也会传达出这家酒店的不洁净的信息。

照明

住店客人一般都希望自己所住的客房及其卫生间的照明效果好。这就要求酒店尽量使用日光灯、床头阅读灯，卫生间墙上方或四周有明亮的照明，尤其是公共区域要有良好的照明。在客房里巧妙地使用灯光，不仅可以使客房显得更加明快，还可以令客人感到心旷神怡。

客房的色调

吸引客人目光的色调也是客人对一家酒店的洁净程度产生重要印象的基础。一般而言，酒店的客人更喜欢米色和奶油色等中性颜色，而对于那些太亮或太深的颜色并不是十分感兴趣。

第二节　酒店客房的卫生隐患

酒店客房清扫很多步骤都是细节上的要求，对洁净程度要求越高，也就越要求我们的工作人员在工作中不放过任何细节。以下卫生隐患都是值得我们的酒店管理人员注意的。

空气混浊不新鲜

服务员每天打扫好房间后，都习惯把门窗关紧，并拉上窗帘，让房间处于封闭之中。房内空气无法流通，房外阳光也无法晒入。客人入住时，会明显感到房内空气混浊不清新。如遇淡季，入住客人往往会闻到一股很浓的霉变气味。有些宾馆已经装有紫外线消毒器，但显然是不够的。为此建议：服务员每天打扫好房间后，不管是否有客人入住，都应把门窗打开一定的时间，让房内空气流通，晴天时还应让阳光晒进房间，保持房内有清新空气。

地毯潮湿不清爽

许多中低档酒店的客房地面铺化纤地毯，客人倒水、喝水、喝饮料、吃瓜果、用餐、洗晒衣服等，常常会将脏物泼溅到地毯上，把地毯弄湿弄脏。时间一长，地毯不仅潮湿，易生细菌，而且脏痕斑斑，很是难看。特别是卫生间门口的一块地毯，由于客人漱洗时不注意，常常被弄湿。有些酒店装修时，卫生间的地面偏高，洗澡时常常把水泼出池外，溅在地面，渗进地毯。服务员用吸尘器可以吸去灰尘、杂物，但无法把脏湿的地毯吸干净弄清洁。脏湿地毯长时期得不到处理，很容易发生霉变，梅雨季节还会产生一股难闻的气味。

床上用品不干净

客人直接接触的床上用品，如床单、垫单、枕套能每天换洗之外，其他如枕芯、毛毯、床罩、棉被等则长时间不更换。虽然睡眠时肢体不直接接触这些用品，但也与客人休戚相关。有的客人外出回来后，会直接躺在床罩或毛毯上休息，这些床上用品也是客人经常会直接接触的，不定期洗洒消毒是不妥当的。还有些客人习惯靠在床头靠板上，特别是晚上洗澡后，头发未干，就靠在床头靠板上抽烟、看电视，时间一长，有些床头靠板已变黑、变脏，触目可见。这些物品虽不用每天更换，酒店也应制订换洗计划。

卫生间内不清洁

卫生间是客人使用率最高的地方之一，也是卫生隐患最多的地方。卫生间内用水较多，特别是洗澡时热气、水气蒸发，湿度很大。加上客人洗澡时不注意，经常把水泼到池外，流到地面。如果下水管不畅，地面上就会积水，变得非常潮湿。洗脸池下更是阴暗潮湿，往往还要摆放废物篓，更是容易孳生细菌。为此建议：除加强对浴池、洗脸池、抽水马桶、地面的清洗消毒外,酒店还应放置一些干燥剂、消毒剂,浴帘也应及时清洗更换,时常检查排气扇是否完好、能否使用。

第三节 常用客房清洁药水

空气净化剂

内含高活性吸附剂和高聚物,能有效去除室内因装修、装潢后残留下及新地毯铺设的异味、宠物、腥味及烟酒、呕吐物、尿味等。

通用酸性清洁剂

弱酸性配方,腐蚀性低。能清洗花岗岩、水磨石、瓷砖、马赛克、墙壁等粗糙表面的浮垢。

高泡地毯水

浓缩型配方结构,有较强的渗透、去污、浸润吸附能力,泡沫丰富持久,易干爽,洗后使地毯柔软光洁如新、香味宜人,能消除"湿地毯"气味。

低泡地毯水

浓缩型低泡沫清洁剂,是清洗地毯深层污垢的专用产品,超强的去污力、渗透力、能迅速溶解、乳化油污及地毯污渍。

地毯除渍剂

迅速去除地毯的锈渍、茶渍、咖啡及油渍。使用方便,干燥快,使用于所有不褪色地毯。

地毯防霉清洁剂

超浓缩特制中性配方,既能清洁保养,同时也能杀菌防霉,适用性广,清洗地毯后吹不干的情况下能杜绝地毯孳生细菌而霉变。

全能消毒水

中性消毒清洁剂,它所含的特殊表面活性剂是日常快速清洁消毒硬表面的理想产品。

防静电清洁剂

特殊配制的水溶性防静电清洗剂,能有效地清洁地面、坐椅、工作台面、防静电台垫、玻璃、塑料制品等各物体表面。

玻璃清洁剂

独特的配方使玻璃易于擦洗,洗后不留痕迹,干燥快,玻璃通透亮洁。

洗手液

新型酸碱平衡配方组合,性质更温和,有清洁和消毒双重功效。

- 洁厕灵

  洁力强，专为厕所清洁设计，快速分解便迹、水垢，不腐蚀管道，并具有杀菌除臭功效。

- 浴室清洁剂

  含高活性渗透剂及光洁剂，快速有效分解浴室、面盆、浴池、恭桶、便池及其他瓷砖表面污渍，并具有除臭功能。

- 甲醛捕捉剂

  内含高活性吸附剂和高聚物，能有效去除室内因装修、装潢材质残留下的甲醛异味。

- 不锈钢清洗剂

  专为不锈钢表面污渍、水渍、油渍及锈斑而设计，更快速有效，传统使用的高碱性和酸性对金属所带来的腐蚀使金属更快氧化。

- 不锈钢亮洁剂

  能迅速去除不锈钢表面的油污渍、色渍，呈现光亮、洁净的金属光泽。

- 家私保养蜡

  清洁、上蜡一次完成，快捷方便，用后家具更清爽、亮洁。适用于木质家具、皮质沙发、木圆柱面的上蜡。

- 强力除油剂

  专用于去除酒店、工厂及其他行业的顽固油渍，能迅速渗透、乳化及皂化各种油性污垢，并含有防锈成分。

- 地毯抽洗剂

  为蒸汽抽洗机而设计，去污快，洗后使地毯柔软光洁如新。

第四节　常用杯具消毒方法

（一）高温消毒法

主要有两种：一是煮沸消毒法。将洗涤干净的杯具放在100℃的沸水中，煮15~30分钟即可，此法适合于瓷器。二是蒸汽消毒法。将洗涤干净的杯具放到蒸汽箱中，通常蒸15分钟即可达到消毒的目的。

（二）干热消毒法

客房楼层常用的消毒柜多属于此类。操作程序是将洗涤干净的杯具放入消毒柜，将温度调整到120℃，时间为30分钟即可。

（三）浸泡消毒法

浸泡消毒法一般适合于杯具的消毒。使用浸泡的方法消毒，务必把化学消毒剂溶解，同时严格按比例调制好,才能发挥效用。

浸泡消毒的方法是:将杯具用洗涤剂洗刷干净后,放入消毒溶液中浸泡5分钟,再用清水冲洗干净并擦干即可。擦拭时,须使用干净并经过消毒的杯布。

第五节 客房消毒与杀虫

客房是客人主要的活动场所,由于宾客来自四面八方,各地的地理条件、气候、风土人情、生活方式以及卫生状况不同,会有各种疾病流行。客房消毒和灭虫害是清洁卫生工作的一项重要内容,既是客房清洁卫生标准的要求,又是预防各种疾病,保证宾客和员工健康的重要措施。

一、客房消毒工作

(一)客房消毒的要求

1. 房间。

房间应定期进行预防性消毒,包括每天进行的通风换气、日光照射以及每星期进行一次紫外线或其他化学消毒剂灭菌和灭虫害,以保持房间的卫生,防止传染病的传播。

2. 卫生间。

卫生间的消毒工作非常重要,卫生间的设备和用具易被病菌问染。因此,卫生间必须做到天天彻底清扫,定期消毒,以保持卫生清洁,并做到每换一位旅客都要进行严格消毒。

3. 客房工作人员。

客房工作人员当班期间,应注重个人仪表仪容和个人卫生。

(1)严格实行上下班换工作服制度,让工作服起到"隔离层"的作用。

(2)清洁卫生间时,应戴好胶皮手套。

(3)每天下班用肥皂洗手,并用消毒剂对双手进行消毒。

(4)定期检查身体,防止疾病传染。

(二)常用消毒方法

消毒方法很多,大致可以分为物理消毒、化学消毒和生理消毒三大类。下面介绍几种常用的消毒方法。

1. 通风和日照。

(1)室外日光消毒。利用室外阳光的紫外线,可以杀死一些病菌。例如定期翻晒床垫、床罩、被褥,既可以起到杀菌消毒作用,又可使其松软舒适。

(2)室内采光。室内采光是指让阳光通过门窗照射到房内,以杀死病菌。

(3)通风。通风不仅可以改善空气环境,而且可以防止细菌和螨虫,因此,改善房内通风和空调效果是客房消毒常见的方法。

2. 物理消毒。

(1) 高温消毒。有煮沸消毒和蒸汽消毒两种。

(2) 干热消毒。常见方法有干烤和紫外线消毒。

3. 化学消毒剂消毒。

化学消毒剂能使微生物病菌体内的蛋白质变性，干扰微生物的新陈代谢，抑制其快速繁殖。但在选用消毒剂时要注意使用环保型消毒剂，尽可能避免对人体的伤害和对环境的破坏。具体又可分为浸泡消毒法、擦拭消毒法和喷洒消毒法。

总之，采用化学消毒液消毒一定要注意安全，因为化学消毒溶液对人体有一定的腐蚀作用，在进行消毒时要注意采取防护措施，如有接触应及时用清水冲洗。此外，还应注意选择对环境无污染的化学药品和消毒设备。

二、客房灭虫害工作

防治虫害是关系到客人和饭店员工身体健康的大事，是客房部不容忽视的一项工作。

(一) 饭店常见虫害类别

1. 昆虫类。如苍蝇、蚊子、蟑螂、臭虫、跳蚤、虱子、白蚁等。
2. 啮齿类。如老鼠等。
3. 菌类。如霉菌等。

(二) 常见虫害的防治方法

虫害是在一定温度和一定湿度条件下生存发展的，另外，饭店周围环境不善也可导致虫害。要消灭、杜绝虫害，必须在专业人员的指导下，有针对性地采取防治措施，同时在灭虫害的过程中避免对环境造成破坏。

1. 苍蝇。

苍蝇活动范围广，食性杂，飞返于污物和食物之间，不仅造成食物污染，还会传播疾病，如腹泻、胃肠炎、伤寒、痢疾、霍乱等。苍蝇飞入室内，会扰乱客人的心情，影响客人的休息。主要防治方法如下：

(1) 经常开启的窗户要安装纱窗。

(2) 及时处理残剩的食物。

(3) 垃圾桶要盖严并经常彻底清理。

(4) 经常喷洒杀虫剂。

(5) 夏秋季要特别注意垃圾房、垃圾桶和饭店外围环境卫生，定期清洁消毒，消灭或破坏苍蝇的生存环境。

2. 蚊子。

蚊子喜欢停留在阴暗、潮湿、不通风、无烟熏的地方，床下、画框后也是其藏匿之所，它们不仅叮人吸血，扰人休息，还可以传播丝虫病、流行性乙型脑炎等疾病。主要防治方法如下：

（1）保持室内外环境清洁，消灭蚊子孳生的死角。

（2）安装纱门、纱窗。

（3）定期喷洒杀虫剂。

（4）在室内外合适地点安置灭蚊灯。

3. 蟑螂。

蟑螂通常是躲在盒子、食品或行李中进入客房的。喜欢温湿环境，如卫生间、厨房、水管附近等。它们不仅散发臭味，还会带来食物中毒和其他一些疾病。主要防治方法如下：

（1）保持环境清洁，收藏好食物，死角要定期打扫。

（2）向有蟑螂出没的地方喷洒专门的杀虫剂。

（3）请有经验的专家指导或委托专业公司布放药品、诱饵。

4. 老鼠。

老鼠一般喜欢以松土、垃圾、废纸等建巢，会偷吃和污染食物，散布疾病，如食物中毒、流行性出血热及鼠疫等。主要防治方法如下：

（1）堵塞所有可供其出入的洞口。

（2）及时清除所有可供其做巢的废料、垃圾等。

（3）保持环境卫生，尤其厨房要对食物进行妥善存放。

（4）投放鼠药。

5. 霉菌。

霉菌喜欢生活于潮湿环境，造成菌害的主要原因是饭店施工时质量有问题或维修保养不佳。如天花板漏水、墙壁渗水等。霉菌会造成墙纸变形或起翘，墙面涂料剥落或褪色，墙面上砖头或泥灰有盐花析出，物体长出绒毛状物来。防治的有效方法是降低饭店的湿度，尽量控制在规定的标准内。

第六节　吸尘机的使用和保养

一、吸尘机

（一）用途

吸尘机主要用于地毯的吸尘。

（二）组成部分

1. 机头、马达及滤网和机头手炳。

2. 机身，内有尘袋。

3. 底盘。

4. 吸耙及软管。

（三）使用方法

吸尘时先将尘袋扎头，滤网及尘袋用来隔离尘土进入马达，以保护马达正常运转。底盘上有 5 个轮子使机器能前后移动，软管的两头各有一个接口，用来连接吸耙和机身，将机器插上电源，用吸耙顺地毯毛吸。吸耙来回时不要提得太高，放下时不要太用力，由内向外，吸尘机不要将电线拉得太长，以线不离地为宜，以免电源线断开，不要将机器碰撞及翻倒，吸完后将电线从机身一端绕起。

（四）保养

1. 每次吸完尘必须将尘袋内的尘倒掉，并将滤网上的尘用另一吸尘机对吸完后重新将尘袋系好，定期将轮上油及吸耙内清洁，不能吸纸团等垃圾，以免堵塞耙头。
2. 不能吸大头针或针之类物品。
3. 不能吸水，以免损坏马达。

二、单擦机

（一）用途

单擦机主要用来清洗地毯及马赛克胶地板。

（二）组成部分

1. 泡箱：存放清洁剂。泡箱一侧有开关，左上端有一根拉杆，泡箱右下端有一个出水管，水管口有滤网。
2. 刷子：分为软刷与硬刷，软刷洗地毯用，硬刷洗地石。
3. 手柄：左右各有一个开关，用来控制机器工作。

（三）使用方法

先将稀释好的清洁剂倒入泡箱内，摆动到适宜位置（即两手臂伸直）并插上电源，上好软刷，按下手柄的一个开门，打开泡箱开关，此开关可调节泡沫出量的大小，将杆平向上提时机器会自然向左转动，向下放时机器会自然地向右转动，洗时要拉泡箱拉杆第一行从左到右，第二行从右到左，将第一行的轮子压过一半洗，即每一处地毯来回各洗一遍，洗地面时即换硬刷，可不用泡箱，先将地面拖湿，将清洁剂倒在地上，用机器洗。

（四）保养

用完机器先卸下刷子，用水冲洗，将泡箱内清洁剂倒入其他水桶等容器内（可作下次洗地毯时用），用清水过洗一遍，并用抹布擦干。

三、威霸机

(一) 用途

威霸机主要用于清洗地毯、沙发、行李架。

(二) 组成部分

1. 吸力头:开关、耙头插座、水浆插座。
2. 耙头(高速摇动清洗刷):喷水掣、电刷开关、玻璃筒(观察污水吸回的情形)、耙头插头、锁紧手柄、喷嘴吸力槽。
3. 粗细喉管。

(三) 使用方法

将耙头杆头插入有 floor tood 的标记杆座内,将水浆杆头插入主机背面、左下面插座,将粗细喉管一头插入主机内一头插到耙头上,将配好的清洁液倒入水箱中,将耙头手柄按下,使吸力槽抬起,离开地面少许,将耙头推至要清洗的地方,打开水浆开关及吸力开关 1 及 2。开启电刷开关,握紧喷水掣,使耙头吸力槽紧贴地面,慢慢向后拖拉,玻璃筒中可看到污水吸回的情形,根据地毯的清洁与脏的程度可反复一次。

(四) 保养

1. 每台机器配备两只水桶(清水桶和污水桶),避免水箱内杂质引起水浆损坏、漏水或喷嘴堵塞。
2. 严禁使用高泡沫的清洁剂,因为泡沫轻不会将机头内的浮球顶起,泡沫直接进到马达会使其烧毁。当错误地使用了高泡沫的清洁剂时,由于泡轻,会被吸入真空浆,垃圾随泡沫进真空浆时其转速减低,污水会从散热口喷出,因此应迅速关机。
3. 污水箱中水位不可过高,否则要放污水。污水过高,会使球堵死吸力孔,使真空浆失去抽吸力,真空浆会空转,空转声响,应即时关掉真空浆放去污水。
4. 洗完时,将耙头一侧的粗管放入清水箱,打开吸力浆,使清水吸回污水箱内,再将污水箱内的污水放尽、过水、抹干。
5. 冲洗机头浮球及铝网,将耙头底板冲洗干净,如吸力槽有垃圾,可用垃圾钩清除,耙头上 7 组喷嘴孔道不可堵塞,可用缝衣针疏通,安装时 7 组组成一水平线,左右两边是 80°,中间是 110°。
6. 打开耙头盖,在开关处加入黄油,使润滑喉管及机头上的黄铜接头也有机油。

第七节 常用表格

常用表格有排班表(表 2-1)、客房清扫报表(表 2-2)和领班查房表(表 2-3)。

表 2-1 排班表

序号	卡号	姓名	班次	日期 星期	1	2	3	4	5	6	7	8	9	10	11	12	13	14	15	16	17	18	19	20	21	22	23	24	25	26	27	28	29
1																																	
2																																	
3																																	
4																																	
5																																	
6																																	
7																																	
8																																	
9																																	
10																																	
11																																	
12																																	
13																																	
14																																	
15																																	
16																																	
17																																	

表 2-2 客房清扫报表

客房服务员　　　　　　　　　　　　　　　　　　　楼层　　　　　　　　　　　　　　　日期

项目 房号	房 态	客 人	设 备	客房清洁时间	注 意

房态：

V: 空房　　O: 走客房　　R: 预抵房　　VIP: 贵宾　　LONG: 长住房　　G/I: 客人在房间　　I: 住客房

X: 维修房　　H: 保留房　　　　　　　　　　　　　　　DND: 请勿打扰　　EXBD: 加床

表 2-3　领班查房表

楼层：　　　　　　　　　　　　　　　　　　　　　日期：

房　号	进房时间	出房时间	查房内容

检查人＿＿＿＿＿＿＿＿＿　　　　　　　　　　　　　　　　　经理＿＿＿＿＿＿＿＿＿

案例分析

[案例]

某五星级宾馆 1508 客房内的大理石花架台面上的一只角掉落在地面上。客房服务员发现后即向大堂经理汇报，经过检查分析，是属于人为损坏性质。

当晚，当客人回来后，大堂副理有礼貌地到房间内拜访客人、了解情况。住客是两位外籍中年妇女，其中一位胖太太气冲冲地说：昨天晚上在客房内拍照，我刚坐上台面，一个角便落了下来，还擦破了皮肤！另一客人在旁帮腔说：你们五星级宾馆怎么能采用质量如此差的设施。

大堂副理不动声色地听完两位客人的申诉，脑子转了一下，便接口道：台面的大理石是世界有名的意大利进口货，花架台是放花盆用的，如果由于花盆的重量而使台面破损失角，责任自然在饭店，如果客人因而受了伤，那么饭店应该负责。但是这一次的事故却因为压了重物才造成的，显然饭店不应负责（大堂副理在这里有意避开肥胖这一类的字眼，而用重物代之，目的是不伤客人的自尊心）。

那位胖太太听了以后，开始平静下来，继而考虑如何解决此事。此时，另外一位客人用比较平静和打圆场的口气说：我们住进这间客房时便发现这个台面的一角有浅浅的裂痕。大堂副理听了以后，对破损的边缘进行了仔细检查，果然发现留有污痕，于是，他客气地对客人说：不错，台面的确过去就有裂痕。说完便又请来了工程部的有关人员，经过商量决定划去台面的周围一圈，改成一个较小的花架台。当客人被告知只需负担200元人民币的时候，她们点点头，当场从钱袋中掏钱付清。

[评析]

在不少省市的饭店里，客人一看到客房里的《旅客须知》就像当面被训斥一通，感觉受到侮辱，因为那须知上面是一连串的严禁，接着是加倍处罚、照价赔偿的语句，毫无亲切感可言。上面所提及的五星级宾馆并没有明文规定客人损坏客房中物品时的赔偿制度，但处理的方法还是可取的。

一般处理的程序和做法如下：

第一，服务员在打扫房门时，发现有物品损坏，如客人在场，可婉转地向其了解原因，并将情况报告领班后一起向客人说明赔偿制度。

第二，在客人不承认的情况下，会同上级主管人员和客人作解释，避免饭店受损。

第三，可视实际情况酌情减免赔偿费用。

项 目 练 习

1. 实训内容：清洁房间、清洁卫生间的方法，工作车的整理，吸尘机的使用，客用品的摆放，清洁剂的使用和对客服务等规范化服务操作程序。

2. 考核细节要求可参考表2-4和表2-5。

表2-4 客房服务仪表仪容

项 目	配 分		细节要求	扣 分
头发 （1.5）	男士	0.5	干净整齐，无头屑，保持本色	
		0.5	侧不盖耳	
		0.5	后不碰领	
	女士	0.5	干净整齐，无头屑，保持本色	
		0.5	前不盖眼	
		0.5	后不披肩	
面部 （1.0）	男士	1.0	不留胡子、鬓角	
	女士	1.0	淡妆	

(续 表)

项 目	配 分	细节要求	扣 分
手及指甲 (1.5)	0.5	手及指甲缝干净	
	0.5	指甲不长，修剪整齐	
	0.5	不涂指甲油	
服 装 (2.0)	1.0	整齐干净，熨烫平整	
	0.5	无破损、丢扣现象	
	0.5	符合穿着要求	
鞋 子 (1.5)	0.5	黑色	
	0.5	干净、光亮	
	0.5	无破损	
袜 子 (1.5)	0.5	颜色：男深、女浅	
	0.5	干净、不皱、无破损	
	0.5	长度符合要求	
饰物 (1.0)	1.0	不戴饰物	
总 计	10.0		

表 2-5 走房清扫评分表

项 目	配 分	细节要求	扣 分
进入客房 (8.0)	1.0	观察、敲门、等候	
	1.0	第二次敲门、等候	
	2.5	开门、通报	
	2.5	将房门敞开，摆放房务工作车	
	0.5	拉开窗帘，开窗或开空调	
	0.5	关灯，只留卫生间的灯	
撤 床 (8.0)	1.0	床拉出	
	2.5	撤床罩，并折好、放好	
	1.0	撤毛毯，商标朝外放好	
	2.5	撤盖单、垫单、枕套	
	1.0	撤出脏布草，拿进干净布草放好	
整理器皿 (4.0)	2.0	清理烟缸、客房送餐用具	
	2.0	撤换脏杯具，倒空热水瓶	

(续 表)

项　　目	配　　分	细节要求	扣　　分
收集垃圾（4.0）	2.0	收集房间内报纸、杂志	
	2.0	收集垃圾，更换垃圾袋	
整理卫生间（22.0）	0.5	拿进清洁桶	
	1.0	在恭桶内喷上清洁剂	
	1.0	撤出卫生间用过的布草	
	1.0	收集垃圾并撤出	
	1.0	清理烟缸、皂碟	
	1.0	清洗洗脸台	
	3.0	清洗浴缸	
	3.0	刷洗恭桶	
	2.0	抹净墙壁、门	
	2.0	补充布草	
	2.0	补充日耗品	
	2.0	卫生间地面抹尘	
	0.5	检查	
	1.0	撤走清洁用具，关灯、门虚掩	
抹　尘（16.0）	8.0	房门、家具、电器、用品的除尘到位	
	2.0	检查设施设备、客用品	
	3.0	顺序正确	
	3.0	抹布正确使用	
补充房间用品（7.0）	2.0	品种齐全	
	2.0	数量符合要求	
	4.0	位置正确	
吸　尘（6.0）	3.0	地毯吸尘	
	1.0	家具复位	
	2.0	吸尘器的放置	
复　查（4.0）	2.0	清洁卫生	
	1.0	家具用品摆放整齐	
	1.0	清洁用具无遗留在房内	

（续 表）

项　　目	配　　分	细节要求	扣　　分
关灯、关门 （3.0）	1.0	关灯（节能电源）	
	2.0	轻声关门	
总体印象 （8.0）	8.0	动作娴熟、规范、敏捷	
其他扣分 （从总分中扣除）	无配分	按程序操作，违者每次扣2.0分	
		结束后再有操作属违例，每次5.0分	
		每超时15秒内扣0.5分	
总　　计	90.0		

等级评定（满分为100分）

优秀：90分以上　　良好：80分以上　　中等：70分以上

合格：60分以上　　不合格：60分以下

服务与管理项目三

做床技能

项目导入

做床技能是客房服务员最重要的基本功之一，是技术性和力量性相结合的一个工作项目，同时也是等级技术考核、操作技能竞赛中必然出现的内容。中外饭店铺床的方法有很多，比较通用的方法有两种，即西式铺床法和中式铺床法。本项目内容将分为西式铺床和中式铺床两个子项目进行分别阐述。

做床技能项目分解

本项目的操作主要分为撤布件和铺床两个部分。客房更换床单、枕套的次数可根据饭店的星级标准来决定。服务员在做床时，先卸下枕套，把枕芯、毛毯等放在椅子或沙发上，但不能放在地上，然后把撤下的枕套、床单放进工作车上的布草袋内。按铺床的程序换上干净的床单、枕套并铺好其他床上用品。

服务场地：模拟饭店客房。

服务项目：撤布件——西式铺床和中式铺床。

第一节 服务过程一：撤布件

1. 取走床上宾客的衣服，整齐地放在椅子上。
2. 取出装有客衣的洗衣袋（将洗衣及时交于服务员送洗）。
3. 戴上专用手套，以保护自己免于接触床用织物上的任何体液（清扫员在撤床上用品时必须戴手套，棉织品上若有血迹等污物一律单独装袋统一交由二级库送洗）。
4. 将床拉出，在床尾处将床单全部拉出，然后床单、枕套逐一撤出，注意不要夹裹客人物品。
5. 将撤下的毛毯叠好和枕头一起放在椅子上，将撤下的床单、被套、枕套，连同浴室内需更换的方巾、毛巾、浴巾等布草，分类点清放入工作车的布件袋内，注意勿夹带宾客的个人物品（在撤床上物品时切莫夹带客人的衣物及房内小型物件，卫生间注意是否有客人的白色毛巾）。
6. 将受污染的织物放入专用的布件袋中，贴上标签分类提供给洗衣房。

撤床的技巧

将床拉出时注意要下蹲,以保护自己的腰部不受伤。

1. 卸枕套。
(1) 左手抓着枕套角,右手将枕头从套中拉出。
(2) 取出后放在椅子上。
(3) 切忌过分猛烈地将枕头从套中拉出,并且须留意枕头是否有污迹。
2. 卸棉被。
(1) 从角部开始,将棉被从被套中拉出,并将棉被放在椅子上。
(2) 留意是否有破损和污迹。
3. 卸下脏床单。
从角部开始,将床单逐一拉出,且应查看是否有遗留物。
4. 拿走已用过的床单及枕套。

第二节 服务过程二:西式铺床

1. 拉床。
2. 将床垫拉正放平。
3. 将第一张床单铺在床上。

第一张床单,是用来垫床的,当褥单使用。铺时服务员站在床的一侧居中位置或站在床头、床尾,将床单正面朝上,两手分开,用拇指和食指捏住第一层,其余三指托住后三层,将床单朝前方抖开,当床单降落时,利用空气浮力,将床单位置定好,使床单的中线居床的正中位置,均匀地留出四边,使之能包住床垫,四角包成直角。

4. 将第二张床单铺在床上。

铺第二张床单时,床单正面朝下,中线与第一张床单重合,床单上端下垂床垫 5~10cm。

5. 铺毛毯。

将毛毯铺在第二张床单上,中线与床单中线对齐,毛毯上端与床头距离30cm,商标须放在床头柜斜对的床尾。

6. 将长出毛毯30cm的床单,沿毛毯反折作被头,两侧下垂部分披入床垫后再将床尾下垂部分披入床垫,并包好直角。

7. 套枕头。

套枕头时要注意枕芯与枕套的四个角对齐。套好后把枕头放在床的正中,单人床将枕头套口反向床头柜,双人床放枕头时,将枕头套口正对,枕头的缝线对齐床头。

8. 盖床罩。

盖床罩时先把床尾两角对好,床罩顶端与枕头平齐,多余部分压在枕头下面,枕线要理平整,床罩下摆不要着地。

9. 将床推回原处,再检查一遍床铺是否整齐。

西式做寿床主要有12个环节,铺单掌握甩单、定位、包角三个环节;铺毯要掌握盖毯、包边、包角三个环节;铺床罩要掌握定位、塞边、罩枕袋三个环节;套枕头要掌握装芯、定位、整形三个环节。

第三节　服务过程三：中式铺床

1. 拉床。

为了操作方便,将床拉出约60cm。

2. 铺单。

将折叠的床单正面向上,两手将床单打开。利用空气浮力定位,使床单的中线不偏离床垫的中心线,两头垂下部分相等。包边包角时注意方向一致、角度相等、紧密、不露巾角。第一次甩单定位:准确一次到位,不偏离中心线,正面向上。第一次包角:四个角式样、角度一致;四个角均匀、紧密,床两侧塞进床垫部分不少于15cm;床头、床尾塞进床垫部分不少于15cm。

3. 套被套。

将被芯平铺在床上。将被套外翻,把里层翻出。使被套里层的床头部分与被芯的床头部分固定。两手伸进被套里,紧握住被芯床头部分的两角,向内翻转,用力抖动,使被芯完全展开,被套四角饱满。将被套开口处封好。调整棉被位置,使棉被床头部分与床垫床头部分齐平,棉被的中线位于床垫的中心线。

4. 套枕套。

双手用力抖开枕套,一手张开枕套,另一手将枕芯装入枕套,使枕套四角饱满,外形平整、挺括;枕芯不外露。与床两侧距离相等,枕头开口处反向于中间床头柜（双人床的枕套口相对）。

5. 推床。

将铺好的床向前推进,与床头板吻合。

第四节　服务过程四：夜床服务

（一）敲门

1. 观察房间是否处于"请勿打扰"或"双锁",如是,将"服务通知单"由门下塞入,并在工作日报表上做登记。

2. 用右手指关节敲门三次,每次三下,后两次敲门之间报称"您好,管家服务员"或"Housekeeping"（每次敲门之间间隔2～3s）。

（二）开门

1. 在确认房内无宾客后,使用钥匙将门轻轻打开30°,报称"我可以进来吗"或

"May I come in"方可进入。

2. 如果宾客在房内,要等宾客开门或经宾客同意后方可进入并向宾客问候及询问:"是否可以为您开夜床?"如宾客不需要服务,则在工作日报表上做登记。

3. 在工作日报表中填写开始开夜床的时间。

（三）开灯

打开灯具,并作检查。

（四）拉窗帘

将窗帘拉严至窗户居中位置。

（五）清理杂物

1. 倾倒垃圾和烟灰缸内垃圾。
2. 将用过的杯具撤换。
3. 撤掉浴室已用过的棉织品。
4. 必要时用吸尘器清扫房间并进行地毯的污迹去除。

（六）开夜床

1. 将棉被前部反折至枕头边缘齐平。
2. 在反折部分平行放置送房菜单和意见表（次日离店宾客）。
3. 一个双人间住两人,两张床都开夜床;一个双人间住一个人,开靠近浴室的那张床;一个大床间住两人,对开床。
4. 将电视遥控器、晚安卡放在床头柜上。
5. 将拖鞋放在床头指定位置。
6. 若是VIP房,则在开床的一边添加地巾和拖鞋,并在指定位置放置夜床礼品,添加水果。

（七）巡视检查房间

1. 检查、调节电视频道。
2. 不要调整宾客设定的房间温度。
3. 根据情况进行抹尘,并补充迷你吧消耗。

（八）整理浴室

1. 清洁宾客用过的浴盆、面盆、淋浴房、恭桶、镜面。
2. 将浴帘拉至浴盆一半并放入浴盆内,将脚巾铺在靠浴盆的地面上,浴盆内放置防滑垫（若有淋浴房则放在淋浴房内）。
3. 补充浴室内干净的棉织品,目的是将浴室恢复到白天彻底洁房后的状态。
4. 整理消耗用品,必要时加以补充。

5. 抹干地面。

6. 虚掩浴室门。

（九）离开房间

1. 保留廊灯和床头灯。

2. 认真完成因疏忽而未做好的任何工作；轻轻将门关上，核查门是否已锁上，这是宾客及其财物安全的保证。

3. 填写出房时间。

服务与管理知识点

第一节　床具及床上用品参考尺寸

床具及床上用品参考尺寸如表 3-1 所示。

表 3-1　床具及床上用品参考尺寸

（单位：cm）

床上用品＼床具	单人床 200×110×44	双人床 200×180×44	特大双人床 210×200×44
床垫保护垫	200×110	200×180	210×200
床单	260×170	270×240	290×270
毛毯	230×180	230×250	240×270
床罩	270×110	270×180	280×200
棉被	230×180	230×250	240×270
被罩	235×185	235×255	245×275
枕芯	70×45	70×45	70×45
枕套	75×50	75×50	75×50

第二节　西式铺床与中式铺床的比较

铺床即按照一定规格和操作程序铺好床上用品。按照我国民族特点和生活习惯整理床上用品，叫中式铺床。而以西式规格的床上用品、使用西式席梦思床、按照西式铺法进行整理，叫西式铺床。近来，中式铺床悄然兴起，它以其简洁、方便、卫生而受到了饭店及客人的喜爱。表 3-2 为中、西式铺床比较。

表 3-2 中、西式铺床比较

比较	铺床方法	中式铺床	西式铺床
相同点		客房中的必备设施；供客人睡眠的卧具；由垫、盖、枕等部分组成	
不同点	床	铺板床、棕棚床、藤棚床等	软垫床（席梦思床）
	床上用品	床单1条、被套1条、被芯1个、枕套2个和枕芯2个	床单2条、被套1条、被芯1个、枕套2个、枕芯2个、毛毯1条和床罩1个
	铺法	床头叠放式、床里叠放式等	美式、英式、改进式等

优点与缺点比较

西式铺床是用床单加毛毯在床垫上包边包角，再加盖床罩的一种铺床方式。其线条突出，造型规范，平整美观。然而，西式铺床也存在着不足：一是不方便，由于床单和毛毯包边包角后紧压在床垫下，睡觉时要费劲将床单拉出来，用脚使劲蹬，才能钻进去，给客人带来了不必要的麻烦；二是毛毯和床罩不能经常洗，容易沾染灰尘和细菌。

中式铺床取消了床单和毛毯包边包角的方法，将套好棉芯的被套直接铺在床上，客人把被子一掀，就可以入睡，很方便。由于被套是一客一换洗，也很卫生。但中式铺床也有不足，主要是没有包边包角造型，床面不如西式铺床平整美观。

成本比较

中式铺床所需用品一套，含床单1条、被套1条、被芯1个、枕套2个和枕芯2个；西式铺床所需用品一套，含床单2条、被套1条、被芯1个、枕套2个、枕芯2个、毛毯1条和床罩1个。可以看出，中式比西式要节省将近1/3。

人工费用比较

按行业定额标准，一个服务员做西式铺床应做13间房，中式铺床则可达到15间，提高工效15%。如按300间客房计算，做西式铺床需要23人，做中式铺床只需要20人，节约用工3人。

第三节 夜床服务中的注意事项

1. "服务通知单"在房间双锁或勿扰的情况下放入，内容大致是因为房间做了双锁我们（服务员）无法为您提供相应的开夜床服务，请您在需要时与我们的服务中心联系。
2. 报纸统一放在房间的写字台上。
3. 进入房间开启所有的灯具，检查是否完好。
4. 在床角上放上送房菜单指的是早餐单。
5. 放上意见表，说明放置时间是次日离店的房间要放上。如：客人是15日入住，查看客情表上是16日退房，则在15日晚上放上；若是18日退房则须在17日晚上放上。

6. 电热水壶的水在房间开好夜床后将水加满，并打开开关，便于客人一插卡就能直接烧水。

7. VIP 的房间在床边地毯上放上地巾，将拖鞋放在上面。

8. 电视机的检查分为：客人已使用过，客人定在哪里就在哪里；客人未使用过，服务员根据客人的国籍、地方城市调试到相应的频道。

9. 卫生间的卫生程度以擦干净为准，明显的污迹必须清理。

10. 卫生间的卷帘拉一半。

11. 地巾放在淋浴房的门口，防滑垫放在淋浴房的里面。

12. 方巾、脸巾可以根据情况酌情进行更换（一般情况下不做更换），地巾、浴巾用过后全部做更换。

13. 夜床的灯具开启：房间保留夜灯、廊灯和床头灯；卫生间保留云台上方的镜灯（最后要根据现场定）。

14. 预抵房间可事先做夜床。

15. 开夜床时发现床上用品有污迹要及时更换（要注意对所有床铺的检查）。

16. 在夜床服务时如发现有地毯污迹时必须及时去除。

17. 离开客房时注意不要将客人的取电板取出。

18. 地毯上如有污渍及时进行清洁。

19. 客人在床上的衣服要进行整理，折叠。床上有客人的贵重物品时尽量小心。

20. 若客人在房内，应先礼貌地询问客人是否可以整理房间，客人同意后方可进入。如果客人不同意，要在报表上记录。

21. 早出晚归的长住客在平时可在做房时就做好夜床，在周末时按正常操作。

第四节　加床服务中床铺的处理

如客人需要加床服务，则所加床铺的处理方式（床上用品、做床方式等）应该和标准间相同。具体要注意以下几个方面。

1. 检查床铺：先检查加床弹性性能、外观状态是否良好，例如有没有钢丝外露或螺丝松动、缺损的现象或脚轮移动时不能灵活运转等设备问题（一旦发现，须马上通知设备组人员进行修理后才能进行服务），然后在工作室内擦拭干净才能送房。

2. 检查备用棉被是否有污渍、破损或潮湿、异味等，须保证干净而柔软，使用性能良好；检查被套、床单、枕套是否有破损、污渍或发丝等，须保证全面干爽而整洁。

3. 加床的床上用品要求与标准间的用品质地相同，并以同样方式做床和开夜床。

4. 注意进房时的敲门规范。若客人在房内，须征得宾客意见后放置在合适的位置。

5. 加床撤出后，床铺应尽快收归位到储藏室。若是向其他楼层借用的活动床，则要主动送回原来的楼层，并做好签收、交接工作；对备用枕头与毛毯、床垫等要检查无问题后，折叠整齐放回原处。

第五节　各种房态代码

每日10：00、15：00、21：00都应检查所有房间的房态，并填写"房态表"，客房部常用房态术语如表3-3所示。

表3-3　客房部常用房态术语

O 住人房	Occupied	如何判定
		房间里面有客人或仍有客人物品
VC 空房	Vacant Clean 干净空房 （可随时卖给客人的房间）	设施、设备运行正常，用品齐全，清洁干净的房间
VD 脏房	Vacant Dirty 空房未打扫	房间没有客人，也没有客人物品的房间
OOO 坏房	Out Of Order 房间有维修问题	房间设施设备不能正常使用，如电视无图像、马桶堵塞等问题，坏房应保证房内用品齐全，卫生清洁状况良好
LB 少行李	Light Baggage	房间内只有一个化妆包、一两件衣服、一个塑料袋等少量客人物品
NB 无行李	No Baggage	无任何客人物品
DND 请勿打扰	Do Not Disturb	门上亮灯或挂上"请勿打扰"牌
S/O 外宿房	Sleep Out	客人未在房间过夜（即未用床）
D/L 双重锁	Doulb Lock	房间门重锁

每日8：00上楼层清洁完公共区域后，应检查除住人房外的所有房间房态，并根据检查到的实际房态填写在"房态表"上。10：00检查所有住人房（除"请勿打扰"房间）的房态，在检查房态的同时，还应该检查客人是否有洗衣，房间的床是否睡过，房间小冰箱内的酒水是否饮用。

填写在"房态表"上的房态应是服务员实际查房时看到的房态，而不应照着文员写在工作表上的电脑房态填写，否则，如发生房态差异而产生的房费由服务员承担。

注意

(1) 在开门前，均应按开门程序敲门。
(2) 检查完房间后，离开房间时应确保房门锁上。

领班收集服务员的房态报告并将其汇总填写到行政管家报告中的正确栏内,并在电脑里核对,如发现房态差异应填写"房态差异报告"。一式三份,一份 F/O,一份财务,一份房务中心。

F/O AM 检查"房态差异报告"的房间,并澄清之间差异。

案例分析

[案例 1]

一天晚上 21:36,某饭店 1825 房间来电反映未换床单,台班马上告诉服务员去补,21:52 客人又问此事情,经过落实第一次未去补,引起了客人的不满,第二次台班又告诉中班,中班补换后并向客人道歉。

[评析]

一再忘记客人交办的事情是客房服务中的致命错误。应该知道,顾客每次来的时候他所期望的都会比上一次高,当我们第一次为客人提供个性化服务的时候,那么第二次客人已经把对我们的期望提升了一个层次,哪怕是我们再一次地提供个性化服务,客人都会感觉很正常,可是一旦我们不向客人提供个性化服务,给客人的感觉就会很失望,因为他所期望的比他所享受的要差,所以我们只有不断提升我们的服务标准,才能达到客人的期望。如果连顾客直接提出来的最基本的需求都满足不了,那我们是否该想想我们的服务水平以及标准是什么样的。另外对于客人交办的事情除了记录下来以及安排人去做,我们是不是还需要及时地跟催、落实?最后一点就是我们在得知客人不满的信息后应该怎么做呢?是不管不顾还是迅速解决?再有就是管理人员的检查,管理人员既是检查者又是有效的补救者,我们的管理模式就是走动式管理,通过走动,实行对过程的控制,从而追求一个好的结果,此类问题就应该被检查出来并且予以纠正,使问题得以及时的解决。

[案例 2]

某日,服务员小黄在客房清洁房间卫生。铺床的时候,她发现客人在一个枕头下垫了一条浴巾,但另一个枕头却放在一边。细心的小黄想这是为什么呢?是不是客人用两个枕头感觉太高,用一个枕头又太低呢?于是,小黄立即到客房服务中心拿来了一个高矮适中的硬枕放在房间,这样一来,客人就可以睡个好觉了。

由于小黄的细心,她创造了一项优质服务,得到了客人的好评。

[评析]

客房服务有许多时候是"一切尽在不言中",客人在住店期间没有提出什么要求,但客人不反映问题并不代表没有问题。服务中总要多想几个"为什么",细心揣摩客人的服务需求,并加以判断及时解决问题。

项 目 练 习

按照要求进行中、西式做床训练，考核方法可参考表3-4和表3-5：

表3-4 中式铺床考核评分参考表

序号	考核内容	考核要点	评分标准	配分	扣分	得分
1	拉床	(1) 屈膝下蹲，将床拉出50cm (2) 检查整理床垫	(1) 未将床拉开操作扣1分 (2) 拉床时动作错误扣1分 (3) 床身离开床头板不足50cm扣2分 (4) 未检查整理床垫扣2分 (5) 其他扣4分	10		
2	铺床单	(1) 抖单 (2) 定位 (3) 包角	(1) 抖单动作要领有误扣1分 (2) 抖单后床单中线没有居中扣2分 (3) 未定位而直接包角扣2分 (4) 包角未达到45°角扣1分 (5) 其他扣4分	20		
3	套被套	(1) 被套平铺在床上，开口在床尾 (2) 从开口处将两手伸进被套，首先将被套反面朝外，将被套的两角处对准被子的两角，然后将被套翻身，拉平被套，四角塞入后，对准整平，开口处在床尾，铺在床上，床头部分向上折起25cm；后面下垂部分跟地毯齐平，并拉挺	(1) 未按要领展开被套扣1分 (2) 被套的开口不在床尾扣2分 (3) 套好被套后四角未对准扣2分 (4) 床头部分未折起25cm扣1分 (5) 床尾部分着地扣1分 (6) 其他扣3分	30		
4	套枕套	(1) 将枕芯装入枕套，不能用力拍打枕头 (2) 将枕头放准床头的正中，距床头约5cm (3) 两张单人床枕套口与床头柜方向相反，双人床枕套口互对，单人床和双人床的枕头与床两侧距离相等	(1) 套枕袋动作不规范扣1分 (2) 枕袋四角未饱满挺实扣1分 (3) 套好的枕头未放置床的正中间且距床头不到5cm扣1分 (4) 枕袋口摆放的方向错误扣2分 (5) 枕面上留下手痕扣1分 (6) 其他扣4分	20		

（续 表）

序号	考核内容	考核要点	评分标准	配分	扣分	得分
5	将床推回原位	（1）放上床尾带及靠垫，床尾带必须要平整，两边均匀下垂，靠垫放在枕头前 （2）用腿部力量将床缓缓推进床头板，再检查一遍床是否铺得整齐、美观，并整理床裙，保持自然下垂、整齐	（1）床身推回原位置后有歪斜扣2分 （2）床尾带及靠垫放置错误扣2分 （3）没有最后查看扣1分 （4）对不够整齐、造型不够美观的床面未加整理扣1分 （5）其他扣4分	20		
		合　　计		100		

表3-5　西式铺床考核表

序号	考核内容	考核要点	评分标准	配分	扣分	得分
1	拉床	屈膝下蹲，将床拉出50cm	（1）未将床拉开操作扣2分 （2）拉床时动作错误扣1分 （3）床身离开床头板不足50cm扣2分 （4）其他扣5分	10		
2	摆正床垫	（1）将床垫与床垫边角对齐 （2）根据床垫四边所标明的月份字样，将床垫定期翻转，使其受力均匀平衡	（1）床垫与床垫边角未对齐扣2分 （2）床垫四边所标明的月份字样不符合要求扣2分 （3）其他扣6分	10		
3	整理棉褥	（1）用手把棉褥理顺拉平 （2）发现污损棉褥要及时更换	（1）未把棉褥理顺拉平扣2分 （2）发现污损棉褥未及时更换扣2分 （3）其他扣6分	10		
4	铺第一条床单	（1）抖单 （2）定位 （3）包角	（1）抖单动作有误扣1分 （2）抖单后床单中线没有居中扣3分 （3）未定位而直接包角扣2分 （4）包角未达到直角扣1分 （5）其他扣3分	10		

（续 表）

序号	考核内容	考核要点	评分标准	配分	扣分	得分
5	铺第二条床单	(1) 抖单方法同前 (2) 抖单后使床单中线居中，中折线与第一床单对称，三面均匀 (3) 床单头部与床头板对齐	(1) 抖单后床单中线未居中扣3分 (2) 中折线与第一床单不对称扣3分 (3) 床单头部与床头板未对齐扣2分 (4) 其他扣2分	10		
6	铺毛毯	(1) 毛毯定位，与床头相距35cm，毛毯中线与床单中线对齐 (2) 毛毯平铺且商标朝外在床尾下方 (3) 毛毯包角 (4) 毛毯包边	(1) 毛毯前部与床头距离未达到35cm扣2分 (2) 毛毯商标未朝外且在床尾下方扣2分 (3) 毛毯包角不符合要求扣2分 (4) 毛毯表面松垮不平整扣2分 (5) 其他扣2分	10		
7	套枕袋	(1) 套枕袋 (2) 用两手提起枕袋口轻轻抖动，使枕芯自动滑入，装好的枕芯要四角饱满	(1) 套枕袋动作不规范扣2分 (2) 枕袋四角未饱满挺实扣2分 (3) 其他扣6分	10		
8	放置枕头	(1) 将套好的枕头放置床的正中，单人床将枕袋口反向于床头柜，两个枕头各保持20cm厚度重叠摆放，离床头1cm (2) 双人床放枕头时，将四个枕头两个一组重叠，枕套口方向相对，当房间有两张单人床时，也要将两床枕套口反向于床头柜，摆放枕头要求一致 (3) 枕头放好后要进行整形，轻推枕面，使四角饱满挺实，不要在枕面上留下手痕	(1) 套好的枕头未放置床的正中间扣2分 (2) 枕袋口摆放的方向错误扣2分 (3) 枕头放好后没有进行整形，四角不够饱满挺实扣2分 (4) 枕面上留下手痕扣1分 (5) 其他扣3分	10		

(续 表)

序号	考核内容	考核要点	评分标准	配分	扣分	得分
9	盖床罩	(1) 把折好的床罩放在床中央横向打开 (2) 床罩尾部拉至床尾下离地成5cm处（扣准床尾两角） (3) 整理床罩头部，使处于枕头上的床罩平整，两侧呈流线型自然垂至床侧	(1) 打开床罩动作不规范扣1分 (2) 床罩尾部着地扣1分 (3) 床罩尾部未扣准床尾两角扣1分 (4) 床罩头部其下部分未能均匀填入上下枕头缝之中扣1分 (5) 床面不平整，两侧不均匀扣2分 (6) 其他扣4分	10		
10	将床推回原位	(1) 把床身缓缓推回原位置 (2) 最后再将做完的床查看一次，对不够整齐、造型不够美观的床面，尤其是床头部分，用手稍加整理	(1) 床身推回原位置后有歪斜扣2分 (2) 没有最后查看扣2分 (3) 对不够整齐、造型不够美观的床面未加整理扣2分 (4) 其他扣4分	10		
		合　计		100		

服务与管理项目四

公 共 区 域

▼ 项目导入

公共区域（Public Area，PA）是指公众共有共享的活动区域。清洁、美观的客房可以带给客人以舒适愉悦的住宿环境。但只有房内的清洁是无法满足客人的，公共区域的清洁也是宾客评判饭店的重要标准。

饭店公共区域的清洁保养水平一方面直接影响到顾客对饭店的综合满意程度，另一方面也决定着饭店许多公用设施设备的使用寿命。公共区域的范围大，设施设备多，所以涉及的项目也很多。作为一名饭店服务方面的高素质技能型人才，对饭店公共区域的各项工作必须十分熟悉。

公共区域职位设置及能力分解

饭店的公共区域可划分为店内和店外两个部分。店外公共区域是指饭店的外围区域，包括饭店的外墙、花园、前后大门的广场及停车场等。店内公共区域又分为前台区域和后台区域。前台公共区域是指专供宾客活动的场所，如大堂、电梯、楼梯、休息室、康乐中心、游泳池、餐厅、舞厅、会议室、公共洗手间等，后台公共区域是指饭店员工生活和工作的区域，如员工电梯、员工通道、员工更衣室、员工餐厅、员工娱乐室、员工阅览室、员工公寓等。

客房部公共区域的岗位设置，一般根据饭店的规模、档次以及公共区域范围的大小决定。公共区域涉及范围和区域类型越大，其分工就越明确。其基本工作可以包含在以下职位之中。

第一节 职位一：公共区域主任

职位描述：负责管理公共区域服务员和洗手间服务员。工作目标为保证公共区域一尘不染，运作正常。

报告上级：客房部经理。直接下属：公共区域服务员、洗手间服务员。

任职能力分解：计划能力，组织能力，执行能力，监督能力，沟通能力，实操能力。

👤 计划能力

1. 编排公共区域和洗手间服务员每个月的工作表，保证他们的病假、年假和公众假期。

2. 给公共区域服务员和洗手间服务员安排培训课程。

3. 保持工具的清洁和清洁剂的供应。

组织能力

给公共区域服务员委派工作。

执行能力

1. 履行其他由总主任委派的职务。

2. 对于紧急事情马上跟进和反映。

监督能力

1. 每天要发出检查报告。

2. 和总主任一起观察、分析和改进公共区域和洗手间服务员的工作。

3. 发现有任何遗失物马上通知客房部。

沟通能力

1. 联系和负责餐厅的清洁工作。

2. 给公共区域和洗手间服务员开会。

3. 执行饭店的纪律，听取员工的怨言。

实操能力

1. 熟悉公共区域各项基本工作。

2. 帮助员工解决工作中出现的各项问题。

3. 保证饭店前台和后台一尘不染。

4. 保持公共区域储藏库的整齐和清洁。

第二节　职位二：公共区域服务员

职位描述：清洁前台和后台，保持一尘不染。

报告上级：公共区域主任。

任职能力分解：实操能力，执行能力，沟通能力。

实操能力

1. 清洗餐厅、办公室和大堂的地毯。

2. 清洗餐厅、办公室、大堂和客房的棉织坐椅。

3. 挂好和熨好餐厅、办公室的窗帘。

4. 清洁公共区域的玻璃窗。

5. 利用机器保持地面清洁和有光泽。

6. 通晓清洁剂、机器和工具的使用。

7. 清洁员工更衣室和宿舍。

执行能力

1. 履行其他由公共区域主任委派的事务。
2. 对于紧急事情马上跟进和反映。

沟通能力

1. 向主任汇报有关公共区域的保养和维修。
2. 跟客人和同事打招呼。
3. 向主任汇报不寻常的事故。
4. 把遗失的物品送交客房部。

第三节 公共区域的清洁特点

1. 公共区域所涉及的范围比较广,清洁的优劣对客房区域的影响较大。
2. 公共区域的人流量大且杂,对卫生质量的评价不一,给清扫带来困难。
3. 公共区域的清洁工作烦琐复杂,时间不固定。

这一系列特点要求服务员在日常的工作中有强烈的责任心,积极主动、适时合理地安排工作,再加上管理人员的巡查和监督,做好公共区域的清洁卫生并非难事。

公共区域服务过程分解

服务场地:模拟饭店大堂环境。

服务过程:公共区域日常清洁,电梯清洁,客用卫生间清洁,地毯清理及保养,沙发、椅面清洗,吊灯清洁,大理石地面日常清洁保养。

第一节 服务过程一:公共区域日常清洁

服务过程分解:地面清洁,家具清洁保养,玻璃清洁,金属物件清洁,烟灰筒及烟缸清洁,大门内外地垫清洁,墙壁清洁,植物及花盆清洁。

一、地面清洁

准备

在干净尘推头上喷洒少许静电除尘液,晾干数小时后产生静电。

地面干拖

1. 使用尘推循环迂回拖擦(平放、沿直线运动、不可离开地面),维护地面清洁。
2. 将尘推沿直线方向行进到终点(较隐蔽地点)。
3. 抖清依附在尘推上的灰尘,统一清理。

● 清洁尘推

1. 用吸尘器吸去尘推上的尘土。
2. 尘推布特别脏时，要送洗衣房进行洗涤。

1. 宾客进出频繁和容易脏的区域重点维护，增加次数。
2. 避开宾客聚集区域，宾客离散后再补拖。

二、家具清洁保养

● 抹尘

用半干半湿抹布抹去家具表面灰尘。

● 保养

把家具蜡均匀喷在抹布上，用喷有家具蜡的抹布将家具打蜡、抛光、边喷边抹，直至光亮清洁。

三、玻璃清洁

● 准备

备好玻璃器、水桶、清洁剂、抹布。

● 铲刮

用玻璃铲刀铲刮玻璃上的脏物。

● 清洗

1. 将毛头两端分别浸入玻璃水中。
2. 把毛头按在玻璃顶端上下垂直洗抹。
3. 将玻璃刮和玻璃保持一定角度从上到下刮去玻璃上的污迹，直至玻璃光亮、无尘、无污迹。
4. 用抹布擦干净窗框、窗台。
5. 洗净擦玻璃工具送回工作间规定位置。

四、金属物件清洁

1. 分清金属物件种类，将少量相应药水（铜水、不锈钢水）倒在干抹布上，并涂于金属物件上表面。
2. 待药水干后，再用干抹布擦拭直至光亮、无污迹。

五、烟灰筒及烟缸清洁

1. 用镊子将烟灰盒里的烟头、杂物清理干净，将用过的砂倒出，清洗烟灰盒。
2. 擦净烟灰筒表面污迹。
3. 将洗干净的砂倒入烟灰盒，再放回烟灰筒上。
4. 更换烟灰缸时，先用干净的烟灰缸盖住要更换的烟灰缸，拿起后，再将干净的烟灰缸放回原处，取放动作要轻，以免造成声响。

六、大门内外地垫清洁

1. 揭开地垫，先用扫帚将地面的砂粒、杂物扫干净。
2. 用湿地拖拖干净地面。
3. 风干后，将地垫放回。

七、墙壁清洁

1. 将废旧布草铺在墙根，在周围放"小心地滑"牌。
2. 准备清洁工具和清洁剂。
3. 用清洁剂从上至下依次洗墙。
4. 用干净抹布擦干墙面。
5. 拖干净地面，收回警告牌。
6. 将清洁工具清洗干净，送回工作间。

八、植物及花盆清洁

1. 拾出花盆内的烟蒂、落叶等杂物。
2. 用湿布擦洗植物叶子上的灰尘。
3. 将花盆内外擦洗干净。

第二节 服务过程二：电梯清洁

1. 打开电梯控制箱，停止电梯运行。
2. 把"正在清洁"告示牌放在电梯门口。
3. 用吸尘器吸尘（注意吸掉边、角位和电梯门柜的沙尘）。
4. 洗刮（操作与洗刮玻璃相同）。
5. 抹尘。
6. 用半干湿布清洁梯顶、顶槽、木器、云石、不锈钢等，电梯门必须擦至光亮无痕迹。
7. 用家具蜡清洁木器部门和云石部门。
8. 用不锈钢清洁剂清洁电梯门及不锈钢部分。

9. 打开电梯门，用湿布抹干净门轨。
10. 恢复电梯运行。

第三节　服务过程三：客用卫生间清洁

准备

备好清洁剂、抹布、空气清新剂。

清洁

1. 清除垃圾。
2. 按顺序清洁面盆、水龙头、台面、镜面、恭桶、便池。
3. 擦拭洗手间内门、窗、瓷砖及墙面。
4. 清洁洗手间地面。
5. 喷洒空气清新剂。
6. 配备卷纸、擦手纸、皂液剂、衣刷等用品。

服务

1. 遇宾客，微笑问好，使用"您好"、"请"等礼貌用语。
2. 为宾客指引厕位。
3. 在宾客洗手之前开好水龙头，指引其使用洗手液。
4. 宾客洗手后，指引宾客使用擦手纸或递上毛巾，并说"请"。
5. 礼貌送客，为宾客拉门并说"再见"。

第四节　服务过程四：地毯清理及保养

吸尘

1. 先拾起地毯上较大杂物。
2. 打开吸尘器开始吸尘，将滚刷与地面平行，按顺序吸尘。
3. 换吸管吸边角处，或用湿抹布把吸不到的地方擦干净。

去污

1. 通过观察、试验，确定污迹类型，选择相应洗涤剂。
2. 先在地毯边角不显眼位置处测试是否会改变地毯颜色。
3. 用刀或铲铲除固体，再将洗涤剂喷在污迹处，两分钟后，用小刷子刷洗地毯溅污处。
4. 去污时注意从污迹边缘向内轻刷，防止污迹扩大。
5. 用干净的布或者海绵蘸湿清水清洗。
6. 用干布或者白绵纸用力压吸水分，直到地毯被吸干。

清洗

1. 按正确比例配制好高泡地毯清洁剂，注入打泡箱备用。
2. 用吸尘器吸去地毯上的尘埃。
3. 除去地毯上的污迹。
4. 装好地毯刷，启动打泡箱开关，将泡沫均匀洒在地毯上。
5. 掌握机器走向，从左向右一行一行地洗，行与行之间要重叠10cm，先洗边角，再洗中间。
6. 用地毯吹干机将地毯吹干后吸尘。

第五节　服务过程五：沙发、椅面清洗

1. 将地毯清洁剂兑水后加入电子打泡箱，在抽洗机的水箱内加入清水。
2. 用除迹剂去除沙发、椅面上的污迹。
3. 将打泡箱和抽洗机的喉管、吸头、手刷分别连接好，接通电源。
4. 启动打泡箱开关，使用毛刷，待泡沫从喉管出来后，刷洗沙发或椅面。
5. 启动抽洗机开关，吸头紧贴椅面进行。
6. 抽洗过程边喷水边吸水，反复抽洗3~4次，尽量将水吸干。
7. 注意扶手、坐垫、沙发脚等部位要重点刷洗。
8. 用吹干机将沙发、椅面吹干。

第六节　服务过程六：吊灯清洁

准备

备好玻璃清洁剂、喷壶、抹布、水桶、告示牌、升降设备。

清洁程序

1. 放置告示牌并做好地面的相应防护措施（地面铺上报废的布草）。
2. 备好升降设备。
3. 按比例稀释好玻璃清洁剂放入喷壶。
4. 关闭吊灯电源，对灯泡进行包扎。
5. 用稀释好的玻璃清洁剂冲洗灯片。
6. 用清水冲洗灯片。
7. 待吊灯上的水不再滴落，收好升降设备。
8. 待完全干透后方可开启电源。

第七节　服务过程七：大理石地面日常清洁保养

1. 在工作区域设置告示牌。

2. 用干抹布、干拖把除尘。
3. 用蜡拖将干净的防水封蜡剂涂于大理石地面上。
4. 清洗封蜡过的大理石地面。
5. 将干净抹布或地拖浸入干净温水和温和去污剂混合液中。
6. 刮擦地面，除去所有顽固污迹。
7. 清洗大理石的程序各酒店有所不同。
8. 用干抹布将大理石地面擦干（水若渗入大理石中会使石面变色）。
9. 地面上蜡。
10. 用抛光机将地蜡均匀地涂于地面。
11. 用旋转式洗地机给地面均匀上蜡。
12. 将用过的湿拖或蜡拖清洗干净，挂起风干。
13. 卸下抛光垫或刷，清洗后挂起风干。
14. 收拾好告示牌及设备工具等。

服务与管理知识点

第一节　饭店常用地面材料的种类

（一）硬质地面材料

硬质地面材料主要铺设在饭店的大厅、洗手间、游乐场所、厨房、地下室和仓库等处。饭店常用的硬质地面种类有：

1. 水泥地面。
2. 水磨石地面。
3. 大理石地面。
4. 瓷砖。

（二）软质地面材料

软质地面材料是指那些具有一定"弹性"的地面，主要包括：

1. 沥青地面。
2. 亚麻油毡。
3. 橡胶地面。
4. 木质地面。
5. 地毯。

第二节 饭店各类地面的保养

（一）常用地面清洁用品及其功能

1. 强力去渍剂（lime away）。

适用范围：地面、瓷砖，不可用于云石、水磨石。

使用方法：先用清水稀释，配用单速擦地机清洗，特别污垢的地面，洗完后，再用清水过水，可用拖把，一般在定期卫生时使用 lime away，它的去污力很强。

2. 强力去油剂（grease cutter）。

适用范围：餐厅、厨房的地面、瓷砖等有油渍的地方。

使用方法：用水稀释，大约1∶10，喷在有油渍的地方，或喷在地面上，用擦地机擦洗，再用清水冲洗一次即可。

3. 地毯清洁剂（rug shampoo）。

适用范围：用于清洁地毯。

使用方法：有两种洗法，手洗和机洗。机洗的方法是先用清水以1∶20稀释，再把稀释的药水装入至滚擦式洗地毯机的打泡箱内，装上软刷，开动机器，机器可用一根管子把脏水吸进去。手洗的方法是用清水以1∶10稀释后，把药水喷在地毯上，用手按住半潮抹布擦地毯，使用刷子时要向内擦。

4. 地毯水（carpet spot clean）。

适用范围：适用于地毯起渍。

使用方法：在发现地毯有顽渍时，把地毯水喷在污渍上，采用抹在污渍上从外向内擦洗或用刷子向内刷洗，最后用干净的湿抹布擦净。

5. 康洁（end bac）。

适用范围：公众区域的洗手间，抽水马桶内的黄迹。

使用方法：掺水1∶（10~15），先把药水倒在抽水马桶内，再用厕所刷用力擦去污迹。

6. 滴露（dettol）。

适用范围：用于抽水马桶的消毒、除臭，也可用于各种角落里。

使用方法：滴几滴在卫生间、抽水马桶上，起到除臭的作用。

7. 安乐全能清洁剂（on ward）。

适用范围：洗大堂的水磨石地、浴室、镜子。

使用方法：用 on ward 调稀之溶液能很快消除地面污渍而不损地蜡之光泽。大堂每天湿拖时，在水中放几滴即可。每月的定期卫生时，可用 on ward 放在擦地机上擦地。滴两三滴可把镜子擦得光亮。每天可用来清洗浴缸。

8. 强力去锈水（rust go）。

适用范围：洗去金属器具上的锈迹。

使用方法：戴上手套，在地面上铺上抹布，把 rust go 倒在生锈的地方去擦。在使用

rust go 时要注意安全，使用的分量要适当少点，对皮肤有腐蚀作用。

9. 超级蜡水（top gloss）。

适用范围：云石，胶地板，地面上蜡。

使用方法：地台起蜡后，再用 top gloss 蜡水放在地面上拖，要均匀，蜡要薄，可以上两次。

10. 起蜡剂（take off）。

适用范围：胶地板等半软地的起蜡。

使用方法：先把胶地板扫干净，垃圾拣掉，用 take off 加 10 倍的水，放入单速擦地机的药剂箱内，并在擦地机装上硬盘，进门起蜡，起蜡后过水等地板干了再上蜡。

11. 抹尘剂（solsan）。

适用范围：云石、水磨石的日常清洁保养。

使用方法：solsan 是比较稀的蜡水，把它喷在长形的拖把上等干后才可以用。每天把大堂拖一下，水磨石便保持光亮，看到大堂有脚印时，也可用 solsan 拖一下。

12. 擦钢水（stainless steel polish）。

适用范围：不锈钢生锈或失去光泽时。

使用方法：把擦钢水喷在抹布上，再擦不锈钢，能使其很均匀地涂在不锈钢上，起到发亮的最佳效果。

13. 擦铜水（brasso polish）。

适用范围：铜生锈时。

使用方法：先把擦铜水倒在抹布上擦，然后再用另一块抹布擦亮。

14. 香蕉水（tinner）。

适用范围：需要去油漆的地方（胶地板上不可用）。

使用方法：地面上出现油漆时，就把香蕉水倒在抹布上，用此抹布擦去油漆，使用时要注意它是易燃品，胶手套碰到它会溶化的。

15. 漂白水（liquid bleach）。

适用范围：瓷砖，浴帘，不可用于有色织物，否则会去色泽。

使用方法：将浴帘浸在经过 1∶10 稀释的水里，浸泡一两个小时，用布擦去污垢，再用清水过一下即可。

16. 洗地水（stone cleaner）。

适用范围：瓷砖，水泥地，走廊的地面。

使用方法：把洗地水稀释 1∶（10～15），装在单速擦地机上就可擦洗地了。

17. 地毯粉（carpet rugbee）。

适用范围：用于地毯的除湿、去味。

使用方法：把地毯粉撒在地毯上面，等几分钟，再用吸尘机吸去，就能达到以上效果。

18. 喷洁蜡（taskip44）。

适用范围：水磨石打蜡。

使用方法：把 taskip44 装在高速打蜡机上，配上软盘即可打蜡。

19. 洁而亮（jif）。

适用范围：地面、瓷砖、抽水马桶处的局部污点的清除。

使用方法：把 jif 放在污渍上，再用百洁布擦，最后过水。过水要净，防止白色粉末遗留下。

（二）不同地面的清洁保养

1. 软性地面。

基本处理：用擦地机（配墨色尼龙垫）及起蜡水洗擦，吸干过水，再用吸水机吸干地面，待地面完全干后，再上蜡。

日常方法：用吸尘地拖推尘，定期用 taskip44 喷洁蜡磨。

定期方法：用吸尘地拖推尘，用湿地拖配清洁剂清除污渍，定期起蜡及重新上蜡。

1. 避免使用含有溶剂的清洁液或太强黏性之清洁液。
2. 避免使用高温或过量的水清洗，否则会令地板脱落。
3. 上蜡时注意一定要待地面干后再上蜡。

2. 硬性地面。

基本处理：用擦地机配中性清洁剂洗擦，过清水，吸干。待地面完全干透后，用上蜡器上蜡。

清洁保养：每天用尘拖推尘，次数就环境而变，尽量避免沙砾留存在地面上。用自动洗地机洗地。

定期方法：用喷洁蜡 taskip44 喷磨清洁地面及补蜡，然后用高速打磨机抛光。

1. 避免使用酸性清洁剂洗地。
2. 不要用粗糙的东西摩擦地面。

3. 瓷砖地。

清洁保养：因瓷面十分光滑，不宜打蜡，可用含蜡清洁剂洗地，用吸水机吸干，地面清洁后表面同时留下一层蜡膜。另一种方法可用清洁蜡 taskip44 喷磨，此法既可清洁，同时也在地面上打了蜡。

4. 石砖地、水泥地。

清洁保养：室外空旷地方，用高水压机喷洗；室内环境，先用水泥封地剂封地，把地面的孔洞密封，日常用洗地机配适当清洁剂清洗。

第三节　清洁剂的使用方法

（一）楼层常用清洁剂的种类

楼层常用的清洁剂有：洁宝，浴室清洁剂，洁而亮，滴露，花王漂白水，lime away，擦铜水，擦钢水，安居保杀虫水，拜高杀虫水，地毯粉，地毯去渍水，香蕉水，玻璃清洁剂，空气清新剂，施康，漂白精片，碧丽珠，ring kee，ring shampoo，地毯粉（浓缩洗地毯粉剂），去污粉。

（二）各清洁剂的使用方法及用途

1. 洁宝（professiond forward）。

专业全能消毒清洁剂，绿色，香味型，使用时用水稀通常渍1∶40，特别渍1∶20，轻微1∶60。主要用在卫生间的清洁，如浴缸、脸池、杯具等。

2. 浴室清洁剂（bathroom cleaner）。

浅蓝色，气味刺鼻，用时用水稀释比例，一般清洗为60g（浴室清洁剂）∶4g（开水），消毒清洗为115g（浴室清洁剂）∶4g（水），严重污渍液清洗，不可用皮肤接触，要戴手套。用途同洁宝。

3. 洁而亮。

白色糊状，香味型，使用时直接涂在潮抹布或清洁物上均可，用时泡沫多，不要过量，擦完后过水要干净，主要用于浴缸、坐厕、脸池等瓷砖清洁。

4. 滴露（dettol）。

透明咖啡色，稀释后呈乳白色，用于电话及卫生间消毒，1汤匙加5kg水，特别渍，如坐厕，水可少放点，倒入坐厕浸几分钟再洗。主要起清洁消毒作用。

5. 花王漂白水。

透明，跟水的颜色差不多，气味同漂白粉的气味，绝对不可用在云石台、墙纸、地毯上等。用于地砖、瓷砖地特别去渍，最好不要与皮肤接触。

6. lime away。

黄色液体，酸性气味，使用时不要碰到皮肤、裤子等，一定要戴手套，以免烧伤，可用于地砖、瓷器等，特别的污渍上用刷子刷去。

7. 擦铜水。

黄色，气味刺鼻，用时摇匀，直接倒在潮抹布上均匀地擦。擦去铜的表面污渍或表面腐蚀，保持表面光泽。

8. 擦钢水。

黄色液体，气味刺鼻难闻，直接倒在干抹布上，均匀地擦不锈钢表面，去除不锈钢表面腐蚀，保持表面的光泽。

9. 安居保杀虫水（hempo）、拜高杀虫水。

罐状，使用时将瓶身垂直喷射，直接喷射害虫，不可放置在热源旁及超过50℃的地方。

10. 地毯粉（浓缩洗地毯粉剂）。

白色固体颗粒状，使用比例为一桶水加 50g 粉（半杯药粉），先将热水放入水桶，再将粉倒入，用棒搅匀，对于特别脏的地毯温度可再高点。然后用威霸机洗客房及走廊、地毯、行李架、沙发、坐椅等。

11. 地毯去渍水。

无色透明，气味很浓，可将去渍水直接放在潮布上，由内向外去除地毯上的渍，未稀释的地毯去渍水不可用于墙纸。

12. 香蕉水。

用于去除卫生间天花顶污渍及油漆渍。

13. 玻璃清洁剂（glass cleaner）。

即喷即抹，直接喷在玻璃上，不要聚集喷，擦时要均匀。

14. 空气清新剂（good sense）。

用时摇匀，不要存放在高温处，喷时在空调出风口位置喷。

15. 施康消毒液。

浅黄色，与水的比例是 1∶200，将杯具浸 15 分钟，24 小时换。用于消毒杯具，用时摇匀，无气味。

16. 漂白精片。

用途与施康消毒液相同，使用时与水的比例是 1∶1，搅释成粉状，溶化在水中，将要消毒的杯具浸 15 分钟，24 小时换。

17. 碧丽珠。

罐状，直接喷在家具表面，用干布擦匀，保护家具的光泽，用时摇，不要存在高温处。

18. ring kee。

用单擦机洗地毯时用，很稠的液体，稍微有点黄色，与水的比例是 1∶20，香型。

19. rings hampoo。

也是用单擦机洗地毯时用，浅蓝色，有点刺鼻，与水的比例是 1∶30。

20. 地毯粉。

白色，粉状，香型，是地毯干燥剂，直接均匀地洒在地毯上。

21. 去污粉。

白色，粉状，用于瓷砖、马赛克地、刷楼梯等；先将地面拖湿，洒在上面刷。

第四节　清洁设备的使用和保养

（一）常用清洁设备

1. 服务员的工作车（room attendant trolley）。

（1）服务员的工作车要保持整洁，并放在适当的地方，确保棉织品和日用品叠放整齐。

（2）工作车上的用品摆放方式如下。

最上层：客人的日用品，如信纸、笔等。

第一层：面巾、枕套。

中间层：浴巾、脚巾、手巾。

最下层：放置床单。

（3）用品是否齐全，使用前要检查。

（4）把脏的棉织品放入工作车的布袋里。

（5）工作车应放在走廊边，不要碰坏墙壁。

2. 吸尘机（vacuum cleaner）。

（1）吸尘机内有一个尘袋，灰尘袋满时，应及时倒掉，可用另一部吸尘机吸净尘袋，这样，使用时吸力就强了。

（2）当地毯经过清洗后，可用松毛机松松毛，它的底部有一转动刷轴，使用时可打松地毯毛，也可吸去脏物，在洗涤地毯之前也可用松毛机吸尘（使用吸尘机时，要注意防止吸尘的胶管裂开，电线不可拖得太长）。

（3）吸尘机不可吸大头针之类的硬物。

3. 吸水机。

一般用于公众区域，在清洗地面时可吸水分，使用后把水倒净。

4. 洗沙发机（uphostey shampoo machine）。

清洗沙发时，把 rug shampoo 洗洁剂加入洗沙发机内，先把沙发四周刷一下，再喷药水在沙发上，擦完后，可用另一吸管吸去泡沫，再擦干即可。

5. 干泡式洗地毯机（brush shampoo machine foam type）。

洗地毯时，清洁剂放入地毯机内要经打泡，并用机上的软刷清洗地毯。洗完后，用抹布把地毯抹干，等地毯干后，用吸尘机把药剂粉末吸掉，松毛。

6. 吹风机。

饭店的吹风机只能用于房间的 220V 电压的插头上，不能在浴室内使用吹风机，因为浴室的电压不能插此吹风机，否则会烧坏插座。它有很强的风力，可把湿的地毯吹干。

7. 高速打蜡机（high speed polish machine）。

使用范围：木地板、水磨石地的抛光打蜡。

使用方法：当地板不光亮时，可用此机器上光，要打蜡时可装上软盘，加上蜡水即可。

8. 低速擦地、洗地毯机（single disc polish/shampoo machine）。

低速擦地、洗地毯机的底部可交换装上四种盘，每种盘的功能如下。

（1）硬盘，用于起蜡。

（2）软盘，用于打蜡。

（3）硬刷，用于瓷砖地、水泥地的清洗。

（4）软刷，用于洗地毯。

9. 吸水机（large wet vacuum cleaner）。

适用范围：用于地毯洗完后，吸取水分，使之干燥。主要是用于需吸水的地方。

使用方法：它的结构与吸尘机相同，但里面不装尘袋。吸完水后，要把机器内的水倒干，用完后要擦干净。

10. 装棉织品、窗帘的小车。

适用范围：用于棉织品部。

使用方法：按一定的规格、程序摆放棉织品、窗帘，物品要分类排列，使用时就方便而且整齐。

11. 蒸汽洗地毯机。

适用范围：用于餐厅地毯的洗涤。

使用方法：在使用前要先吸尘，清洁地毯，然后再使用此机器，它有两个容器，一个装脏水，另一个装药水和吸污水。

12. 铝梯。

适用范围：一般用于高空作业，擦高处的玻璃窗、开花板等。

使用方法：使用时要注意，梯子的螺丝要旋紧，在高处时要有人在下面应接，尤其要注意安全。

13. 低速擦地机硬盘。

适用范围：用于地台的起蜡。

使用方法：使用时安装在低速擦地机下部，开动机器即可。任何盘使用后要彻底洗净。

14. 低速擦地机软刷（single disc soft brush）。

适用范围：清洗地毯之用。

使用方法：把此软刷装在低速擦地机上即可。

（二）机械的保养

1. 吸尘机的保养。

用后必须清理尘袋，可用另一吸尘机互吸机内或机外的灰尘，电线要绕好及整齐安放在顶部，吸尘机外壳及喉管要抹干净。

2. 吸水机的保养。

使用吸水机后，必须将桶内污水倒净，再用清水洗擦桶内，抹干。

3. 松毛机。

吸尘时要留意电线，并注意吸尘耙，因为它是长方形的，面积大，很容易撞到家具及墙壁，吸尘之滚刷要清理线头。

4. 单速擦地机。

（1）必须装上适合的尼龙刷：洗地毯用软身尼龙刷及打泡箱，洗地用硬地刷及水箱，起蜡用硬尼龙刷。

（2）使用后，切记将刷除下来，用布清洗放好，否则附在刷上的清洁剂会腐蚀毛刷。

（3）使用后，将打水箱或打泡箱内余下的清洁剂倒入干净桶内，并注明该清洁剂的名称（可以作下次使用），并将水箱或打泡箱洗净，否则清洁剂会腐蚀或损坏水箱或打泡箱。

5. 高速抛光机。

装上软刷打蜡抛光用，用后要把软刷洗净。

6. 洗家具机。

洗家具时要留意不要在同一位置上擦很久，这样会破坏家具的木料，用后要清洗水箱。

7. 干燥机（抽湿机）。

平时要抹干净，使用时要留意水位，水满时立刻倒去，不用时安放整齐。

8. 自动洗地机。

用后将污水倒去，及时清洗；用适量的清水洗地，视地面污垢程度而定，若不了解操作及保养，可向上司请示。

第五节　羊毛地毯的维护

饭店的大堂、客房大部分都铺有地毯，其中羊毛地毯是高档饭店的首选产品之一，与化纤地毯相比，羊毛地毯不仅天然美观，弹性好，且有防水的作用，因为羊毛地毯的组织内含有水分和蛋白质，故不易着火，有天然防火性。纯羊毛地毯容易维护、保养，且有天然防尘、防污染的功能，缺点是羊毛地毯不坚硬，遇湿容易断裂。以下是羊毛地毯的保养、维护方法。

（一）防止尘埃

饭店的大堂是客人集散中心，也是羊毛地毯最易弄脏的地方，在大堂入口处铺上漂亮的尘毯，在厨房与餐厅之间铺小的尘毯，可以先吸走人们脚上的水迹、油迹，有效地防止弄脏羊毛地毯。

（二）吸尘

尘埃容易弄断羊毛地毯的组织结构，而80%的尘埃是干性的，因此吸尘能清除附在地毯表面的尘埃。在同一个地毯位置上来回吸几次，效果会更佳。地毯应及时更换。还有20%是油性的物质，它们会粘在羊毛地毯的外层，时间久了，羊毛的颜色会变淡；甜的东西掉在地毯上，会粘上尘埃，所以一经发现，应马上清除。据调查，羊毛地毯的清理比尼龙地毯速度快30%。

（三）表面清洁

表面清洁分为两类，泡沫清洗和干粉清洁。

1. 泡沫清洗的原理是用来分解油性物质的，把尘埃平均分摊到地毯的各个部位，直到地毯最底层。

2. 干粉清洁即将干的地毯粉倒在地毯上，一两天后再吸掉，这种方式比较方便、快捷，但不彻底。

（四）湿洗/抽洗

圆盘刷式抽洗机和喷压吸式抽洗机都可用于湿洗，去除尘埃、油脂效果更佳，使用机器的员工应经过专业培训。羊毛地毯易断，机器的刷盘不宜长时间固定在同一个污渍区域，使用的香波洗洁精应选择酸碱度为 5.0~8.0，不能使用含有漂白、荧光性质的清洁剂。请注意，清洗地毯时一定要将脏的水分先吸干，因为臭味会使最底层的颜色上升到地毯表面，不同颜色的地毯遇水会染色，员工踩在湿地毯上更糟。专业清洗地毯的方法是先进行表面清洁，再湿洗/抽洗地毯，这样就对地毯进行了彻底的清洁。

（五）去除特别污迹

立即行动去除污迹是保养地毯最重要并且行之有效的方法。具体方法是：将固态污物尽快去除，用海绵、纸巾、白毛巾压吸液态污物，然后再选择适当的清洁剂等进行处理。在使用清洁剂时，要将清洗剂浸在纸巾、棉布上，而且应尽量少用。处理时，应从外向里，以防止污迹扩大；轻拍，不要用力擦，以防止损坏地毯绒头；不要使羊毛地毯过湿。处理后，要用纸巾或棉布尽量吸干，使羊毛地毯尽量干一些。不要用太热的水清洁，因为热水会使酸性物质染色，比如咖啡迹，如果用热水清洁，会使羊毛地毯上的咖啡色染得更深，宜用温水或冷水去渍。

去除特别污迹的方法：稀释的羊毛地毯清洗剂，温水，冷水，一茶匙洗衣粉与 250mL 温水的混合液，吸水性强的纸及用热熨斗熨烫，冰块，指甲油去除剂，白酒，吸尘，用硬币轻刮，用砂纸轻擦，油脂性污迹去除剂，家用消毒剂，口香糖去除剂，丙酮，医用酒精，中性吸收性粉末，铁锈去除剂，询问专业地毯清洗公司。

注意

不要使用刷子，它会损伤地毯，又不能彻底清除污迹。

项目练习

1. 简述公共区域定义及公共区域主任、服务员的能力要求和工作内容。
2. 列举常用地面清洁用品的名称、功能和使用方法。
3. 简述羊毛地毯的维护方法。
4. 按照本章节所述程序以小组为单位进行洗手间清洁、铜器清洁、地毯清洁、地面清洁和玻璃镜面清洁练习，并按照客房技能实训考核标准进行评比。

服务与管理项目五

客房服务中心

项目导入

客房服务中心是管家部的一个重要信息部门,凡是有关客房部工作的信息,一般都要经过客房中心的初步处理,以保证有关问题能及时解决和分类、传递。

由于受不同设施设备和人力条件的限制,各国饭店业分别采用了不同的对客服务模式。客房服务中心和楼层服务台是比较常见的两种模式。前者注重用工效率和统一调控,后者突出面对面的专职对客服务。为了使客房服务符合以"暗"的服务为主的特点,保持楼面的安静和尽量少打扰客人,客房服务中心的服务模式首先在我国中外合资宾馆/饭店出现,然后在其他宾馆/饭店逐步普及。客房服务中心将客房部各楼层的对客服务工作集中在一起,并与楼层工作间及酒店先进的通信联络设备共同构建了一个完善的对客服务系统。

客房服务中心职位设置及能力分解

第一节 客房服务中心的职责

为了方便住客,客房服务中心实行24小时值班制,其主要职责如下。

1. 信息处理。凡是有关客房部工作的信息,一般都要经过客房中心的初步处理,以保证有关问题能及时解决和分类、传递。

2. 员工出勤控制。客房部所有员工的上、下班都必须在此打卡签名,这样既方便了考核和对客房服务工作的统一调控,又有利于加强员工的集体荣誉感。

3. 对客服务。保管和租借给客人的用品,接受住客提出的各种合理要求,通知楼层服务员为客人提供及时的服务,同时还承担为重要客人准备礼仪物品的责任。

4. 楼层客房磁卡的管理。用于清洁整理客房的楼层客房磁卡都由客房中心负责统一签发、签收和保管。

5. 与前厅部的联系。客房中心按时向前厅部接待处通报客房情况,并及时核对客房差异情况。

6. 投诉处理。接受客人投诉,并及时进行处理和汇报。

7. 失物处理。提高失物招领的工作效率。

8. 档案保管。客房中心保管着客房部所有的档案资料,并及时补充和更新,为客房部以后的工作打下了基础。

9. 负责向工程部申报工程维修单。

10. 协调与其他部门的关系。为履行以上职责，客房服务中心通常设一名领班或主管，负责一般的日常事务，向客房经理负责或与秘书直接联系。客房中心的文员只有具有丰富的楼层服务经验并受过良好的训练，通晓前厅、客房、餐饮等所有服务环节，才能有效地密切客房部与宾客以及客房管理人员同员工的联系，增强服务环境的生动感和亲切感，发挥好客房服务质量信息管理中心的职能。

客房服务中心的理想位置是与客房部经理办公室相通或相邻，处在同一平面的制服房与布草房以及更衣室和员工电梯之间，以便于统一调控和实行不间断的连续服务。

第二节　职位一：服务中心领班

职位描述：负责客房服务中心各项工作有效率地进行，管理服务中心服务员，并与其他相关部门进行工作沟通。

报告上级：楼层主管。直接下属：服务中心服务员。

任职能力分解：计划能力，执行能力，监督能力，沟通能力。

计划能力

制订服务中心的工作计划，积极完成各项工作。

执行能力

1. 随时掌握客房状态的变化，提供准确的房态资料。
2. 严格执行万能钥匙的管理制度，监督万能钥匙的收发工作。
3. 建立失物招领档案，保管宾客遗留物品并监督处理程序的实施。
4. 对服务中心的物品、设备进行建档核对，检查为宾客提供特殊服务的物品数量和完好率。
5. 录入宾客住店期间的相关费用。
6. 安排托婴服务事项。
7. 时时接受楼层主管安排的其他工作。
8. 填写工作日志，记录特殊事项。

监督能力

1. 负责服务中心的日常管理工作，确保相关政策和程序的贯通。
2. 督导员工准确及时地接听电话，记录并通知相关事务。
3. 对班组员工进行绩效评估，组织实施相关培训活动。
4. 特别关注紧急维修项目。
5. 检查维修记录情况。

沟通能力

1. 参加部门例会，提出合理化建议，并主持班组例会，布置工作。
2. 就特殊需求与其他部门进行沟通。

第三节　职位二：服务中心服务员

职位描述：具有丰富的楼层服务经验，通晓前厅、客房、餐饮等所有服务环节，执行领班布置的各项任务，加强客房部与宾客以及客房管理人员同员工的联系。

报告上级：服务中心领班。

直接下属：无。

任职能力分解：执行能力。

执行能力

1. 熟练掌握并执行饭店制定的各项制度和操作规范。
2. 准确无误地接听电话，详细记录并迅速传递到相关区域为宾客提供服务。
3. 严格执行万能钥匙及通信工具的管理工作。
4. 对外借物品进行登记，并及时收回。
5. 在电脑中及时录入住店宾客的房内消费及填写小酒吧补充单。
6. 保管服务中心的各种用具及设备。
7. 准确无误地掌握并确保房态准确性，并与前台保持密切联系。
8. 负责打印并发放楼层的房态及个性化需求。
9. 在电脑中按照规范录入遗留物品，并妥善分类保管。
10. 结账房号及入住信息及时与楼层沟通。
11. 查询宾客信息，及时通知楼层提供服务。
12. 负责各楼层维修信息的传递，对维修项目进行跟踪落实。
13. 确保服务中心的卫生和安全。
14. 及时将宾客投诉报告领班并做好记录。
15. 完成领班交办的其他工作。

客房服务中心服务过程分解

客房服务中心相当于整个客房部的信息枢纽，其主要承担的服务项目包括以下项目。

第一节　服务过程一：接听电话

接听电话是客房服务中心员工最频繁的工作之一，许多工作都需要以电话为媒介完成。形成良好的接听电话习惯对于客房中心服务员十分重要。

接听电话前应该准备好纸笔，将谦恭、乐于助人、有责任心等优良素质运用到电话接听过程中，三声铃响前接听电话，主动问好，听清来电者意图，主动提供帮助，礼貌结束通话。禁止使用不礼貌用语。接听电话中的注意事项主要包括以下内容。

1. 每个电话应立即接听，响铃不能超过三声，接听时声音应清楚而有礼貌。
2. 每人负责一个分机的电话。
3. 当你的电话响起而你正和其他人通话时，应向其道歉并接听另一个电话。
4. 通话过程应尽可能用带姓称呼。
5. 你职责范围内的电话：
   （1）标准的问候（早上好/中午好/晚上好）。
   （2）自报部门或班组名称。
   （3）自报姓名。
   （4）提供帮助——"我可以帮助你吗"。
6. 帮助别人接听电话：
   （1）标准的问候。
   （2）确认办公室或部门。
   （3）自报姓名。
   （4）提供协助或留言服务。
7. 请来电者稍等：
   （1）用"请稍等"，而别用"别挂电话，等一会"。
   （2）请求对方的许可并感谢——"王先生，请稍等"，"谢谢你"。
8. 原在接听电话，又提起正在等候的电话：
   （1）感谢对方的等候。
   （2）假如知道宾客姓名，交谈中请用姓名称呼对方。
   （3）为其留言。
9. 来电者要呼叫的人前来接听电话：
   （1）感谢对方的等候。
   （2）自报家门。
   （3）准备提供帮助。
10. 转接电话：
    （1）告诉来电方你要转接他/她的电话。
    （2）告诉接听方将要转接进来的电话。
    （3）等双方接通了再挂线。
11. 结束通话：
    （1）感谢对方。
    （2）只要有可能，用对方的姓称呼他/她。
    （3）让对方知道你很乐意为他/她服务。
    （4）礼貌地结束每次通话并和对方道别。

第二节 服务过程二：钥匙管理

为方便工作，客房部的员工上班后一般都要在客房中心领用工作钥匙，当员工领用钥匙后就承担了重要的责任。钥匙管理对于保护客人的隐私与安全十分重要，管好钥匙能减少宾客和内部的偷窃的发生。万能钥匙的管理是饭店安全工作的重要内容，所有的万能钥匙的领用必须建立有效的签字手续，钥匙必须专人负责不得随意转借，如有遗失或损坏必须及时汇报。

（一）钥匙分配

1. 最高级别钥匙：此钥匙可以打开所有的客房门，但是不能打开被双锁的客房门。钥匙的携带者仅为：总经理、驻店经理。

2. 紧急钥匙：可以打开包括上了双锁的所有客房的门。只有以下特权人被允许动用此钥匙：总经理、驻店经理、值班经理、财务总监、房务总监、前厅经理、管家经理、安全部经理、大堂副理。无论何人在动用此钥匙时都必须在紧急钥匙登记本上签名，并注明时间、原因，归还时手续同上，此记录会被留存。

3. 楼层钥匙：此钥匙只能打开楼层特定区域的客房门。钥匙的携带者为：管家经理、楼层主管、楼层领班、楼层服务员。

4. 区域钥匙（后台部门）：允许各部门总监、经理有权限携带的各区域钥匙。有一套备用钥匙存在安全部。

5. 办公室钥匙：这些单个的钥匙分配给各相关办公室特定的员工。有一套备用钥匙存在安全部。

（二）钥匙的丢失/复制

1. 任何员工遗失了钥匙都必须立刻上报他们的领班、主管、部门经理，并报告安全部经理。

2. 为了防止此钥匙被用于不正当的行为，应立即寻找。

3. 遗失或者没有找到万能钥匙的后果都是非常严重的，可能不仅使酒店的声誉受到影响，而且在财务上会受到损失。

4. 复制钥匙：

（1）安全部经理负责全部钥匙控制系统，包括所有门锁和钥匙。

（2）当安全部经理不在时由驻店经理批准并决定由谁替代。

（3）店外人员不能复制并持有店内钥匙。如果此事发生，操作者将被处以严厉的处罚。

5. 申请钥匙：

（1）驻店经理可以批准维修和替换钥匙。

（2）最高级万能钥匙和紧急钥匙仅限总经理批准后复制。

6. 钥匙签发：安全部经理签发由驻店经理批准的部门负责人书面提出的发放钥匙申请。

7. 安装新锁：任何人如需换新锁必须经驻店经理书面并批准向安全部经理申请。

8. 服务用钥匙：酒店轮班员工使用的钥匙需要作交接以便钥匙能在换班时被使用。下班前不使用的钥匙须存放在指定的区域，例如部门经理办公室钥匙盒，并做好相应的登记。

（三）客房钥匙控制

1. 客房钥匙在询问宾客的姓名并确认他们登记入住此房前不可任意给予。钥匙在任何时候不可被搁在柜台或台面上方，除非有住店宾客的钥匙授权书，否则不可以将钥匙交给其他宾客。宾客入住时得到钥匙，同时须确保：服务中心每日数次将收到的钥匙交给前台，统计一周所需的钥匙数，宾客退房时收回钥匙。

2. 客房钥匙管理是酒店安全工作的一项重要工作。遗失或损坏钥匙的报告必须向驻店经理汇报。

3. 如果宾客的钥匙未被返还，应查询宾客的磁卡有效期，若在有效期内应做封锁卡处理。

4. 服务中心钥匙管理。所有宾客遗留在客房的钥匙须尽快交到服务中心，楼层服务员应被要求收集所有已退房和空房内的钥匙。钥匙不可放在手推车车顶、布草储藏架或其他不被注意的地方，而应放于工作车内指定的安全的盒子里。

5. 服务中心钥匙领用程序。每天早上由楼层领班至服务中心领取楼层钥匙，下班及时归还，建立严谨的领用归还签字制度；楼层领班与楼层服务员之间须执行严谨的领用归还签字制度。

> **提醒**
>
> 1. 早班服务员早上到服务中心签领，并于下班前交给中班服务员，由中班服务员签还，双方应做好检查交接。
>
> 2. 早班领班在服务中心签领本小组楼层的领班钥匙及服务员钥匙，服务员上班后到领班处签领钥匙。
>
> 3. 任何钥匙在签领签退时双方要做好检查：检查钥匙有无破损、变形，是否影响使用，是否有缺少，有问题须当面做好衔接。
>
> 4. 所领钥匙，除开门外，须随身携带，不得摆放于工作间、工作车等地方。
>
> 5. 楼层钥匙卡不得作取电卡使用（防止其他客人拿走），亦不得作他用：如搞卫生，撬硬物，敲门等。
>
> 6. 楼层钥匙不得转借与其他部门员工使用。部门内部也不能转借，如有工作需要交接时做好记录，及时归还，工作中出现问题时由领用人负责。
>
> 7. 不得为无关人员开门。如果维修工、送餐员须开门，应核实情况，并加强关注。如是住房，则应共同进出（核实房态，住房内共同进出，以便与客人做好沟通工作；为明确责任，服务员不得为他人开门）。
>
> 8. 为了避免不必要的麻烦，非工作需要不得随意进出客房，所有进出客房门锁都会有记录。
>
> 9. 正确使用钥匙磁卡，如在使用中有任何原因的破损，均须附书面说明，并连同破损钥匙或磁卡一起上交。
>
> 10. 如发现钥匙磁卡遗失，应立即查找，并报告上级，不得隐瞒。

11. 机械钥匙不得私自配用（包括办公区域）、擅自配用。如果损坏须上报部门，经部门认可后由设备部统一配制。

12. 服务员在检查走房后马上用封闭卡将房间做好封锁。

13. 员工在过道上捡到钥匙时做好保管工作，客人认领时，必须核对身份。

14. 当客人拿着钥匙自己也无法确定自己的房间时要慎重处理，在排除卡是捡来的之后，才可为客人寻找房间或为客人读卡。

15. 发现走客房内有客人遗留的钥匙，服务员应妥善保管，统一交服务中心。

16. 员工在饭店内捡到其他区域工作钥匙或客用钥匙时应及时上交服务中心。

第三节　服务过程三：婴儿服务

宾客提出托婴服务后，应请宾客填写托婴服务单，解释相关规定，照看婴儿期间注意安全。

1. 接托婴服务要求。

（1）宾客需要托婴服务，须提前4小时与服务中心联系，并由宾客填写《托婴服务申请单》，强调托婴单上的注意事项。

（2）详细核对宾客所填表格，了解婴儿的生活习惯、特殊要求并提醒宾客在表单中的注意事项及留下电话号码。

2. 安排托婴服务。

安排合适的人选提供看护服务。

3. 看护过程。

（1）看护人员按时到达看护地点，并留意看护单上的注意事项，做好交接。

（2）看护过程须小心谨慎，不能离开小孩，不能随意给小孩吃东西，不能让小孩接近容易碰伤的东西，不能将小孩带出指定地点。

（3）看护期间若有意外情况，应及时上报部门经理并采取措施。

（4）看护时须注意风俗习惯。

（5）将婴儿安全地交给宾客后请宾客签单确认费用。

（6）完成托婴服务后，及时回复服务中心。

注意

1. 接到服务要求时必须留下客人的电话号码。
2. 不得带出指定地点，意外事故及时汇报。
3. 要注意客人的风俗习惯。如泰国的小孩的头不能碰。
4. 注意安全，不可与小孩做有危险性的游戏。

第四节　服务过程四：借用物品

饭店是客人的家外之家，为了方便客人的工作和生活，客房服务中心备有很多的日常用品供客人租借。

常见备用物品主要包括：剪刀、订书机、印泥、接线板、外接电源、透明胶、胶水、回形针、备用椅子、水果刀、备用被子、灭蚊器（片）、果盘、常用地图、计算机、婴儿床、打包绳、各种棋类、荞麦枕、接线板、电源转换器、变压器、签字笔等。该项服务必须保证借用物品安全有效，并及时送入客房。

1. 接宾客借用物品需求通知，及时通知楼层服务员送物。
2. 送物。
（1）将物品送至宾客房间。
（2）若需要至服务中心借物，则须在服务中心租用物品登记本上签字。
3. 后续工作。
（1）楼层服务员在工作报表上记录宾客房间号码、姓名、结账日期、借用何物、借用时间、经办人姓名。
（2）电话回复服务中心。
（3）将宾客借物情况予以交接。
4. 归还。
（1）楼层服务员收取借用物品。
（2）在工作报表上记录归还时间、经办人姓名，留存备查。
5. 若宾客在退房时尚未归还借用物品，则根据情况酌情处理。

注意

1. 借给客人的物品保证安全有效，并及时送入。
2. 送物前必须进行检查。
3. 送物时必须用托盘送入，注意摆放，可让客人自己拿取（接线板等直接帮客人接好）。
4. 送物时可适当提醒客人用好后与服务中心联系。
5. 在报表上写明借用事项（切忌写错房间号位置）。
6. 收回时仍要检查是否完好，工作表上做好记录（若是由于物品本身的质量问题要先判断，不能硬性做赔偿）。
7. 物品归还后立刻在报表上打勾注销。
8. 清扫员及服务员进房服务时注意检查房的借用物品情况，如发现没有或坏了则及时解决，不可只是一味交班。

第五节　服务过程五：客人遗留物品处理

客人遗留物品是指客人在住店期间或离店时遗忘或丢失的物品。为了体现对客服务的真诚及对客人的负责，饭店有专门的程序来处理客人的遗留物品。遗留物品处理不当容易导致客人投诉。区分客遗物及客人遗弃物是处理客遗工作的一个难点；判断是客遗物及客人遗弃物需要经验的积累，原则上客人扔在垃圾桶内的物品以外的有用物品都算客遗物。如无法判断时，就按客遗物来处理。

（一）区分客遗物品

1. 贵重物品：现金、首饰及价值300元以上的物品。
2. 易腐烂物品：水果、开过封的食品、药品及其他容易腐烂的物品。
3. 暂存物品：客人表示要取回、只是暂时先存放的物品。
4. 一般物品：除贵重物品及易腐烂物品以外的物品。

（二）正确处理客人遗留物品

1. 及时上交及传递信息。
2. 做好贮藏工作。
3. 认领时要确认。
4. 处理时要慎重。
5. 发现贵重客遗时，必须两人以上一起清点。

（三）处理客人遗留物品的程序

饭店内的所有客遗物品应确保在最短的时间内交到服务中心，并给予妥善保管，宾客在认领时应办理相应手续。无人认领的客人遗留物品由饭店统一处理。

1. 将宾客或员工丢失的物品存放于饭店一个指定的比较安全的地点。
2. 对于拾到的物品：
（1）如果不能立刻将拾到的物品交到服务中心处，则马上电话通知服务中心。
（2）服务中心对宾客遗留物品要想办法联系物品主人告知其有物品遗留。
（3）一旦在饭店内拾到物品，应马上交给管家部服务中心，并详细填写宾客遗留物品单（一式三联，一联留存、一联用于包装失物、一联给拾物者）。
3. 接收、存储失物。
（1）服务中心一旦接收遗留物品应马上做好记录，不能将物品过夜才登记。
（2）所有的遗留物品由管家部服务中心登记至遗留物品单上并输入电脑。
（3）遗留物品单的内容包括：物品编号、物品特征（包括颜色、大小、品牌等）、发现日期、地点、拾物者等内容，并请上交遗留物品者签名，同时须管家部经理审核签名。
（4）遗留物品单由专人负责妥善记录，简单易懂。
（5）物品归类：贵重物品、一般物品、暂存物品、易腐烂物品（包括食品、药品类)。若发现贵重物品应及时上报管家部经理及大堂副理,发现违禁物品、易燃易爆物品须通过管家部经理告知保安部进行处理,易腐烂物品经管家部经理审批后即可以进行处理。

(6) 包装失物:将遗留物品根据归类进行包装,在包装外附一联遗留物品单。

(7) 存放失物:将失物按照日期及归类有序地存放在可上锁的指定区域,贵重物品存放须在服务中心配置保管箱。

(8) 服务中心对所有的失物登记应以每月度为单位,对遗留物品进行分类(贵重物品、一般物品、暂存物品)整理,上交给酒店财务部。

(9) 酒店财务部在取到宾客遗留物时,应出具一式两联的宾客遗留物品转移单,同时对表单内的拾物日期、地点、拾物人员、物品名称、编号、特征、上交人、签收人、签收日期等项目要求填写清楚。转移单第一联由管家部存档,第二联由财务部存档。

(10) 所有的失物酒店至少保管3个月,贵重物品在酒店保险箱内至少保管6个月。

(11) 所有遗留物品在规定保管日期后由财务部财务总监/经理上报酒店总经理审批处理,并有相应单据备查。

第六节　服务过程六:失物认领

失物认领须确定相应的方便宾客认领失物的地点和相应负责的人员。

1. 当接到宾客认领通知后,请宾客说明失物时间、地点、名称、颜色、品牌、形状等详细情况,核对无误后请宾客在失物认领单上签名(贵重物品须附相关证件复印件),服务中心对认领单须进行归档备查。

2. 宾客委托他人前来办理认领手续时,须核对委托信、证件,核对无误后将遗留物品交还认领人、记录委托人身份证号码、地址和联系电话,其他手续与前一样。

3. 若宾客前来询问遗留物品事项,则所有的调查在3天内必须有回应。如果物品未找到,饭店应告知宾客并保证继续查找。饭店将承担常规遗留物品邮寄的费用,如果宾客要求用不同方法的邮寄,由宾客支付所发生的费用。

4. 关于失物问询:任何失物问询应该交给专职岗位(例如大堂副理、服务中心)予以负责。饭店的任何一员接到宾客询问遗留物品相关信息,必须及时联系饭店指定的专职岗位(大堂副理或服务中心),将查询结果告知宾客。所有的遗留物品问询应书面予以记录。

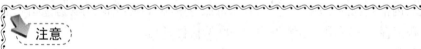

注意

在接受宾客遗留物品询问时,应记录以下信息:
(1) 电话日期。
(2) 失物的描述。
(3) 遗失区域。
(4) 遗失日期。
(5) 致电人的电话(传真、邮址)。

案例分析

[案例]

"是房务中心吗？你们那儿有果盘吗？请你们送两个果盘来，我是6012房间F。"房务中心的小文接到电话后立即答应道："请稍等，马上送来。"

小文打电话到水果房请服务员提供两份果盘，服务员则问："果盘通常有5款，分别为158元、88元、58元、38元、10元，客人要的是哪一款？"一时可把小文问住了，因为刚才小文压根儿就没问要哪一款的。"这样吧，就选58元的，做好后请你们服务员送到客人房间。"小文回答道。

水果房服务员端着两份已做好的果盘敲开了6012房门，出来迎接服务员的是一位戴眼镜的中年男性顾客。他一看面前的果盘，立即皱紧眉头，掠过一丝诧异的眼神，随即笑道："此果盘非彼果盘也。你们搞错啦，我要的只是空果盘，我要送给隔壁房间的领导。你们怎么不问清楚就送水果来了？"说完又哈哈大笑。水果房的服务员也觉得有点尴尬，不由自主地也笑了，然后说："对不起，是我们搞错了。您要的两个空果盘，我们马上送来。"说完只好将两份水果端走。

为了这两份水果有人"买单"，水果房领班按酒店规定，请服务员把这两份水果送到房务中心，以成本价"卖"给了接听电话的小文。在场的同事听完小文讲述的水果的来历后，一个个都乐了——下班后可以分享小文"买"来的水果啦！

[评析]

小文之所以"买"下这"苦果"，缘于工作马虎，如果小文能够多问一句"你需要哪一价位的"，我想就不会发生这种离奇的事情了。因此，服务员接受客人服务要求，切不可漏了"确认"这一环节。

类似于这种缺乏确认而铸成错误的事件不胜枚举。这里要特别提醒我们管理人员注意的是，在许多的服务程序中一定要设立确认这一环节，尤其是涉及与金钱有关的工作，而服务员在服务过程中也要特别注意严格执行这一确认环节。如总机接受叫醒时对房号、时间的确认，总台办理入住手续时对入住天数以及何时退房的时间确认等。

项 目 练 习

1. 客房服务的组织模式有哪几种？各有什么优缺点？
2. 客房服务中心的职责主要有哪些？
3. 简述客人遗留物品的处理流程。

服务与管理项目六

客房综合服务

项目导入

饭店是客人的家外之家。随着行业竞争的激烈化,饭店越来越多地重视客人需求的满足水平。为了保证服务水平,饭店管理者们都在思考:客人需要些什么?我能不能提供?现代化饭店的客房服务绝不是只包括客房的清扫,客人住店期间的一系列需求都可以成为饭店客房服务的出发点。因此,客房综合服务的水平正成为影响顾客满意度水平的一个关键要素,作为一名优秀的客房服务员,必须掌握这些综合项目的服务技能。在本项目中,我们将围绕顾客经常提出的一些服务需求进行项目分解,你可以从这些子项目入手,进行客房综合服务能力的训练。

客房综合服务项目分解

服务场地:模拟饭店楼层。

服务过程:迎客服务,送客服务,洗衣服务,擦鞋服务,托婴服务,物品租借服务,代客开门服务,加床服务,会议服务,VIP服务,醉酒服务,病客服务。

第一节 服务过程一:迎客服务

服务过程

1. 根据饭店规定对客房进行布置,配备齐日用品,补充小冰箱的食品饮料。
2. 尽可能详细地了解客情。
3. 客人步出电梯,服务员应微笑问候,并作自我介绍。
4. 问清客人房号,引领客人进房。若无行李员引领时,服务员还应帮助客人提拿行李。
5. 待客人到所住房间时,为客人开门,插上取电卡,请客先进。
6. 向客人简单介绍房内设备、使用方法及饭店服务设施和服务时间。
7. 回到工作间做好记录。

知识点

1. 客人到达前的准备工作是客房接待服务的序幕,要做到充分、周密和准确。

应尽可能地掌握客人的情况,其中包括客人的人数、国籍、抵离店时间、宗教信仰、风俗习惯和接待单位对客人生活标准要求、付费方式、活动日程等信息。如客人有特殊要求（客人的宗教信仰、生活特点和接待标准及规格等）的，在条件允许的情况下尽可能予以满足，以示对客人的尊重。房间布置完，还要对室内家具、水电设备及门锁等再进行一次全面检查，发现有损坏失效的，要及时保修更换。

2. 客人经过长途跋涉，抵达后一般比较疲惫，需要尽快妥善安顿，以便及时用膳或休息。因此，这个环节的工作必须热情礼貌、服务迅速，分送行李准确，介绍情况简明扼要。

第二节 服务过程二：送客服务

服务过程

1. 服务员应掌握客人的离店时间，检查客人洗烫衣物是否送回，各种账单及各项委托代办事项是否办好。

2. 送别团体客人时，要按规定时间集中行李，放到指定地点，清点数量，并协同接待部门核实件数，以防遗漏。

3. 客人离房时要送到电梯口，主动为客人按电梯，协助行李员将行李送入电梯、放好。当电梯门即将关闭时，面向客人，微笑告别，并向客人表示欢迎再次光临。

4. 客人离开楼层后，应迅速进入房间仔细检查有无客人遗留物品，以及房内物品有无丢失，设备有无损坏，有无消费项目。

5. 做好客人离房记录，更新房态。

知识点

在得知客人的离店时间后，客房服务员要帮助客人做好离店前的各项准备，使其感受到在临行前的热情关照。如提醒客人收拾好行李物品并仔细检查，不要遗忘在房间。问清客人是否需要行李搬运服务，如果需要的话，应问清具体的搬运时间及行李件数，而后及时通知前厅的行李组，以便早做准备。临行前，还应主动征求客人的意见。

第三节 服务过程三：洗衣服务

服务过程

1. 为住客提供洗衣袋和洗衣单。
2. 住客如果有衣物要洗，都必须填写洗衣单并签名。
3. 收取客衣。一般饭店都规定了正常洗衣的截止时间，要求服务员每天在饭店规定的收取客衣时间之前，去客人房间确认是否有客衣要洗，确保不漏收客衣（但不能打扰客人）。
4. 无论是谁将客衣收出，都应认真核对洗衣单上的房号、姓名、送回时间等项目，然后把衣服拿去工作间清点数量和种类。

5. 在《客衣收取记录表》上注明时间，做好记录。

6. 洗衣房送回衣服时，应按洗衣单逐件进行清点，并检查洗涤质量：衣物有无破损、缩水、褪色等。

7. 送客衣进房间，若客人在房内，应请客人检查验收，征求客人意见后摆放在合适的位置。

8. 若客人不在房内，应按程序进门，按饭店的规定放在固定位置。

9. 若客房挂了"请勿打扰"牌，一般将客衣放在楼层服务台或工作间，并从客房门缝放入"衣服已洗好"的说明卡，并给客人做留言。注意记下客人房号。

10. 送完客衣后，做好记录，以备查核。

知识点

洗衣服务是客房日常服务中一项比较细致的工作，所以工作人员应该特别注意，不能因缺乏常识和粗心大意而出现差错。因此，在收取客衣时应特别做好以下检查事项。

1. 检查衣物有无破损、特殊污点，检查纽扣有无脱落，如有，应询问客人是否需要织补或配扣，如需要，要在洗衣单上注明；客人不在时，可给客人留一份相应的《客衣服务单》，并在洗衣单上注明情况。客人回来后，再向客人说明。

2. 注意掏清口袋，检查有无遗留物品，如有，要及时交还客人并登记。

3. 按客人填写的洗衣单，核对客人姓名、房号、日期、衣物种类、件数是否相符，如有偏差，应向客人说明后纠正。

4. 按客人填写的洗衣单，清楚客人的洗烫要求，如是洗还是烫，是干洗还是湿洗，是快件还是平洗以及是否需要修补等。

5. 检查衣物能否按客人的要求洗烫。如客人要求水洗，但根据衣物质地来判断可能会褪色、缩水时，应向客人说明，若衣物较贵重，还须客人在相应的《客衣服务单》上签名确认。

6. 如洗快件，应尽快通知洗衣房。

7. 有特殊要求的客衣，应在洗衣单上注明。

第四节　服务过程四：擦鞋服务

服务过程

1. 在客房内放置鞋篮和鞋样，鞋样上写明进行擦鞋服务的方法以及联系电话，同时在房内的"服务指南"中告知客人。也有的饭店使用专用的擦鞋袋，袋上注明房号。

2. 服务员接到客人要求提供擦鞋服务的电话，或者发现客人将鞋子放在鞋篮内，均应及时收取拿到工作间，并在纸条上写好房号放入鞋内，防止弄混客人的鞋。

3. 在报表上记录房号、颜色、款式。

4. 擦鞋前，在地面铺上报纸或报废的床单，防止尘土或鞋油将地面弄脏，并备好合适的鞋油及擦鞋工具。

5. 按规范擦鞋，要擦净、擦亮。

6. 在规定的时间内将擦好的鞋子送入客人房内，放在饭店规定的地方。应注意避免将鞋送错房间。

知识点

当客人长途跋涉，尤其是在雨雪天抵达饭店时，或者将去参加重要的仪式、活动之前，往往需要擦鞋服务。饭店客房内一般都为客人放置了擦鞋器或擦鞋纸，为了提高服务水平，还为客人提供擦鞋服务。在提供擦鞋服务时应特别注意鞋带、鞋底和鞋口边沿要擦干净，不能有鞋油，以免弄脏地毯和客人的袜子。不知如何处理的鞋面勿硬擦，若鞋有破洞，应提示客人。

第五节 服务过程五：托婴服务

服务过程

1. 请客人填写《婴儿看护申请表》，包括：年龄、性别、国籍、饮食生活习惯，了解客人的要求及婴幼儿的特点，并就有关注意事项向客人说明。
2. 根据具体情况安排合适人员提供看护服务。
3. 看护者严格遵照家长和饭店的要求在规定区域内照看婴幼儿，严格遵照家长和饭店的要求看护，不随便给婴幼儿食物吃，不将尖利物品及其他危险物品充当玩具，不托付他人看管。在照看期间，若婴幼儿突发急病，应立即报告上级，请示经理，以便得到妥善处理。
4. 服务结束时，看护人员应主动向客人汇报看护过程及婴儿情况，交接完毕方可离开。
5. 完成任务后，及时通知客房中心，由服务中心处理相关费用。

知识点

饭店根据婴儿托管时间的长短来收取一定的费用。该服务可为携带孩子的客人提供方便，使其可以摆脱孩子的拖累而不致影响外出活动。饭店一般不设专门的人员负责托婴，此项服务大多由客房服务员在班后承担。兼职的服务员须接受照料孩子的专业培训，懂得照看孩子的专业知识和技能，有照看婴幼儿的经验并略懂外语。

第六节 服务过程六：物品租借服务

服务过程

1. 电话铃响三声内按标准接听。
2. 仔细询问客人租借用品的名称、要求以及租借时间等。
3. 服务员到客房服务中心领取租借用品。
4. 将用品迅速或在客人约定的时间送至客人房间，向客人说明注意事项，并请客人在《租借用品登记单》上签名。

5. 在交接记录本上详细记录，以便下一班服务员跟进服务。

6. 当客人离店时，应特别检查客人租借用品有无归还。

7. 当客人归还用品时，服务员应做详细记录。

8. 及时将用品归还服务中心，并在《租借用品登记单》上登记。

> 知识点

　　饭店提供的服务不可能完全满足每一位客人的需要。为了方便住店客人生活起居，饭店一般备有电吹风、电熨斗、万能插座、婴儿床等物品，供客人临时借用，并在服务指南中明示客人如何获得此项服务。提供租借服务时应注意的事项如下。

1. 详细登记租借物品的名称、编号、借出时间、客人房号、经手人、归还时间等。

2. 客人租借电器用品时，应提醒其注意安全。

3. 服务员在交接班时，应办理有关客人租借物品的移交手续。

4. 注意收回租借物品，对于过了租借时间客人仍未归还的物品，在客人离店前主动询问客人，但要注意询问方式。

5. 借用物品收回后，要及时取消借用记录。检查完好程度并清洁，方便下次使用。

6. 常客借用物品时，可编入客史档案，在其下次入住前先放入。

7. 如客人需要租借的物品需要收费时，应事先向客人讲明租借价格标准及收取押金标准。客人同意后，将租借物品登记，客人签字，再请服务员将物品送入房内。

第七节　服务过程七：代客开门服务

> 服务过程

1. 服务员接到客房服务中心要求为客人开门的通知后，应先了解客人姓名，待客人到时核对无误后方可帮客人开门。

2. 当在楼层上遇到要求服务员开门的客人时，应请客人到前台办理相关的开门手续。

3. 如遇到坚决不肯去办理手续的客人，应请客人出示身份证、护照等有效证件，核对身份和照片。

4. 帮客人开门时也要按门铃及敲门，以防另有客人在房内。

5. 开门后做好记录。

> 知识点

　　饭店有时会出现客人不小心把房间的钥匙落在房内或其他地方又或者因为饭店计算机系统问题而导致客人的房间钥匙失灵不能打开房门等无法进入房间的情况，这时需要服务人员为其提供开门服务。

　　公安人员因办案要求服务员开门时，应由饭店保安人员陪同并同意开门。若无人陪同又因时间紧迫必须立即开门的，服务员应验明来者的有效证件后方可开门。同时，马上向上级报告。

　　服务员应灵活处理开门事宜，注意语言技巧。遇到长包房客人和常客要求开门，如能准确判断也可为其开门。

第八节 服务过程八：加床服务

服务过程

1. 当客房服务员接到总台有关提供加床服务的通知后，应立即在工作单上做好记录。
2. 检查备用床是否牢固稳当，并擦拭干净，准备好床上用品（枕头、枕套、棉被、被套、床单）。
3. 按进门规定进房后铺好床。如客人在房内，主动询问客人，按客人要求摆好加床，如客人无特别要求，则移开沙发、茶几，将加床放于墙角位置，为客人铺好床。
4. 在加床的同时，还须为客人增加一套客房棉织品、杯具、茶叶及卫生间日耗品。
5. 做好记录。

知识点

1. 接到加床通知后，应立即提供该项服务，通常是在客人未住进时完成。
2. 有时客人会直接向楼层服务人员提出加床服务要求，客房部服务员应礼貌地请客人到总台办理有关手续，不可随意答应客人的要求，更不得私自向客人提供加床服务。
3. 退房后，床铺要尽快收好归位，备用枕头、棉被等检查无问题后，折叠整齐放回原位。

第九节 服务过程九：会议服务

一、会场布置

会见厅的布置

1. 十几人左右的会见，可用沙发或扶手椅布置成马蹄形、凹字形。
2. 较大规模的会见，可用桌子和扶手椅布置成丁字形。
3. 根据要求布置好服务用品，如茶杯、垫碟、烟缸、便笺、火柴、笔等。

会议室的布置

1. O型布置或使用椭圆形的桌子：会见规格较高，人数不多，不具备谈判性质。与会者围桌而坐，表示彼此平等。
2. U型或"山"型布置：适合与会者身份不同，但又差别不大，会场的气氛带有相互讨论的性质。
3. T型布置：通常用于主持人身份明显高出其他人的会议，带有发号施令性质。
4. 授课型布置：小型学术报告会或学术讲座。
5. 根据要求布置会议室台型、横幅、多媒体、投影仪、幻灯机等，根据通知单上注明的人数增减桌椅。备齐白板、便条纸、圆珠笔、铅笔等。

二、服务过程

会议服务

1. 会前半小时，服务员应检查茶杯、杯垫、便笺、圆珠笔或铅笔等物品是否已备齐，检查横幅、绿化、洗手间卫生等情况，音控人员是否已到位，并打开空调，调节室温，保证会议按时进行。

2. 会议即将开始时，会场播放轻音乐，服务员站在会议室门外，面向客人到来的方向，保持微笑。客人到会场外时，服务员应问候客人"您好，先生/小姐"，并伸手示意大门的方向："这边请。"

3. 客人陆续到会后，服务员应热情为他们沏茶，操作时尽量不要发出声音，如意外打翻杯具，应诚恳地向客人道歉，然后赶快收拾台面。

4. 会议开始时，服务员将大门关上。会议期间服务员要注意续水，换烟缸。服务间歇，服务员也应随时做好为客人服务的准备。

5. 会议中场休息，及时补充和更换各种用品，注意不要翻动桌面资料。条件许可，会场外可设一个临时休息厅，供客人小憩。

6. 会议结束时，服务员打开大门，站在门内一侧，保持微笑，身体略微前倾，欢送客人。目送客人离场后，应及时检查会场，如发现客人遗留的物品，要及时交涉。

7. 迅速撤出茶饮用具，清理卫生，关闭照明和空调，恢复正常状态，以便再行出租使用。

会见、会谈服务

1. 主人一般提前半小时到达，服务员应热情为其上茶。

2. 当宾客抵达时，宾主双方要合影留念，趁此机会，服务员迅速撤走用过的茶具。

3. 宾主入座后，按"先宾后主"的顺序依次上茶（杯把要一律朝向客人右手侧，上茶时要热情地说"您请"）或饮料。

4. 送上香巾。送香巾时要用夹子。

5. 如果会见时间较长，服务员应适时为客人递送香巾和续茶水。

6. 在会见进行中，要注意观察厅内的动静，宾主有事招呼，要随时回应，及时协助处理。

7. 会见结束后，礼貌送客，及时检查有无客人遗留物品。

三、接待会议服务注意事项

1. 会议进行中，要保持会场周围的安静，做好安全保卫工作。为避免干扰客人，会议在进行当中，除必要的服务外，服务员一般不应该频繁进出会场。

2. 会议服务过程中应做到"四不"：不听、不问、不说、不评，做好保密工作。

3. 当有人找客人时，服务员应问清需要见的客人的姓名及来访人的姓名、单位，如认识的人服务员可直接去找，如不认识，服务员应找到接待联络人员，向其讲明情况，由联络员视情况处理。

四、会议服务中的续水方法

续水方式：用左手的小指和无名指夹起杯盖，用大拇指和食指、中指握住杯把，将茶杯端起，侧身，腰略弯曲。注意续水时不要倒得过快、过满，以免开水溢出，烫伤客人或溢到茶几上。续水进入会议室不宜敲门。

五、服务员在会议服务中如何观察和满足客人的需要

在会议服务中，服务员在做到规范服务的前提下，注意随时观察了解会场气氛和客人表情。有些会议的客人不介意服务员在会议当中续水、上香巾等服务，而且有些主办会议的客人因为服务员及时、殷勤的服务而在与会的客人面前显得有面子。这时，服务员的续水就可以勤一些。如果会议开始后，当服务员按规定的程序进入会议室为客人续水时，会议室一下子安静下来，客人的讲话或讨论都停下来，默不作声看服务员续水完毕，等服务员走出会议室后，会议又继续进行。这种情况就说明，客人不希望服务员听到会议内容或者是认为有服务员在场，他们感觉说话不方便。这时服务员就应该尽量少进入会议室，以免打扰客人，影响会议的正常进行。

第十节　服务过程十：VIP服务

一、服务过程

 迎客准备

1. 接到贵宾接待通知书后，要了解客人国籍、到房时间、人数、性别、身份、接待单位等。
2. 要选派经验丰富的服务员将房间彻底清扫，按照客人要求布置好房间，并检查房间设施设备是否完好，各种开关、按钮、照明、音响是否完好，各种物品摆放是否整齐、得当。
3. 按规格配备各种物品，并在客房内摆放有总经理签名的欢迎信、名片，摆放好水果（果篮、洗手盅、水果刀、果叉、口布等）、鲜花，做夜床要放置夜床赠品。
4. 房间要由客房部经理或主管严格检查，然后由大堂副理最后检查认可。
5. 客人到达前还应检查房间温度是否得当（根据季节调节），客人到后再按客人要求调节。

迎客迎接

1. 贵宾在饭店有关人员陪同抵达楼面时，客房部主管、服务员要在楼梯口迎接问候。当客人跨出电梯时，用英语或普通话欢迎客人，如知客人职务，则以职务称呼客人，使客人感到亲切。
2. 引领客人进房时要落落大方地介绍客房情况，使客人熟悉住房，有宾至如归感。

3. 尽快送上热毛巾、迎客茶。

4. 服务员为不打扰客人休息，要尽快离房，离房前要说："请休息，如有事请打××电话。"

👤 住客服务

1. 周到、主动地为客人提供服务。

2. 客人离房一次，跟房一次（标准：要求恢复客人进房时状况，但不得移动客人自行放置的物品）。

3. 客人洗熨的衣服要专人负责。

4. 送给客人的电报、信件、物品要用托盘送上。

5. 记录客人入住日期。

👤 客人离店

1. 离店时，楼层主管、服务员要在场送行，并致离别祝愿。

2. 客人离店时清点酒水消耗情况，报给总台结账。

3. 检查房间有无遗留物品，及时归还，并做好记录。

二、贵宾范围

VIP 是指饭店客人中，有较高身份地位或因各种原因对饭店有较大影响力的客人，在接待中应得到饭店较高礼遇。其范围主要包括：

1. 对饭店的业务发展有极大帮助，或者可能给饭店带来业务者。

2. 知名度很高的政界要人、外交家、艺术家、学者、经济界人士、影视明星、社会名流。

3. 本饭店系统的高级职员。

4. 其他饭店的高级负责人。

5. 饭店董事会高级成员。

三、接待注意事项

1. 及时传递信息。

2. 注意细节，精益求精。

3. 确保员工尽可能用姓氏或尊称称呼客人。

4. 提供针对性服务。

5. 尽量不打扰客人。

6. 服务适度。

7. 协助前厅选好用房。

8. 准备茶水、方巾、托盘备用，根据进房人数，负责方巾、茶水的输送，当客人外出时及时撤出。

9. 客人离房后及时通知卫生员进行小整理，夜间进行夜床服务。

第十一节　服务过程十一：醉酒服务

一、服务过程

及时发现醉酒客人

1. 当发现客人在房内不断饮酒，客房服务员便应特别留意该房客人动态，并通知领班，在适当情况下，与当班其他服务人员或领班借机进房查看，切忌单独进房。
2. 在楼层发现有醉酒客人，若证实其为外来游荡的醉客，应请其离开或通知安全部人员将醉客带离楼层，并控制醉客的行为；若是住店客人，应通知领班或请同事帮忙，安置客人回房休息。

视客人醉酒的程度予以适当的服务

1. 若客人已饮酒过量，难以自理，但尚清醒，应扶客人上床，并将纸篓放在床边，以防客人呕吐，备好面巾纸、漱口水，放于床头柜上。
2. 征求客人意见后，泡一杯热茶给客人或放于床头柜上。
3. 对呕吐过的地面及时清理。
4. 安顿好客人休息后，房间要留灯，如夜灯或廊灯，然后轻轻退出房间，关好房门。

注意安全

1. 密切注意房间动静，以防房内物品受损或因客人吸烟而造成火灾。
2. 对因醉酒而大吵大闹的客人要留意观察，在不影响其他客人的情况下一般不予以干涉，但若发现客人因神志不清而有破坏行为，则应通知安全部、大堂副理处理，若已造成设备物品损坏，应做好记录，等客人酒醒后按规定赔偿。
3. 若遇到客人倒地不省人事和有发生意外的迹象，如酒精中毒的客人，应及时通知大堂副理，同时通知医务室医生前来检查，以保证客人安全。
4. 对醉酒客人纠缠不休要机警应对，礼貌回避。

做好记录

在"服务员工作日报表"上填写醉酒客人房号、客人状况及处理措施。

二、注意事项

醉酒客人的破坏性较大，轻则行为失态，大吵大闹，随地呕吐；重则危及生命及对客房设备酿成更重大的事故。对醉酒客人的服务，既要耐心、周到，又要注意安全，包括客人的安全、饭店的财物安全和员工自身的安全。一般服务员不能单独扶醉酒客人进入房间，帮助客人解衣就寝，以免客人酒醒后产生误会。

第十二节　服务过程十二：病客服务

服务过程

1. 发现住店客人生病要礼貌询问。应提醒客人饭店有医务室，可前去就诊。
2. 接到客人需要就诊的电话后，询问客人姓名、房号、性别和病情。
3. 一般疾病，请客人自己去饭店医务室就诊，告知客人医务室地点、电话号码。
4. 如客人行动不便，服务员应通知饭店医生到客房来为客人诊治。
5. 做好记录。从发病开始，每天做好护理记录。
6. 客房服务中心对客人生病情况进行交接班，以便对客人做好针对性服务。
7. 楼层主管要代表饭店送鲜花、水果慰问客人，祝客人早日康复。

知识点

如遇到住客生病，服务员应给予特殊关照，并体现出同情、关怀和乐于助人的态度，这将会令住店客人倍感温暖和满意。

如发现客人患有传染病，应采取有效的防范措施。病人在饭店留住期间或离店后，要对其使用过的各种物品和房间、卫生间按规范严格消毒。凡在本区域接触过病人的饭店工作人员要在一定时间内进行体检，防止传染病扩散。

案例分析

[案例1]

干洗还是湿洗

台湾张先生是某酒店的常客，一天，这位张先生的一件名贵西服弄脏了，需要清洁。因此，张先生打电话给客房服务中心要求洗衣服务。于是，服务员小江便来到了客人房间。张先生见到她便招呼说："小姐，我要洗这件西装，请帮我填一张洗衣单。"小江想也许客人是累了，就爽快地答应了，随即按她所领会的客人的意思，帮客人在洗衣单湿洗一栏中做了记号，然后将西装和单子送进洗衣房。接收的洗衣工恰恰是刚进洗衣房工作不久的新员工，她不假思索地按照单上的要求将这件名贵的西装进行湿洗。不料，西装出现了变形。张先生收到西装后十分恼火，责备小江："这件西装价值5000元，理应干洗，为何湿洗？"小江连忙解释说："先生，真对不起，不过，我是照您的交代填写湿洗，没想到会……"客人更加气愤，打断她的话说："我明明告诉你干洗，怎么硬说我要湿洗呢？"小江感到委屈，说："先生，实在抱歉，可我确实……"客人气愤之极，抢过话头，大声嚷道："你真不讲理，我要向你们上司投诉。"

客房部经理接到客人的投诉——要求赔偿西装价格的一半2500元时，吃了一惊，立刻找到小江了解事情原委，但究竟客人交代干洗还是湿洗，双方各执一词，无法查证。经理十分为难,感到事情严重,便向主持酒店工作的常务副总经理作了汇报,常务副总经理也感到棘手,便召集酒店领导反复研究,考虑到和张先生一起的有一批台湾常住客,尽管客人索取的赔偿大大超出了酒店规定的赔偿标准,但为了彻底平息这场风波,稳住这批常住客,最后还是接受了客人过分的要求,赔偿了2500元,并留下了这套西装。

[评析]

1. 本例中的赔偿纠纷虽然起因于客人让服务员代填洗衣单,以致纠缠不清,但主要责任仍在酒店方面。

2. 客房服务员不应接受客人代填单子的要求,应委婉拒绝。

3. 即使代客人填了单子,事后也应该请客人过目,予以确认,并请客人亲自签名,以作依据。

4. 洗衣房也有责任,首先,洗衣单上没有客人的签名,不该贸然下水;其次,洗衣工若能敏锐地觉察湿洗名贵西服是不正常情况,应重新向客人了解核实,则完全可以避免差错。因此洗衣工对业务不熟,工作不够细致周到,也是导致差错的主要原因。

[案例2]

酒店里住了生病的客人

成都市中心地段有家闻名遐迩的四川宾馆,在总经理的带领下,全店员工上下一致,大搞软硬件基本建设,奋力向四星级宾馆靠拢。就在这期间,一位来自西藏拉萨的客人下榻四川宾馆,住208房。

第二天早上9点,服务员小尤还不见208房客人开门,不禁心生疑窦。记得昨天刚来时这位客人脸色苍白、萎靡不振,到现在还没起床,莫非……

想到这里,小尤不由得担心起来。又是半个小时过去了,客人仍然未露面,小尤决定前去了解情况。果然客人身体不舒服,也许是由于旅途疲乏,多年未发的旧病突然袭来,四肢无力、食欲全无。小尤见状,立刻与医务室联系,宾馆医生诊断后决定送医院进一步诊治。还好,医生说不需住院,配了些药片,还开了张中药处方。小尤又犯难了。配来的中药怎么办?按宾馆规定,客房里不准生火,这就把电炉煎药的可能性排除了。小尤到处找人想办法,最后想到了餐饮部。

尽管熬制中药不是一项难度很大的工作,但毕竟需要有容器,有人照看,还要有人一日两次送药、倒药渣、洗药罐等。小尤把拉萨客人的病情向餐饮部经理说明后,餐饮部欣然把煎中药的事承揽下来,小尤大喜过望。

当天下午,餐饮部便特地派人买来药罐,并指定专人负责煎制。客房部小尤等人负责送药,每日上、下午各一次,前后共7天。在客房部和餐饮部的通力合作下,每次煎好的药都能准时送到病人手中。第8天,病人痊愈了,他找到客房部经理,感激万分地说,他永远不会忘记宾馆对他的精心照料,下次来成都一定仍然住四川宾馆。

[评析]

1. 买药罐、熬中药、陪看病、问冷暖等都是比较典型的家庭生活。宾馆有"第二个家"或"家外之家"的说法,如果客人在暂住宾馆期间真能受到与在家里一样的关照,便会给客人带来对宾馆服务的高满意度。

2. 本例还从另一侧面介绍了四川宾馆在实施标准化服务过程中,是如何灵活机动地执行规范,使服务规范中书面的条条框框充满生机与活力的。

3. 规定客房里不能生火,小尤便到餐饮部去想办法解决煎药问题,这就是服务规范的灵活运用。有人说,在酒店里,办法总比困难多,此例便是这一说法的佐证。

[案例3]

托婴服务的经验

在某家高星级饭店的一个豪华套房中,饭店的婴幼儿看护服务员小钟正在为一对来自香港的年轻夫妇照看他们5岁的小男孩。为了不让顽皮的小男孩在独自跑动中摔伤,小钟想尽了办法和小孩做各种各样的游戏,甚至趴在地上让小孩当马骑,来自香港的小孩对这个游戏特别感兴趣,而且玩得十分开心,房间不时传来小孩愉快的笑声。

正在此时,小男孩的父母从外面开会回来,当他们看到自己的孩子正骑在小钟趴着的身上时,当即向小钟表示了极大的不满,还表示将拒付托婴费用,因为小孩在饭店并未受到很好的照料。站在一旁的小钟怎么也不明白自己到底做错了什么。

大堂副理接到投诉后,经过认真的调查了解到客人不满的真正原因:这对事业有成的夫妇极为重视自己孩子的心理健康,他们认为小钟让孩子当马骑的做法将会影响小孩正常的心理发育。

大堂副理在了解了投诉的真相后,立即向客人表示歉意,并向客人做了必要的解释:"先生,对不起,由于托婴服务是饭店新增加的服务的项目,因而经验不足,服务员小钟这样做的出发点并无恶意,只不过她不知道你们的具体要求,相信下次不会发生类似的情况。还请你们谅解。"次日,大堂副理还专门为这对夫妇送上了花篮,以再次表达饭店的歉意和诚意,同时预祝小孩即将到来的生日愉快。

[评析]

本案例中的看护服务员小钟并没有明显的过错,却让客人感到强烈的不满,原因有三:一是小钟在看护之前没有详细了解客人的具体要求;二是她未能按照饭店的托婴服务要求对小男孩进行看护;三是她没有意识到她是代表饭店看护客人的小孩。因此,她的好意换来的是客人训斥。

总之,托婴服务是一项责任重大的工作,绝不可以掉以轻心,只有保证被托管的婴幼儿是安全、健康和愉快的,饭店的托婴才有可能使客人满意。

项 目 练 习

1. 分别扮演客人和客房服务员,熟悉各项对客服务的操作规程。
2. 前往饭店参观会议室。
3. 观看新闻联播中的国际会议的布置形式。

服务与管理项目七

制服和棉织品管理

项目导入

布草又称布件或棉织品。布草房通常分为制服房和棉织品房，其主要功能是负责饭店所有员工的制服、棉织品洗涤后的交换业务。在饭店的经营活动中，布草不仅是供客人使用的生活必需品，也是客房装饰布置的重要物品，对客房的格调、气氛、环境有很大影响。能否合理配备布草，一方面影响客房的产品质量，另一方面也会影响客房乃至整个饭店的正常运营和经济效益。本项目将从制服和棉织品的订制、保管、使用等方面进行过程分解，方便大家掌握制服和棉织品部相关工作要求和能力。

知识储备

布草房的职能

布草房的主要职能如下：

1. 发放客房供应物品。
2. 处理洗衣业务，发出棉织品的计数，送洗棉织品的清点检查。
3. 分发餐饮部棉织品。
4. 分发饭店员工制服（以旧换新）。

缝纫室的工作

对于饭店来说，织物的修补总是一项合算的投资，因此，缝纫室的工作对于饭店节约成本费用而言是相当重要的。

饭店可以根据需要，聘用一名非全日制的缝纫女工，负责改制制服或缝补棉织品织物，也可以设立缝纫班组，拥有一班缝纫班组。

缝纫室的主要工作包括：

1. 改做制服。
2. 修补台布、床单等。
3. 缝补窗帘、床罩、沙发套以及其他价格较高而又只需稍作修补就能重新使用的物品。
4. 用报废的餐巾等制作厨师用工作布。

制服和棉织品部职位设置及要求

第一节 车 工

主要责任

检查和修补制服和棉织品。

主要工作

1. 缝窗帘边。
2. 缝补棉织品和制服有破烂的地方。
3. 修改破烂的双人床单为单人床单,破烂的单人床单为婴儿床单、枕头袋或厨师的手布。
4. 修改破烂的双人毛毯为单人毛毯或婴儿毛毯。
5. 修改作废的毛巾为尘布。
6. 与裁缝合作,修改不合身的制服。
7. 负责新员工试衣的工作。
8. 当需要的时候协助裁缝的工作。
9. 当需要的时候协助制服和棉织品部服务员的工作。
10. 帮助清洁制服和棉织品。
11. 爱护衣车,假如机件出现毛病,向制服和棉织品部主任汇报。
12. 履行其他由制服和棉织品部主任交办的任务。

第二节 裁 缝

主要责任

修改、修补和制作制服,修改、修补棉织品和客人衣服。

主要工作

1. 更换客人衣服和制服的拉链。
2. 修改或修补客人的衣服和员工的制服。
3. 为员工量制服。
4. 更改员工不合身的制服。
5. 进行床罩的修补。
6. 更改纱帘和厚帘的长度。
7. 缝补棉织品家具和棉织品。

8. 联系合约裁缝为新员工做制服。
9. 经常检查纽扣、线和其他物料的货品。
10. 向制服和棉织品部副主任要填预购单或送购货单。
11. 当需要的时候协助车工或当他不在的时候代替他的职务。
12. 协助检点储藏库的布料。
13. 履行其他由制服和棉织品部副主任和制服和棉织品部主任委派的任务。

第三节　制服和棉织品部服务员

■ 主要责任

收发清洁和肮脏的棉织品和制服。

■ 主要工作

1. 记录和清点肮脏制服、餐厅棉织品、客房部尘布、床罩、毛毯、床垫、护罩、纱帘、厚帘和作废的毛巾和床单。
2. 分类整理和运送以上物品到洗衣部。
3. 根据"一条肮脏换一条清洁"的原则或根据楼层主任的要求,派发清洁的棉织品给餐饮部的员工和客房部的员工。
4. 检查制服和棉织品的破损状况并向制服和棉织品副主任汇报。
5. 派发清洁制服给员工。
6. 派发和收集制服和棉织品。
7. 把清洁的棉织品由洗衣房运送到制服和棉织品部。
8. 每天清洁制服和棉织品部,喷杀虫水控制害虫。
9. 当车工不在的时候,代替他的工作。
10. 履行其他由制服和棉织品部副主任或主任委派的任务。

第四节　制服和棉织品部主任

■ 主要责任

督导收发肮脏和清洁的制服和棉织品,处理修补和储藏的工作。

■ 管辖

制服和棉织品部副主任、裁缝、车工、制服和棉织品部服务员。

■ 主要工作

1. 准备一年的预算给行政管家查阅。
2. 与洗衣房经理合作,试验布料并研究制服和棉织品的清洁耐用程度。
3. 与餐厅经理合作,交换肮脏棉织品和跟进餐饮部棉织品的数量。

4. 与合约商、裁缝、供应商沟通有关制服和产品。
5. 为客人提供轻微修补服务。
6. 保持足够存货给客房部和餐饮部使用,需要的时候要预购。
7. 记录损失和损坏,必须要计划补充。
8. 主持培训课程和员工会议。
9. 保存预购单、采购单和货单。
10. 编排棉织品和制服卡。
11. 与总主任讨论和分析员工的表现,与行政管家讨论和分析棉织品和制服的质量。
12. 保持准时上班,团结精神,提醒已发生的事故,仪容整洁。
13. 通知客房部办公室有关在肮脏制服中发现的遗失物品。
14. 和员工讨论建议和投诉。
15. 编排制服和棉织品部副主任、裁缝、车工、制服和棉织品部服务员每个月的工作表。
16. 履行其他由总主任或行政管家委派的任务。

第五节　制服和棉织品部副主任

主要责任

协助制服和棉织品部主任管理制服和棉织品部。

管辖

裁缝、车工、制服和棉织品部服务员。

主要工作

1. 保存清洁和肮脏棉织品和制服的进出记录。
2. 负责每月清点棉织品的数量。
3. 履行文员的工作。
4. 记录纽扣、线、针、拉链、布料、作废的棉织品和每一类的制服。
5. 派发制服给新员工。
6. 负责在职培训。
7. 负责每个星期的领物。
8. 向制服和棉织品部主任汇报未处理好的棉织品、制服和其他货物。
9. 与主任讨论和分析员工的表现。
10. 参与每年一度棉织品和制服的大清点。
11. 辅导和激励裁缝、车工、制服和棉织品部服务员去干日常的工作。
12. 当制服和棉织品部主任不在的时候,代其处理日常工作。
13. 履行其他由制服和棉织品部主任或总主任委派的职务。

制服和棉织品部服务过程分解

员工穿上合适的制服，就会显示出自豪、自信的感觉，而且，适当的制服能便于工作，表明自己的职位，使员工有一种责任感。

 制服部分

第一节 服务过程一：定制新制服

1. 制服的尺寸、式样。

制服的式样是由经理、棉织品部主任、裁缝参考各式时装照片决定的。

制服的尺寸是由裁缝量过员工的身材，并且记录在量衣表上的，客房部会向采购部发一张请购单，上有主管的签名。

2. 制服的缝制订购。

当棉织品部主任收到采购部的订单时，去约好的合同裁缝处做制服。

第二节 服务过程二：领取制服

1. 人事培训会发给每个新员工一张制服表，以此为凭证，可以去棉织品部领取新制服。

2. 制服表上填有员工的姓名、职位、部门、制服的件数。

3. 制服部的员工应尽量利用旧的制服，不合适的，可由裁缝加以改制给新的员工或培训生。如果没有旧制服，就应当通知制服和棉织品部主任。

4. 每个员工的制服上都绣上一个制服号码，此号码由一个字母加一组数字组成。这组数字是根据部门内现有的号码数往下分配的。一条重要的规则就是不要在同一部门内出现重复的号码。如F80：F代表一个部门，80代表员工编号。

5. 对宴会部的临时工和培训生有以下的特殊安排。

（1）临时工。

① 宴会部可在一天前将一张制服申请报告交给棉织品部主任，上面填上制服的数量、尺寸。

② 不需要量衣，有大、中、小三套号码作备用。

③ 棉织品部要及时准备好制服。

④ 宴会部要在宴会完后第二天把制服还给制服和棉织品部。

（2）培训生。

① 人事培训部预先发一张培训日程表给棉织品部作参考。

② 棉织品部主任、裁缝根据要求改做一些多余的制服。

第三节 服务过程三：领换制服

1. 领换的规则是"一件脏的制服换一件干净的制服"。
2. 制服和棉织品部的员工要记下件数，写在"制服日更换表"上。
3. 棉织品是存放在楼层服务间和棉织品部的架上。
4. 存货表是用来控制棉织品的进仓和出仓的。
5. 有些棉织品是存放在楼层上的制服的棉织品部的仓库里，这些地方是楼层服务员清洁的。

第四节 服务过程四：制服的储藏、控制

1. 制服应挂在衣架上或折好放在衣格里。
2. 衣架、衣格要贴上制服号码的标签。
3. 多余的制服要按尺寸大小储藏。
4. 员工应爱护自己的制服，故意破坏制服是要赔款的。
5. 员工辞职调离时，人事培训部会将辞职报告通知客房部的制服棉织品部，假如员工没有退回制服，将从他的工资中扣除相应的金额。
6. 作废的制服要记录下来。
7. 三个月检查一次制服数量，要有库存记录，以备紧急情况下使用。若有差错，要及时报告上级。

第五节 服务过程五：制服处理

制服处理最基本的原因如下。
1. 制服上有清洁不掉的污点。
2. 撕破。
3. 衣服洗破或颜色损坏。
4. 褪色。
5. 制服的规格要更换。
6. 制服太旧。
7. 制服部员工要把处理制服的原因、类型记录在制服废表上。

棉织品部分

第六节 服务过程六：棉织品分发

1. 客房棉织品。
吃午饭前，每个楼层主任须指派一个早班服务员负责。

2. 餐饮部棉织品。
(1) 每个餐厅有换棉织品的时间表，每天一至两次。
(2) 餐厅事先要点好棉织品，一捆10件，数量日期须写在"棉织品交换表"上。
(3) 棉织品部的员工应点清脏的棉织品，写在"棉织品交换表"上并签名。
(4) 餐厅棉织品的数目点清后，才能让餐厅的员工领取干净的棉织品。
(5) 如有特殊的要求，要填一张额外的表格，并且尽量在最短的时间内返回。
(6) 餐饮部棉织品交换表要一式两份，正本交给棉织品部，副本交给有关餐厅。
(7) 发给餐厅的棉织品如果发现不能用的或需要重新清洗的须打个结交还给棉织品部，经棉织品部员工检查后，或修补或申请报废。
(8) 每个餐厅经理要分配员工负责棉织品的更换及负责一月一次的存货盘点，各部门要尽量使用部门内的库存棉织品，做到先进先出。

3. 棉织品收藏。
(1) 棉织品部的员工应负责棉织品的清洁。
(2) 棉织品只有清洁干净才可送到其他部门进行使用。
(3) 备用的棉织品应分类安放。

第七节　服务过程七：棉织品破损原因及处理

1. 由客人引起的。如客人用脸巾擦鞋子或用毛巾抹油漆、墨水，发生此类情况要报告大堂副理处理。
2. 由员工造成的。如用枕头袋来抹家具的尘，冷气出风口或踢脚板，用毛巾擦浴帘棒和浴室地。
3. 制造商的错误而引起的破坏。
4. 使用的时间很长，已有污点、破洞的棉织品应作废。
5. 避免损坏的方法。
(1) 员工不能用棉织品打扫房间、抹尘等。
(2) 避免使用药水，如漂白粉、滴露及清洁剂洗棉织品。
(3) 不要把潮湿的棉织品放在水泥地上或烫板上。
(4) 脏的棉织品不要遗忘在工作车或餐厅的工作间过夜。
(5) 检查工作车、洗衣槽、衣垫上有无钉子之类物品，以免钩住棉织品。
(6) 发现棉织品有小洞，应送到棉织品部缝补。
(7) 如果发现客人弄破棉织品，立刻报告客房部，由大堂副理代表饭店向客人收取赔款。

第八节　服务过程八：棉织品失窃及处理

1. 客人偷窃。
(1) 小块的棉织品，如脸巾，大件的棉织品，如浴袍，客人经常把它当做纪念品拿回去。

（2）客人退房时，服务员要仔细点数，看客房的棉织品是否齐全。
（3）如果发现棉织品不见了，要重新检查客房，如床底、浴室门的后面等。
（4）肯定棉织品不见时，报告楼层主任，他会通知客房部联络员的。
（5）联络员会在损失和损坏记录表上记录下来，并通知大堂副理去处理。
（6）大堂副理会通知客房部开发票或退还棉织品部，有的特殊情况可能另行处理。
（7）如果客人要求提供新的棉织品，要得到客房部的批准，而且这类出售的棉织品要记录下来，客房部会给客人一张收据。

2. 员工偷窃。
（1）严格控制楼层客人的棉织品，如果检查发现数目有问题，要由楼层主任和客房服务员解释清楚。
（2）人事处和客房部每月一次查看员工的更衣柜。
（3）不能带饭店的毛巾等出饭店门，除非有出门证。
（4）如果发现员工使用客人的棉织品，会受到口头警告。
（5）在没有出门证的情况下将饭店中的棉织品带出饭店会被解雇。

第九节　服务过程九：棉织品控制

1. 楼层棉织品架。
（1）每一楼层的棉织品架上的储存量由棉织品部主任和经理决定。
（2）棉织品部员工要仔细清理楼层的棉织品，同时，使楼层的棉织品达到一定的库存量。
2. 餐饮部棉织品份数。
由餐饮部经理根据营业状况订棉织品所需的份数。
3. 客房棉织品的存货盘点。
（1）中班服务员在晚上点算楼层服务间的棉织品和工具车内的棉织品，中班楼层主任计算客房的棉织品数量。
（2）在第二天早上 7：30 早班服务员和楼层主任检查一次。
（3）在洗衣部的棉织品由洗衣部点算。
（4）在制服棉织品部仓库以及作废的棉织品由制服棉织品部点算。
4. 餐饮部棉织品的点算盘存。
（1）餐饮部的棉织品的盘点由棉织品部主任负责。
（2）在桌上、台上或储藏的棉织品都要点算。
（3）棉织品部会把脏的餐厅棉织品送到洗衣房，因此，棉织品部只点算清洁的棉织品并记录下来。
（4）洗衣部会点算脏的和干净的棉织品，写在库存表上。
5. 保存记录。
客房的棉织品和餐厅的棉织品的点算是每个月进行一次点算。
（1）把每月点算的楼层棉织品存量和每个餐厅存量都记录在每月的平衡表上。

(2) 分析点算的数量与原有数相差异的原因。

(3) 当现有的棉织品不够用时，要补充新的棉织品。

(4) 盘点时，如果发现棉织品缺少，经理就可采取适当的措施。

6. 棉织品的库存。

(1) 除正常运行下的棉织品外，还应具备足够的库存，以备紧急情况下使用。

(2) 需5套棉织品：一份在客房，一份在楼层工作间，一份在洗衣部，一份在棉织品部，一份在来去洗衣部的途中。

第十节　服务过程十：棉织品保养

1. 制服棉织品部每天要进行清洁工作。

（1）拖地板。

（2）用干抹布擦机器。

（3）抹架格上的尘。

（4）清除座位上及缝纫机上的碎片及线头。

（5）杀虫。

2. 定期清洁工作。如拖地、擦地台、天花板，可由公共区协助进行。

3. 棉织品部的工具。

（1）衣车缝纫机。

（2）不锈钢制服钢架。

（3）制服框。

（4）棉织品运输车。

（5）裁缝工作框。

（6）熨斗熨板。

（7）剪刀。

（8）螺丝刀。

（9）尖嘴钳。

（10）安全单面刀片。

（11）大头针。

（12）顶针。

（13）软尺。

（14）木尺。

（15）针。

（16）划粉。

（17）工作篮。

第十一节　服务过程十一：客人要求缝补衣服

1. 告知客人饭店缝补衣服服务及相应的收费。
2. 请客人稍候，通知缝纫工上房间直接征求客人意见。
3. 由制服缝纫房进行缝补。
4. 缝补结束后，由客房服务员送入客房，如客人不在，应放在显眼的地方。
5. 视缝补的难度收取费用。

项 目 练 习

1. 试述酒店制服房的主要工作内容。
2. 酒店员工领换制服的程序有哪些？应注意哪些问题？

服务与管理项目八

洗 衣 房

项目导入

洗衣房是饭店各部门中十分重要的服务与支持部门。其主要任务是负责洗涤、熨烫饭店客房部、餐饮部的布草，保证客房、餐饮部门的清洁卫生，从而确保饭店经营活动的正常进行。洗衣房的第二大任务是负责提供客衣的洗涤、熨烫服务。这既是饭店为客人提供的一项服务内容，同时，也是饭店取得经济收入的一个重要途径。洗衣房的第三大任务是负责饭店员工制服的洗涤工作。除了上述三大任务以外，一些大型饭店的洗衣房还对社会开放，接受社区居民的衣物以及其他小型饭店布草的洗涤要求，从而使洗衣房不仅是饭店的后勤保障部门，而且成为饭店重要的赢利部门。

知识储备

1. 洗衣房的布局。

洗衣房的内部布局要根据其功能及洗涤流程设计，方便运行，提高效率。洗衣房通常可分为以下几个功能区：脏布草、脏衣物处理区、水洗区、熨烫折叠区、干洗区和内部办公区。

2. 洗衣房组织结构是根据洗衣房设备、规模和洗涤业务范围及其管理体制而设计的，某大型酒店洗衣房组织机构见图 8－1。

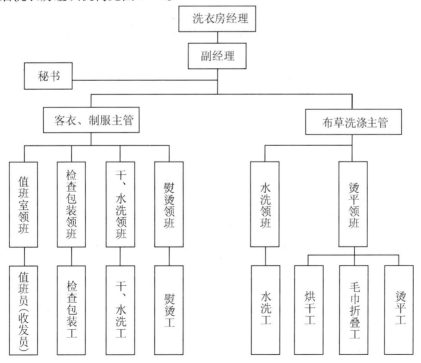

图 8－1　某酒店洗衣房组织机构

洗衣房职位设置及能力要求

第一节 职位一：洗衣房经理

在行政管家（客房部经理或房务总监）的领导下，全权负责洗衣房的日常运行和管理工作。

1. 制定本部门各类规章制度和各项工作程序与标准。
2. 制定本部门消防及生产安全措施，确保员工人身及公共财产安全。
3. 决定员工的奖励，任免下层管理人员。
4. 督导并检查下属员工的工作及工作质量。
5. 计划并组织全部门员工的培训。
6. 处理客人投诉及各类洗涤差错和损坏赔偿事宜。
7. 控制洗衣成本及其他开支。
8. 由工程部协商，搞好设备的维修保养，督促工程部及时申购，储存易损设备部件。
9. 定期召开员工会议，做好与员工的沟通工作。
10. 不断地学习和研究国际有关纺织品及时装的洗涤知识，在保证完成饭店任务的同时，开拓市场，面向社会为饭店创收。

第二节 职位二：洗衣房主管（领班）

1. 督促下属员工遵守店规店纪及部门规章制度。
2. 负责本组内员工考勤和工作分配。
3. 督促所属员工安全生产，按时、保质、保量完成当日任务。
4. 填报生产记录。
5. 对所属员工进行培训。
6. 对员工工作表现进行定期评估，向经理提出奖惩意见。
7. 与有关班组沟通，搞好工作协调。

第三节 职位三：洗衣房文员

1. 记录员工每日出勤情况，做好每日生产统计及其他固定性记录工作并制成报表。
2. 负责办公室各类文件的整理及存档。
3. 负责办公室的内务工作，如卫生、接听电话、接待来访客人。
4. 管理部门财务及日常用品储存库。
5. 完成经理交办的其他工作。

第四节 职位四：客衣收发员

1. 接听宾客服务中心或楼区电话，迅速收取客衣。
2. 按时与楼区服务员清点客衣，检查待洗客衣情况并签收。
3. 整理衣物并在所收衣物上打码编号。
4. 衣物洗熨后，在装袋前检查质量、核对件数。
5. 及时将装袋或上架衣物分送楼区服务员签收。
6. 完成上级管理员指派的其他工作。

第五节 职位五：洗涤工（干洗、水洗）

1. 清点收洗的客衣、布草，分类整理，洗前去污等，并做好洗涤记录。
2. 按程序和注意事项进行干、湿洗涤，并自查质量。
3. 搞好机件保养工作及环境卫生。

第六节 职位六：熨烫工

1. 鉴定各类不同织物的质地，将未洗净衣物退洗涤组返工，并做好记录。
2. 按规定的工作程序与标准熨烫各类衣物。
3. 做好清洁卫生工作。

第七节 职位七：织补工

负责拆、缝衣扣，织补客衣和缝补员工制服。

洗衣房服务过程分解

第一节 服务过程一：客房和餐厅布草的运作流程

1. 客房、餐厅的布草点数后送达洗衣房。
2. 将收回的棉织品根据种类和洗涤方式分类整理，特别要注意客房和餐厅的分类，毛巾同床单的分类。
3. 根据洗衣机的使用容量称量布草并放进洗衣机。
4. 布草洗涤并脱水。
5. 在床单、枕套压烫前都有一个整理过程，若发现有洗不干净的，挑出交回再处理。

6. 床单、枕套经压烫处理，毛巾经烘干处理。

7. 对压烫好的床单、枕套经自动折叠机或人工折叠；烘干后的毛巾进入人工折叠或机器折叠，折叠前作检查，发现问题的，送回再处理。

8. 根据不同的要求进行整理，例如床单每10张作一包装捆绑，浴巾每10条作一包装捆绑，餐巾每10条作一包装捆绑等。

9. 点数送至客房、餐厅。

第二节　服务过程二：客衣及员工制服运作流程

1. 打码分类。分清干洗、湿洗，每件衣服都做上标号，将号码钉在衣领、袖、裤腰处，同一份衣服要同一号码。

2. 清洁特殊斑渍。

3. 湿洗或干洗。根据服装的质地和式样，选择适当的洗涤方式。

4. 烘干、熨烫。

5. 折叠、上架。外套、制服必须用衣架悬挂，其他则折叠装包，有破损的及时修复。

第三节　服务过程三：各类衣物的洗涤

1. 真丝衬衫的洗涤。

洗前先清水浸泡10分钟，最好用井水或隔日的自来水，因刚放出的自来水含有氯气，对面料损伤较大，真丝对碱有一定敏感性，一定要选用弱酸性、中性或专用洗涤剂，洗净后最好放入含单宁酸的清水中浸泡半小时，可增加光泽度。

2. 灯芯绒衣物的洗涤。

面料主要成分为棉花纤维，均用硫化染料染色，洗涤时应在水中加入少量食盐浸泡，防止褪色，如绒面上有明显污渍，应用软刷顺着绒毛的方向刷洗，以防止脱绒。

3. 化纤衣物的洗涤。

化纤衣物的熔点较低，水温不可超过40℃，不能用力搓擦，不可拧干，脱水1.5分钟，低温烘干，熨烫最好从反面熨。

4. 易褪色衣物的洗涤。

可先将衣物放在5%的食盐温水中浸泡半小时再洗，也可在洗涤时加少量明矾，可避免或减少褪色。

5. 鲜艳衣物的洗涤。

洗涤完成后，进行漂洗时，加少量薄荷清油（可用花露水代替）浸泡10分钟，脱水2~3分钟，低温烘干。

6. 黑色衣物的洗涤。

漂洗时，在水中加些浓茶、咖啡、啤酒等，可使衣物的光泽如初。

7. 白色衣物的洗涤。

应分开洗涤，要想更加洁白，可在漂洗完成后，在水中滴3~5滴纯蓝墨水，搅匀后，将衣物浸入 2 分钟，晾干即可，白色衣物上有黄渍可在洗涤时在洗衣粉中加少量氨水和纯蓝墨水数滴（生姜 100g 切片，在水中煮 3 分钟，放入草酸数粒，正常清洗即可，洗后洁白如初，织物发黄洗不出本色时可用）即可将黄渍洗掉。

8. 硬领衬衫的洗涤。

衬衫硬领一般是麻布和树脂布做的，洗涤时先用洗衣粉溶液浸泡 15 分钟再用软刷轻轻刷洗，不可拧干，不可用力搓擦。

9. 过脏衣物的洗涤。

洗涤过脏的衣物，不是增加洗涤剂用量，而是增加洗涤次数，在洗涤时可加入少量氨水，使溶液呈弱碱性。

10. 紧身衣物的洗涤。

用弱酸性或中性洗涤液，不可用力搓擦。洗涤时加适量糖，可保护衣物弹力。

11. 牛仔衣物的洗涤。

洗前先将衣物放入冷浓盐水中浸泡 2 小时，再用皂液刷洗。

12. 毛料衣物的洗涤。

一般先将衣物放入冷水中浸泡 15 分钟，取出放入中性洗涤剂或丝毛专用清洗剂 5～6 分钟，洗时不要用力搓擦，重渍部分用棕刷轻轻刷洗，温水漂洗，最后用冷水漂洗；漂洗最后一遍时，加少量醋酸中和残留的碱性，中温烘干。

13. 羊毛衫的洗涤。

碱对羊毛危害很大，宜用中性或专用清洗剂，可在 30℃温水中洗涤，漂洗也用温水，脱水 20～30 秒，过长容易变形，要想洗后保持柔软，可在最后一次漂洗时在水中加入少量甘油，为防止绣衣或提花羊毛衫在洗涤时互相串色，可将羊毛衫叠成条形，在清水中浸泡，浸透取出，在温水中（30℃以下）洗涤液中轻轻揉搓，5 分钟漂洗后，放在 0.5%醋酸水中浸泡 5 分钟，中和碱性，使色泽鲜艳，又能回色，取出。

14. 羽绒服的洗涤。

水量不宜过多，用中性洗涤剂，机洗必须用滚筒洗衣机，漂洗时加少量醋酸中和泡沫，脱水 2～3 分钟，低温烘干。

15. 绣花织物的洗涤。

先将绣花织物的一角浸泡，然后在绣花处用白布擦几下，如白布染上色，说明绣线是掉色的，第一次可用 5%的温盐水洗，以后可用普通洗涤剂洗，洗涤时加少量醋酸，不可手拧，甩干 1.5 分钟，低温烘干。

16. 毛毯的洗涤。

用中性洗涤剂温水洗涤，如是纯毛毛毯，漂洗时放入 50g 冰醋酸，可使毛毯鲜艳如初，中温烘干，干后最好用刷子将绒毛刷整齐，以恢复原来的绒软手感和外观。大的毛毯很难洗净，可加少量氨水。

17. 腈纶毯的洗涤。

先用冷水浸泡 30 分钟，后用中温洗涤（40～50℃），由于腈纶毯耐磨性差，洗涤时间不宜过长。

第四节　服务过程四：裤类熨烫

（一）西裤熨烫程序标准

1. 工具：（1）手烫台（开骨机）；（2）绒夹机。
2. 程序：

（1）手烫台（开骨机）整理：吹裤裆，开裤缝，整烫裤袋衬里。

（2）绒夹机压烫顺序：右前腰→右后腰→后腰→左后腰→左前腰→左裤腿→左前裤线→右裤腿→左前裤线→右裤腿→右前裤线→右后裤带→左后裤线。

3. 标准：裤腰顺眼，外折长度不过插袋口，内折与前裤线衔接，后裤线高度过插袋下口，内外裤缝相对，不卷曲，无多余烫痕，裤裆无皱痕，裤线无双骨。

4. 要求：烫裤腰要轻压，烫裤腿要对裤线（注意是否可以重新对裤线），深颜色和绒毛及容易出现极光的面料不能压实抽烫。

（二）毛料华达呢、哔叽呢西裤的操作方法

1. 将熨斗温度升高到220～250℃，把裤腰套在穿板头上，垫湿布（含水量80%～90%），熨烫裤腰正面。

熨烫顺序：后缝→左后腰→左前腰（烫完后将布揭掉，把小裤线理直，小裤线的长度与插手袋下口相齐，插袋口要平直）→后袋口（要平齐，袋盖不能烫出纽扣印）→右前腰（同左前腰）。

2. 熨斗温度降低到160～180℃直接熨烫反面。

熨烫顺序：（1）左裤腿。外裤线→前片及袋布、膝盖绸（如果发现膝盖绸缩短了或有抽筋现象，必须喷上水，将膝盖绸拉烫出来，如果膝盖绸横向太宽了，应在裤缝旁边烫出一条死裥，保持膝盖与裤料宽窄相等）→里裤缝→后片。（2）右裤腿。里裤缝→前片及袋布、膝盖绸（同左裤腿）→外裤缝→后片。（3）裤腰（裤腰反面不仅要烫平而且要使正面也平挺）。后缝→右后腰→右前腰→左后腰→左前腰→将袋盖里子熨烫平挺。

3. 熨烫温度升高到210～230℃，垫湿布（含水量70%～80%）熨烫里裤腿的正面，上下两条裤缝要对正，有卷脚的要缝好，宽窄要相等，贴脚布要相齐，裤裆要烫平，前后裤线必须压死，前裤线与裤腰上的小裤线自然地接上，后裤线必须烫到插手袋下口以上的位置。

4. 熨斗温度升高到220～250℃，垫一层干布，一层湿布（含水量80%～90%），闷烫外裤腿的正面，先烫右裤腿后烫左裤腿，熨烫前后裤线时，应将熨斗烫出裤线外约半个熨斗的距离，才能使熨烫后的裤线又死又挺，挺括美观，烫完后用衣架直挂起。

毛料西裤的质量标准（北京市洗染业质量检查标准，总分为100分）如下。

1. 腰头平（15分）

要求：裤腰横条、裤襻、左右门襟、前后腰平挺无褶、袋口平齐。

2. 口袋盖不翘（4分）

要求：袋盖不翘，盖里不外露，没有纽扣印。

3. 小裤线直（6分）

要求：线直，线压得死，线的长度与插手袋下口相齐。

4. 裤线接角压死（14分）

要求：两个接角自然地接上压死，四条裤线压死烫挺，后线烫到插手袋下口以上的位置。

5. 裤线对正（15分）

要求：四条裤线分开，每条裤腿共扎三针，里外裤缝误差不能超过半公分。

6. 里档要平（10分）

要求：裤子里档不但要熨烫平挺无褶而且要烫到档根的扎缝处。

7. 两腿平挺（14分）

要求：四条裤缝分开，膝盖绸平整，两条裤腿平整挺括无褶皱，不发泡。

8. 裤脚平齐（6分）

要求：下口平齐，卷角整齐，高低相等。

9. 口低里平（6分）

要求：腰头里子及袋布平整无褶。

10. 无极光（10分）

要求：不能有过分的亮光。

（三）熨烫弹力呢西裤的操作方法

弹力呢，也叫纯涤纶，是100%的涤纶纤维织成的轻而挺括的一种衣料。它的可塑性能较好，经过熨烫，裤线印保持的时间较长，但它所承受的温度较低，超过175℃就会熔化，因此熨烫时一定要掌握好熨斗的温度，垫湿布烫时，只要湿布不被烫干，布下的温度就超不过100℃，所以是比较安全的。但是当湿布被烫干后，布下的温度就会迅速上升，超过170℃时，衣料就开始熔化，出现抽缩变硬，甚至烫成窟窿。只要认准衣料，明白道理，掌握好熨斗的温度，是能把弹力呢烫好的。它的操作如下。

1. 升高熨斗温度到190～220℃，垫湿布（含水量70%～80%），熨烫裤腰正面。

熨烫顺序：后缝→左后腰→左前腰（把小裤线理直，小裤线的长度与插手袋相齐，插手袋口要平直）→右后腰（后袋口要平齐，袋盖不能烫出纽扣印）→右前腰（同左前腰）。

2. 降低熨斗温度到150～170℃直接熨烫反面。

熨烫顺序：（1）左裤腰。外裤线→裤腿前片及袋布→里裤缝→裤腿后片。（2）右裤腿：里裤腿→裤腿前片及袋布→外裤缝→裤腿后片。（3）裤腰。后缝→左后腰→左前腰→右后腰→右前腰→将袋盖里子熨烫平挺。

3. 熨斗温度升高到190～220℃，垫湿布（含水量70%～80%），熨烫左右里裤腿，上下裤缝全对正，有卷角的要缝好，宽窄要相等，将前后裤线烫死，前裤线要接上腰头的小裤线。

4. 垫一层干布，一层湿布，熨烫左右外裤腿（熨斗的温度，湿布的含水量同上）。先烫裤脚，再熨中间裤缝，前后裤线，待湿布烫干后或在干布上烫时，要注意熨斗不能停留过久，否则会烫出极光而不易去掉，甚至将裤料烫熔化变质，烫挺括后用衣架直挂起来。

熨烫弹力呢西裤的质量要求：

1. 裤水分适当，平整挺括，无褶皱，无极光。
2. 腰头里外平整无褶，小裤线挺直，长度与插手袋下口相齐，后袋盖无纽扣印。
3. 左右里裤平整，裤裆平整，四条裤缝分开，上下对齐，烫实。
4. 前后四条裤线挺括烫实，不发泡，不弯曲。
5. 裤腿四面平整挺括无死褶，裤腿整齐，卷角宽窄相等。

（四）熨烫腈/涤纶西裤的操作方法

熨烫腈/涤纶西裤是正面的湿布不能太淡，湿布的含水量应为65%~75%，或垫一层干布一层湿布烫，如果湿布太湿了下面又没有垫干布，则熨后衣料颜色变深，而别处颜色浅了。熨斗的温度不能太高，应为180~210℃，烫时要快些，不能停住，尤其是垫干布烫时，温度过高，停留过久，会使衣料染料分子发生升华，使衣料颜色产生极光，熨斗直接熨烫反面的温度也要低些，为115~135℃，熨时速度要均匀，熨斗停留不能过久，否则会使颜色产生极光。

1. 一层干布一层湿布熨裤腰正面。

熨烫顺序：后缝→左后腰→左前腰（把小裤线理直，小裤线的长度与插手袋下口相齐）→右后腰（后袋口要平齐，袋盖不能烫出纽扣印）→右前腰（同左前腰）。

2. 降低熨斗温度，直接熨反面。

熨烫顺序：（1）左裤腿。左裤腿→外裤线→裤腿前片及袋布→里裤缝→裤腿后片。（2）右裤腿。右裤腿→里裤缝→裤腿前片及袋布→里裤缝→裤腿后片。（3）裤腰。裤腰→后缝→左右腰→左前腰→右后腰→右前腰→将袋盖里子烫平挺。

3. 升高温度，垫湿布（要拧得干些，含水量50%~60%），熨烫里裤腿，上下裤缝要对正，有卷角的要缝好，宽窄要相等，前后裤线要烫死，前裤线与腰头小裤线要自然接上。

4. 垫一层干布一层湿布，熨烫左右外裤腿，先烫裤腿，再烫中间裤缝，然后前后裤线（待湿布烫干后或在干布上熨烫时要注意熨斗不能停留过久，否则衣料颜色不一）烫挺后用衣架挂起。

熨烫腈/涤纶西裤的质量要求：

1. 腰头里外平挺，袋布平挺，小裤线烫直压死，长度与插手袋下口相齐。
2. 四条裤缝对正，不偏不斜，里裆熨平整无褶。
3. 前后四条裤线挺直，结实，不发泡，不歪曲。
4. 腿四面平挺无碎褶，裤脚平齐，卷角宽窄相等。
5. 全裤水分适当，色泽均匀，无深浅差别，无熨斗印，挺括整齐无极光。

（五）熨烫毛派力司、凡力丁西裤的操作方法

1. 熨斗温度升到200~220℃垫湿布（含水量65%~75%）熨烫裤腿正面。

熨烫顺序：后缝→左右腰→左前腰（将小裤线理直，小裤线的长度与插手袋下口相齐）→右后腰（后袋口要平齐，袋盖不能烫出纽扣印）→右前腰（同左前腰）。

2. 熨斗温度降到 150～170℃，直接熨烫反面。

熨烫顺序：（1）左裤腿。外裤缝→裤腿前片及袋布→里裤卷→裤腿后片。（2）右裤腿。里裤缝→裤腿前片及袋→外裤缝→裤腿后片。（3）裤腰。后缝→右后腰→左后腰→左前腰→将袋盖里子烫平挺。

3. 熨斗温度升到 175～195℃垫干布修改裤腰正面较厚处，如袋口、小裤线、门襟及其他不平挺之处。

4. 垫湿布（含水量 50%～60%）熨烫里裤腿的正面，上下裤缝要对正，有卷角的要缝好，宽窄要相等，裤裆要烫平，前后裤线必须压死，前裤线与裤腰上的小裤线自然接上，后裤线必须烫到插手袋下口以上的位置。

5. 熨斗温度升到 200～220℃，垫一层干布一层湿布（含水量 65%～75%），熨烫左右外裤腿的正面，先烫裤脚，再烫中间裤缝，然后烫前后裤缝，待湿布烫干后，揭掉上层布，温度降到 175～195℃，在一层干布上进行匀停，将裤腿熨烫平整挺括，如果仍有发泡不挺现象，就得垫一层干布反复熨烫裤的四面，直到熨烫平整挺括后用衣架将裤子直挂起。

熨烫毛派力司、凡力丁西裤的质量要求：

1. 腰头里外平挺，光洁无碎褶，小裤线挺直，长度与插手袋下口相齐。
2. 四条裤缝分开，上下对齐，烫实，裤裆平整无褶。
3. 后四条裤线挺直不发泡，不歪曲。
4. 腿平整挺括，光洁，无碎褶，裤脚平齐，卷角宽窄相等。
5. 全裤水分足，烫得透，平整挺括，光洁，无碎褶。

（六）熨烫毛呢西裤的操作方法

1. 熨斗温度升高至 220～250℃，垫湿布，熨烫裤腰正面，将湿布烫到含水量为 10%～20%时即可，不能烫得太干，以免出现极光。

熨烫顺序：后缝→左后腰→左前腰（烫后将布揭掉把小裤线理直，长度与插手袋下口相齐，并用手将小裤线压实）→右后腰（袋口要平齐，袋盖不能烫出纽扣印）→右前腰（同左前腰）。

2. 熨斗温度降到 160～180℃直接烫反面，在熨烫裤缝时用手沾些水抹在裤缝上，才能使裤缝分开烫实。

熨烫顺序：（1）左裤腿。外裤线→裤腿前片及袋布（膝盖绸如果缩短了或有抽筋现象，就必须喷上水将膝盖绸拉出来烫平）→里裤缝→裤腿后片。（2）右裤腿。里裤缝→裤腿前片及布袋（同左裤腿）→外裤缝→裤腿后片。（3）裤腰。后缝→右后腰→右前腰→左后腰→左前腰→将袋盖里子烫平挺。

3. 熨斗温度升到 220～250℃，垫湿布，熨烫里裤腿的正面，上下两条裤缝要对正，有卷角的要缝好，宽窄要相等，裤裆要烫平，前后裤线必须压死，前裤线与裤腰上的小裤线自然地接上，后裤线必须烫到插手袋下口以上的位置。将湿布烫到含水量 10%～20%即可，不宜烫得太干，以免出现极光。

4. 温度升到230~260℃，垫一层干布一层湿布，熨烫外裤腿的正面，先烫右裤腿后烫左裤腿，熨烫前后裤线时应将熨斗烫出裤线外半个熨斗的距离，将湿布烫到含水量为10%~20%时稍提起熨斗，用烤烫将裤料内的水分吸干或蒸发掉，使熨烫后的裤腿平挺，不出极光，烫完后用衣架直挂起。

熨烫毛呢西裤的质量要求：

1. 全裤水分足，烫得透，平整挺括，无死褶，无极光。
2. 腰头里外平整无褶，小裤线理直压平，长度与插手袋下口相齐，后袋盖无纽扣印。
3. 左右里腿平挺，裤裆平整无褶，四条裤缝分开，上下对齐，烫实。
4. 前后四条裤线压实，挺括，接角自然，膝盖绸平整，服帖。
5. 裤脚四面平整挺括，无死褶，裤脚烫实，卷角宽窄相等。

（七）熨烫毛涤西裤的操作方法

1. 熨斗温度升到210~230℃，垫湿布（含水量75%~85%），熨烫里裤腰正面。

熨烫顺序：后缝→左后腰→左前腰（将小裤线理直，长度与插手袋下口相齐）→右后腰（后袋口要平齐，袋盖不能烫出纽扣印）→右前腰（同左前腰）。

2. 烫温度降到150~170℃直接熨烫反面。

熨烫顺序：（1）左裤腿。外裤线→裤腿前片及袋布→里裤缝→裤腿后片。（2）右裤腿。里裤缝→裤腿前片及袋布→外裤缝→裤腿后片。（3）裤腰。后缝→左后腰→左前腰→右后腰→右前腰→将后袋盖熨烫平挺。

3. 熨斗温度升到170~190℃垫干布修改熨烫裤腰正面较厚处，如袋口、小裤线、门襟及其他不平挺之处。

4. 垫湿布（含水量65%~75%），熨烫里裤的正面，上下裤缝要对正，有卷脚的要缝好，宽窄要相等，裤裆要烫平，前后裤线必须压死，前裤与裤腰上的小裤线自然接上，后裤线要烫到插手袋下口以上位置。

5. 熨斗温度升到210~230℃，垫一层干布一层湿布（含水量75%~85%），熨烫左右外裤腿的正面，先烫裤脚，再烫中裤缝，然后烫前后裤线（待湿布烫干后或在干布上熨烫时，熨斗停留时间不能太长，要预防裤料因高温而抽缩，甚至烫坏变质），熨烫挺括后用衣架直挂起。

熨烫毛涤西裤的质量要求：

1. 裤水分适当，平整挺括，无死褶，无极光。
2. 腰头里外平整无褶，小裤线理直压平，长度与插手袋下口相齐，后袋盖无纽扣印。
3. 四条裤缝分开，上下对正，烫实，裤裆平整无褶。
4. 后四条裤线挺直，压实，不发泡，不走型。
5. 裤脚四面平整挺括，裤脚整齐，卷脚宽窄相等。

（八）熨烫灯芯绒西裤的操作方法

熨烫灯芯绒绒面的温度为200~250℃，熨时必须垫湿布（含水量80%~90%），边烫边用毛刷将绒刷齐（一般都是同方向的横刷或向上刷），将湿布烫到含水量为10%~20%

即可，不宜烫得太干，否则会出现极光。如果已经出现极光，只得用湿布再烫一遍，用毛刷刷一遍，极光即可去掉。熨斗直接熨烫反面时的温度应为 185～205℃，熨烫时不能过重，烫得要均匀，避免出现极光或熨斗印。

1. 升高熨斗温度垫湿布熨烫裤腰正面，并将绒刷顺。

熨烫顺序：后缝→左后腰→左前腰（将小裤线理直，长度与插手袋下口相齐）→右后腰（后袋盖要平齐，袋盖不能烫出纽扣印）→右前腰（同左前腰）。

2. 降低熨斗温度直接熨烫反面。

熨烫顺序：（1）左裤腿。裤腿前片及袋布→外裤缝→里裤缝→裤腿后片。（2）右裤腿。裤腿前片及袋布→里裤缝→裤腿后片。（3）裤腰。后缝→左后腰→左前腰→右后腰→右前腰→将后袋盖熨烫平挺。

3. 升高熨斗温度，垫湿布熨烫里裤腿的正面，并将绒刷顺，上下裤缝要对正，有卷脚的要缝好，宽窄要相等，裤裆要烫平，前后裤线压死，前裤线与裤腰上的小裤线自然地接上，后裤线要烫到插手袋下口以上的位置。

4. 升高熨斗温度，垫一层干布一层湿布，烫左右外裤腿，并将绒刷顺，先烫裤脚，再烫中间缝，然后烫前后裤线，烫完后用衣架直接挂起。

熨烫灯芯绒西裤的质量要求：

1. 全裤水分适当，熨烫干透，挺括，正面绒毛顺齐无熨斗印，无极光。
2. 腰头里外平整，无褶，小裤线烫直，长度与插手袋下口相齐，后袋盖无纽扣印。
3. 四条裤线分开，上下对正，裤裆平整无死褶。
4. 前后四条裤线烫实，前裤线接上腰头的小裤线，后裤线烫到插手袋下口以上的位置。

（九）熨烫棉布西裤的操作方法

1. 将棉布西裤洒上或喷上水（含水量 15%～20%）闷半小时后开始熨烫。
2. 熨斗温度升到 185～205℃ 直接熨烫反面。

熨烫顺序：（1）左裤腿。外裤缝→裤腿前片及袋布→里裤缝→裤腿后片。（2）右裤腿。里裤缝→裤腿前片及袋布→外裤缝→裤腿后片。（3）裤腰。后缝→左后腰→左前腰→右后腰→右前腰→后袋盖反面。

3. 升高温度到 210～230℃ 垫干布熨烫正面的小裤线：门襟及裤腰的厚处→右里裤腿（上下裤缝对正，裤脚卷齐烫实）→左里裤腿（同右里裤腿）→右外裤腿（前后裤线压死烫实，卷脚烫齐压死）→左外裤腿。

4. 将后腰稍往前折成与裤腿相等阔度，再折成三折（裤腰在里，裤脚在外）成长方形。

熨烫棉布西裤的质量要求：

1. 全裤水分足，光洁，挺括，无死褶，正面垫干布熨烫，无极光。
2. 腰头里外平挺，小裤线理直压死，长度与插手袋下口相齐，后袋盖平整无纽扣印。
3. 四条裤缝分开或一边倒，裤缝对正烫实。
4. 前后四条裤线烫实挺括，前裤线接上裤腰上的小裤线。
5. 卷脚整齐，高低相等，裤腿平挺无极光。

6. 折叠整齐，后腰稍往里折，全裤叠成三折，成长方形。

（十）熨烫涤棉西裤的操作方法

1. 将裤子喷上水（含水量15%～20%），要喷均匀，裤腰部位都要喷到。
2. 升高熨斗温度到150～170℃直接熨烫反面。

熨烫顺序：（1）左裤腿。外裤缝→裤腿前片及袋布→里裤缝→裤腿后片。（2）右裤腿。里裤缝→裤腿前片及袋布→外裤缝→裤腿后片。（3）裤腰。后缝→左后腰→左前腰（将小裤线理直烫实，长度不要超过插手袋下口）→右后腰→右前腰（同左前腰）。

3. 垫潮湿布熨烫正面、裤腰厚处、小裤线。

熨烫顺序：门襟→右里裤腿（将上下裤线对正，裤脚卷齐，裤裆不能有死褶，前裤线接上裤腰上的小裤线）→左里裤脚（同右里裤脚）。

4. 熨斗温度到200～220℃，垫一层干布一层湿布（含水量0～80%），熨烫右外裤腰，再烫左外裤腰，烫完后再用衣架挂起。

熨烫涤棉西裤的质量要求：

1. 腰头里外平挺，小裤线理直压死，长度与插手袋下口相齐，后袋盖无纽扣印。
2. 左右两条裤缝分开，上下对正，不偏不斜。
3. 里外裤腿烫平挺，四条裤线挺直、烫实，前裤线接上裤腰上的小裤线。
4. 裤口平齐，卷角高低相等。
5. 全裤水分适当，光洁、挺括、无死褶，无极光。

（十一）熨烫丝绸西裤的操作方法

1. 丝绸裤喷上水或洒上水，使裤子含水量为25%～30%，待半小时后开始熨烫。
2. 熨斗温度升高到165～185℃，直接熨烫反面。

熨烫顺序：（1）左裤腿。裤腿前片及袋布→外裤缝→里裤缝→裤腿后片。（2）右裤腿。裤腿前片及袋布→里裤缝→外裤缝→裤腿后片。（3）裤腰。后缝→左后腰→左前腰（将小裤线烫活烫平）→右后腰→右前腰（同左前腰）。

3. 垫潮湿布熨烫修改裤腰正面的小裤线（将小裤线理直，烫实，小裤线的长度与插手袋下口相齐），然后熨烫左右里裤腰的正面，将上下的裤缝对正，裤裆要烫平，前裤线接上裤腰上的小裤线。

4. 熨斗温度升到210～230℃，垫一层干布一层湿布（含水量65%～75%），熨烫左右外裤腿，烫完后用衣架挂起。

熨烫丝绸西裤的质量要求：

1. 全裤水分足，光洁挺括，无碎褶，无死褶印，无极光。
2. 腰头里外平整无皱褶，小裤线理直烫实，长度与插手袋下口相齐，袋口平齐。
3. 左右四条裤缝分开，上下对正，里裆平整无死褶。
4. 里外裤腿熨烫平挺，四条裤线烫挺，前裤线接上裤腰上的小裤线。
5. 裤口平齐无死褶，有卷脚的要缝好，宽窄要相等。

(十二) 熨烫西裤的操作方法

1. 熨斗温度升到190～220℃，垫一层干布一层湿布（含水量40%～50%），熨烫裤腰正面（如果湿布太湿或只是垫一层湿布熨烫，烫后会出现水迹印，修正的办法是将衣物烫干后，再垫一层干布一层湿布烫一遍，水迹印就能消失）。

熨烫顺序：后缝→左后腰→左前腰（将小裤线理直烫实，长度与插手袋下口相齐）→右后腰（后袋口要平齐，袋盖不能烫出纽扣印）→右前腰（同左前腰）。

2. 降低温度到155～165℃，直接烫反面，烫时用力不能过重，避免出现极光。

熨烫顺序：(1) 左裤腰。外裤腿→裤腿前片及袋布→里裤缝→裤腿后片。(2) 右裤腿。里裤缝→裤腿前片及袋布→外裤缝→裤腿后片。(3) 裤腿。后缝→左后腰→左前腰→右前腰→将后袋盖熨烫平挺。

3. 熨斗温度升到190～220℃，垫一层干布一层湿布（含水量40%～50%），熨烫里裤腿的正面，上下裤缝要对正，有卷脚的要缝好，宽窄要相等，裤裆要烫平，前后裤线要烫实，前裤线接上裤腰的小裤线，后裤线要烫到插手袋下口的位置，接着烫左右外裤腿的正面，先烫裤脚，再烫之间裤缝，然后烫前后裤线，最后用衣架直挂起。

熨烫西裤的质量要求：

1. 全裤水分适当，平整挺括，无水迹印，无熨斗印，无极光。
2. 腰里外平整无死褶，小裤线挺直，长度与插手袋下口相齐，后袋盖无纽扣印。
3. 四条裤线分开，上下对正，裤裆平整无死褶。
4. 前后四条裤线压实，挺直不发泡。
5. 四面平整挺括，无碎褶，裤脚整齐卷脚宽窄相等。

第五节　服务过程五：其他衣物熨烫

(一) 熨烫结婚女式礼服的操作方法

这种礼服上身是用丝绸做的，并镶有金银线，领子有小细裥，裙身是白色细布，外罩是涤纶大拉纱。

1. 先将礼服喷上水，丝绸棉布部分的含水量为25%～35%，涤纶纱上可少喷些水，待10分钟后开始熨烫。

2. 升高熨斗温度到175～185℃直接熨烫反面。

熨烫顺序：左右后背→后身→右前身→右胸→左胸→左前胸→领子（要烫出小细裥）→左右袖子（在木手骨上）→修改袖子及上身的正面。

3. 升高熨斗温度到175～195℃，直接从正面熨烫白布衬裙，然后用衣架挂起。

4. 降低熨斗温度到150～170℃，熨烫大拉纱，如果是涤纶大拉纱，熨斗的温度应降低到125～145℃。

熨烫结婚女式礼服的质量要求：

1. 领子小裥烫实，宽窄均匀，长短整齐。

2. 两袖平整无褶，袖管胖圆型，袖口圆而整齐。
3. 前后身挺括，鼓立，筋缝挺直，乳胸突出。
4. 衬裙平整，涤纶纱平挺，无死褶。
5. 全件水分充足，光洁无碎褶，平整挺括，轮廓完整。

（二）熨烫丝绸棉袄壳的操作方法

丝绸棉袄壳一般是用真丝或人造丝与真丝交织品做面，中间是用薄棉布做胆，里外三层或四层，熨烫时一定要将各层理平齐。

1. 升高熨斗温度到200~230℃，垫湿布（含水量65%~75%），熨烫正面。

熨烫顺序：左右后上背→后身→右前胸→右上胸→左上胸→左前身→左右袖子→领子。

2. 降低温度到165~185℃直接熨衣里，熨烫时也要将各层的衬布及袋布理平。

熨烫顺序：领子→左右袖子（在木手骨上）→左右后上背→后身→左前身→左上胸→右上胸→右前身。

3. 保持165~185℃直接熨烫衣物的反面。

熨烫顺序：左右领子→左右后上背→后身→左前身→左上胸→右上胸→右前身。

4. 升高温度到180~200℃，垫干布，修改正面。

熨烫顺序：左右袖子→后身→右前身→左前身。

熨烫丝绸棉袄壳的质量要求：

1. 领子平整，底领子超出领面。
2. 两袖口平整无褶，袖口圆齐，贴边不露出衣面。
3. 前后身平整服帖，筋缝挺直不抽缩，下摆整齐，贴边不露出衣面。
4. 全件水分足，无碎褶，衬布平整不卷缩，正面无筋印，无极光。

（三）蒸汽冲烫丝绒服装的操作方法

1. 洗或染后的丝绒服装或物品，甩干后趁潮湿用毛刷将绒毛刷顺晾干。
2. 用蒸汽熨衣机边冲气，边刷绒，将绒刷顺，刷立起来。

冲刷顺序：领子→左右袖子→左前身→后身→右前身。

3. 在蒸汽莲蓬头上冲刷肩头和袖笼及修改袖子。
4. 用衣架挂起，再用竹竿或将衣服吊起后在莲蓬头上冲气修改全身。
5. 烘干后，在衣里上喷些水，升高熨斗温度到165~185℃直接熨烫衣里，如果下摆不是缝死的，可在小穿板或木手骨上熨烫衣里，如果下摆是缝死的，只得由两个人拉着衣里，用熨斗悬空熨烫衣里，要注意熨斗不能碰着穿板或其他硬东西，否则丝绒被熨烫倒伏而出现极光，影响美观。

如果没有蒸汽熨衣机或莲蓬头，可用一个缸，通进蒸汽管子，缸底要留个小洞，能使蒸汽排放出来，缸面上盖有棉毯和白布，用绳捆住，开蒸汽后，将已刷顺晾干的丝绒衣物放在缸面上进行冲气。待全件衣服冲透，丝绒冲顺立起时，将衣服用衣架挂好，用竹竿或绳将衣服吊起，再气冲全身即可。

如果没有蒸汽，可将刷顺晾干的丝绒衣服的领子、前襟（或大襟）袖口及其他开口处用棉线将其缝上，挂在衣架上，用铁桶盛半桶水，将烧红的烙铁扔进水桶里而产生蒸汽，迅速将丝绒衣服的下口套在铁桶口中蒸冲，如果蒸汽量不够，可多扔几块烙铁或反复几次就能将绒冲立起来。

蒸汽冲烫丝绒服装的质量要求：
1. 全件服装蒸汽冲透，绒毛刷顺立起，不倒伏，无极光。
2. 领子、前襟、袖口、下摆等贴边必须整齐，不露出正面。
3. 衣里平整光洁，无死褶。

服务与管理知识点

第一节　洗涤相关知识

 水质和水温

水有软水和硬水之分。硬水中含有石灰质盐类，洗涤时易和洗涤剂合成不溶于水的沉淀物和脏的东西一起留在衣物上，不仅浪费了洗涤剂，而且还使衣物变黄发灰、发黏、变脆，因此一定要使用软水。把硬水变成软水最简单的方法是把水煮沸，凉后再用。也可将少量食盐放入水中搅拌，使水中的钙、镁盐沉淀，待静置后，去掉沉淀物，水就被软化了。

水的温度与去污能力有关，温度高、洗涤剂的溶解度高，去污效果就好。但有的织物不耐高温，导致缩水，失去光泽，以致变脆，因此宜用温水（30~40℃）。

 洗涤助剂及其用量

1. 中性洗涤剂：厨房专用洗涤剂，适用于丝、毛织物。
2. 碱性洗涤剂：氨水、硫酸苏打。
3. 酸化剂：属漂白剂，如次氯酸钠等。
4. 其他去污剂：牙膏、食用醋也可作为去污剂使用；冰醋酸，无色透明液体，主要用于去除纤维中残留碱液，起中和作用，消除极光，保护衣料；氨水，碱性药剂，对汗渍、血渍、漆渍等多种污渍有去除作用；丙三醇，透明黏稠状液体，可对蛋白质纤维上的污渍进行清洗；无水硫酸钠，白色粉末，用于洗涤过程中增强对重脏部位污垢分解处理；多聚磷酸钠，白色粉末，用于增强去污效果。

若洗涤剂过少，则无去污力，若用量过多，则不但浪费洗涤剂，而且还降低去污力。洗涤剂若无特殊说明，则浓度在20%~50%时去污力效果最佳。一般做法是将洗涤剂放入盆中，然后冲入温水化开，从机器投料口处倒入。

 洗涤剂的用法

洗涤剂无特殊说明时，应先配制成合理浓度的洗涤液，将衣物放入浸泡，一般以15分钟左右为好，衣物过脏时，可适当延长浸泡时间，但不宜过长，否则会因"水解"作用而降低衣物的寿命，损伤衣物纤维。

衣物的干燥

一般衣物都不宜在烈日下暴晒，洗涤工序完成后，应进行烘干程序，烘干温度因衣物质地的不同而随时调整，一般控制在40~50℃之间，烘干至七八成干时，应取出在通风干燥处晾干，以免滚筒内温度高而使衣物褶皱，取出的衣物要拉挺，绒线织物要摊平在平板上晾干，针织品要趁湿用手拉扯呈原型。

经济的洗涤方法介绍

1. 浸泡。

脏衣物洗前应先浸泡，只要将衣物浸入水中，不需添加任何洗涤剂，10分钟即可使灰尘从衣服上游离，这时将污水放去，再重新加入新水、洗涤剂，再浸泡15分钟，即可正常洗涤。

2. 衣物防缠绕。

洗长袖衬衫时，将衬衫袖口上的扣子扣在胸前的扣眼上，就不会和别的衣物搅在一起，也不会搅得皱巴巴的了。

3. 肥皂洗衣更节省。

用肥皂代替洗衣粉，不仅洁净、易漂，而且会有意外的效果。方法是：用刀切取半块透明皂的1/10，冲入热水使其完全溶解，浓度应控制在0.4%左右。

4. 洗衣泡沫巧消除。

漂洗衣物时，洗衣粉的泡沫不宜漂净，如在洗衣粉泡沫溶液中加入适量的肥皂水，再启动洗涤键洗2~3分钟，泡沫即可消除。也可在漂洗时加入少量冰醋酸。

第二节　衣物熨烫知识

要想熨烫好各式服装，就必须知晓它们的质量要求，要熨烫到什么程度才算符合要求，怎样熨烫才能达到质量高、速度快，不发生事故，这是熨烫技术的关键部分，必须根据中式服装的式样、规格和熨烫的工具设备，确定一套操作方法。由于熨烫工作大部分都是手工操作，是手艺活儿，过去是一个师傅一个样，南方北方不一样，新中国成立后由于熨烫人员的调动、互相学习和交流，熨烫服装的操作方法基本达到了统一，但还有差异。下面详细介绍熨烫各式服装的操作方法、质量要求及注意事项。

各类服装面料的特性介绍

各类织物的一般特性，如对热敏感的织物必须严格控制其烘干温度，一般烘干温度必须低于其敏感温度5~10℃。下面对热不敏感的织物进行分类介绍。

（一）毛料

1. 羊毛。

特性：羊毛对于碱性溶液非常敏感，而对于弱酸性溶剂并不受太大影响，具有良好的伸展性、高弹性。必须采用烘干护理，但在105℃（221℉）时将变得很脆弱。压力、潮湿和加热将使毛料永久变形，平常也很易变形。毛料的日常保养要注意防缩、防水、防油、防蛀。白色毛料还要注意发黄。

2. 碎呢毛料。

将羊毛织物拆开还可重复使用。但在织机、编织工人以及服装制造厂家会造成许多浪费。特性：易皱，易染色，易脏，耐碱不耐酸，易漂白，几乎没有弹性，易洗涤。通过工艺处理能更抗皱、防水、防油、耐磨和免烫等，也可通过苏打溶剂用丝光处理（处理同时伸展以增加光彩效果）。通常与人造纤维（聚酯纤维）相混纺。

3. 亚麻/亚麻布。

特性：质地极其坚韧，对酸敏感，对碱不敏感，非常光滑，几乎不皱。保湿性较差，一旦褶皱很难恢复。

4. 丝。

特性：对腐蚀性溶剂非常敏感，但对弱酸性物质几乎不受影响。很柔软、轻巧，如不受重压、撕拉，不会皱褶，但重磅真丝汗渍影响很大；真丝非常有弹性，有光泽。

5. 聚亚安酯织物。

特性：弹性与伸展性好，是其原始长度的三倍；对于油、油脂、海水以及暴晒于日光下也不敏感。

6. 纤维交织物。

特性：受潮不延展，很容易收缩，但通过熨烫处理可增强抗收缩及抗皱能力。对酸比较敏感，对碱不是很敏感。

7. 醋酸纤维素织物。

特性：保暖性好，皱褶恢复性也很好，易膨胀，易干。对去渍剂（含丙酮稀释剂等）和碱敏感。在160℃（320℉）时溶解。

8. 聚酰胺（尼龙）织物。

特性：极好的伸缩性，易磨损，高弹性，易膨胀，易干。耐碱及耐腐蚀，对酸敏感。易变黄，熨烫温度不能太高。

9. 聚酯织物。

特性：极好的伸缩性，易磨损，高弹性，不褪色。基本不吸潮，有很好的耐热性。经常与毛料或棉混纺。

10. 聚丙烯织物。

特性：极好的伸缩性和耐磨性，不褪色，耐酸及碱，对热较敏感。膨胀性较差，易产生静电现象。长期处于温暖和潮湿环境下，易变形。

11. 聚氯化物织物。

特性：对酸、盐、腐蚀性物质、水和细菌不敏感。对热很敏感，在60～70℃即140～158℉时就皱缩，溶剂温度超过30℃（86℉）会导致皱缩和膨胀。不褪色，几乎不易燃，很容易产生静电现象。

常用公制/英制单位对照

1. 摄氏度（℃）与华氏度（℉）对照。

注解："℃"为摄氏度符号，"℉"为华氏度符号。

$$T_1 = 1.8T_2 + 32$$

其中 T_1 代表华氏度（℉），T_2 表摄氏度（℃），即：

$$1℉ = 1.8℃ + 32$$

如：已知温度为 140℉，换算成℃则为：

$$(140℉ - 32)/1.8 = 60℃$$

摄氏（℃）每增加 1 度，华氏（℉）则增加 1.8 度。

例：

0℃ = 32℉；　　1℃ = 33.8℉；　　10℃ = 50℉；
20℃ = 68℉；　30℃ = 86℉；　　40℃ = 104℉；
50℃ = 122℉；60℃ = 140℉；　100℃ = 158℉；
80℃ = 176℉；90℃ = 194℉；　100℃ = 212℉。

2. 其他对照。

长度：

1in. = 2.54cm

1ft. = 12in. = 30.48cm

重量：

1lb. = 16oz = 0.45kg

1oz. = 28.35g

容量：

1gal. = 4qis. = 4.546l.（英）= 3.785l.（美）

1qts. = 2pts. = 1.136l.（英）= 0.946l.（美）

手工熨烫的各种技巧和运用方法

手工熨烫的各种技巧概括起来共 16 个字，即快、慢、轻、重、归、拔、推、送、闷、蹲、虚、拱、点、压、拉、扣。具体做法和要求如下。

1. 快。

轻薄的成衣在熨斗温度高时，熨烫的速度要快，不可多次重复熨烫，因为有些成衣熨烫不能超出布料的耐热度。当熨斗加热超出所需的温度或时限时，布料强度下降，易烫坏或烫出极光，只有加快熨烫才能克服这些缺点。

2. 慢。

对于成衣较厚的部分，例如驳头、贴边等，熨斗要放慢速度，要烫干烫平，否则这个部位要回潮，达不到硬挺的效果。

3. 轻。

对于各种呢、绒成衣或布料很薄的成衣一定要轻烫，以便于绒毛能够恢复原状。

4. 重。

成衣的主要部位，通常是很关键的部位，这些部位的特殊要求是挺括、耐久不变形，因此对这些部位只能重压才能烫好，起到定型的作用。

5. 归。

成衣在加工过程中，为使平面的衣身变得符合人体造型，有些部位要在服装制造前做暂时的定型处理。例如，人体凸出的部位四周，相对来说是属于较平坦或凹势的，应将其直、横丝归烫成能够凸出的部位的胖势或弯形，才能更符合人体的体型特点。

6. 拔。

拔和归是相互联系的，有些部位，例如后背的肩胛骨部，只有运用拔的手法才能使这些部位符合人体的要求。

7. 推。

推是归拔过程中一个特定的手法，也就是将归拔的量推向一定的位置，使归拔周围的丝缕平服而均匀。

8. 送。

将归拔部位的松量结合推的手法，将其送向设定的部位给予定位。例如，腰吸部位的凹势只有将周围松量推送到前胸才能达到腰部的凹势、胸部的隆起，使服装凹凸曲线的立体感更加明显。

9. 闷。

在服装较厚的部位也是需水量大的部位，必须采用闷的方法，即将熨斗在这个部位有一段停留的时限，才能保持上下两层布料的受热均衡。

10. 蹲。

有些服装部位出现皱褶不易烫平。例如，裤襻，在熨烫时将熨斗轻轻地蹲几下以达到平服贴体的目的。

11. 虚。

在制作过程中，一些部位属于暂时性定型或毛绒类的成衣要虚烫，只有通过虚烫才能保持款式窝活的特点。

12. 拱。

拱的手法是指有些部位不能直接用熨斗的整个底部熨烫。例如，裤子的后裆缝只有将熨斗拱起来，才能把缝位劈开、压平、烫实。

13. 点。

在服装加工过程中有些部位不需要重压和蹲的方法，采用点的手法可减少对成衣的摩擦力，彻底克服熨烫中出现极光现象。

14. 压。

成衣熨烫定型时，许多部位须给予一定的压力，即达到面料的屈服点，使其变形，才能达到定型的目的。

15. 拉。

在服装熨烫时，除了右手使用熨斗外，左右手要相互配合，有些部位要适当地用左手给予拉、推、送，才能更好地发挥熨烫成型的作用。例如，裤腿的侧缝起吊，但靠熨斗来回走动是不能解决做工中的不足的，只有用手适当拉伸配合熨烫，才能达到平服的目的。

16. 扣。

扣是指成衣加工过程中有些部位利用手腕的力量将丝缕窝服，使这些部位更加平服贴体。

项目技巧一

洗衣的学问

正确穿用和维护是服装经久耐穿的一个关键，对于一些价值昂贵的真丝、毛呢服装、毛绒服装都必须精心、小心穿用及维护。

真丝服装须特别细心，须小心穿着，避免暴晒，慎防摩擦、损伤、污染，洗涤时不能用洗衣机，一般用冷水手工轻柔洗涤，采用专用的丝毛洗涤剂或丝绸洗涤剂等中性优质洗涤剂洗涤，污渍部位只能用手或软毛刷轻轻刷洗，过水时加入3%，使用白醋浸泡2~3分钟再清洗，并且在阴凉处滴干（反面朝外），采取反面熨烫，中温（150℃）熨烫，这样可保持颜色鲜艳，减少褪色。

毛呢、毛绒服装类弹性好，但承受能力较低，所以穿着时尽量避免剧烈的摩擦，以防磨损布料和防止起毛球，表面有一些起球现象，要待毛球浮起离开布面时，小心进行手工修剪，使毛球脱落，千万不能用力拉扯，一旦出现破损小洞应及时修补，避免再度扩大。毛呢、毛绒服装产品按标注的洗涤方法洗涤，一般不宜水洗，最好选择信誉好、洗涤质量好的干洗店进行干洗。

即使标注可机水洗或手工水洗的羊毛产品，洗涤时间也要短，洗涤速度处在缓和洗涤状态。手洗时，冷水浸泡时间不超过15分钟，洗涤剂和清洗方法与丝绸服装相同，洗后不能拧绞，只能挤压，在阴凉通风处吹干，待半干状态时须进行平整整形，并蒸汽熨烫，温度不超过200℃。

皮革服装穿着时要注意防磨、防划，以免出现划痕而影响美观；不能暴晒或火烤，因为高温使皮革收缩变形；受到雨水淋湿后要及时用布擦干，避免皮面发硬，皮革服装只能专业干洗和加脂、上光处理。纯粘纤薄料服装建议也用手工轻柔水洗，不要用机水洗，因为粘纤布料在水中强力下降较大，机洗时面料易受损坏。

其他棉、麻、各种化纤服装都可以进行机水洗，待洗涤剂充分搅拌均匀后再放入衣服，并注意洗涤时深浅衣服要分开，以防异色污染，使用洗涤剂时有颜色衣服要尽量避免用增白、漂白作用明显的洗涤剂，以防洗后衣服明显褪色。

所有服装在收藏保管前一定要清洗干净（干洗或水洗）、保持干燥后再存放，深浅色服装分别放置，丝绸、毛呢绒、皮革服装最好悬挂在衣柜中，并要放入防蛀剂，确保服装安全存放。

项目技巧二

干洗衣物和水洗衣物的除油处理

一、干洗衣物除油处理

干洗最大的特点就是去油效果好，轻油垢一般都可在洗涤中较容易地除掉，大面积油垢污染的织物最好采用干洗。严重的油垢可进行洗前预去渍处理或洗后去渍处理，这两种方法都不会对油垢产生不利影响（湿性污垢干洗前处理较好）。

1. 棉、麻、毛织物的鞋油，油性记号笔，润滑油等，可用干洗油、香蕉水、干性去渍剂再加上一定的机械力进行去渍。

2. 丝、易掉色织物预处理前可先在衣物的边角处试验，若不能进行去渍，那么只能接受干洗后的效果。

二、水洗衣物除油处理

水洗衣物除油处理的难度是比较大的，因为油水不相容。因对油脂无溶解能力，大面积油垢衣物最好采用干洗再进行水洗处理。对于局部的油垢就只能靠去渍处理，洗涤中是不易去除的。应注意以下几点。

1. 洗前应对衣物上的油垢进行彻底的去渍处理。如先把衣物浸湿后再去渍的效果就差多了。但目前很多洗衣店都是这一做法，不预先处理，在水洗过程中进行去渍，油垢就很不易脱落，衣物烘干后仍是油垢斑斑，然后又回到水洗中处理。因为衣物表面有水分的存在，大大降低了污垢与去渍的亲和力，影响了去渍剂发挥作用，从而使油垢不易去除，重复的去渍又易使织物掉色并损伤纤维强度。

2. 水洗前要认真检查油垢在衣物上的具体位置，以免衣物下水后很难确定油垢的位置。浸湿后污垢检视方法有四种。

（1）可浸在干净的水中进行检查，易找到油垢处。

（2）把衣物在刷洗台上铺平后，多弄些水，用手掌在衣物上慢慢碾过，对油垢就可较全面检视。

（3）如在刷洗台上不易发现油垢，可根据检视时观察到的油垢可能位置处涂上干洗油，若位置正确，油垢处就立刻出现一个圈，且油垢显现得很清楚，此时直接用干洗油来处理效果较好；还可用肥皂、洗洁精及其他去油剂等。

（4）可根据织物尽量提高洗涤温度及使用碱性较强的洗涤剂，这样处理也有利于油垢的去除。

对于用了很多去油剂效果都不理想，有以下几种可能。

（1）油垢识别错误导致没有对症下药。正确的选择：辣椒油用甘油、醋酸、酒精、皂液等处理；油漆用干洗油、香蕉水等；鞋油用汽油、干洗油、肥皂、松节油等去渍剂。

（2）油垢时间太长或以前有过不正确的处理或是在某些特殊布料、厚的棉织物、丝等布料上面就不易去掉。

（3）去渍顺序错误。

例：吃饭时的油汤是最常见的一种复合污垢，其成分多，如油、色素、青菜汁、肉汁等成分，如去渍时先使用碱性过强的去渍剂或去油温度过高，就会导致某种成分污垢变得难以去掉甚至固化，仍留下一些痕迹。

正确的方法为：

① 先用干性去渍剂除掉油的成分。

② 再用中性或酸性去渍剂除去污垢中的丹宁酸成分（注：不可高温）。

③ 再用中性或碱性去渍剂除去污垢中的蛋白质成分。

④ 最后进行脱色处理。

案例分析

[案例]

某日,有位客人入住某饭店,要求送洗客衣,当服务员在为其熨烫衬衫时,发现有一粒衬衫的纽扣掉了。因为是件名牌衬衫,所有的纽扣都有图案并与衬衫的颜色相匹配,饭店洗衣房未配有此物。在征求客人意见时,客人很豪爽地说:"不碍事。"

这一切都在服务员的眼中进行着,虽然客人说"不碍事",也并没有要求我们做什么,但是洗衣房的员工却利用下班之余,在市场上寻找着同样款式与颜色的纽扣。皇天不负有心人,在找了数十家的专卖店后,终于买到了同样的纽扣。当再次将清洗的衣服送还客人时,客人惊讶地发现衣服已很整齐地挂在衣柜内,包括那排整齐地纽扣。此时他马上致电房务经理,连声地称赞,说:"真的有种回家的感觉。"

[评析]

饭店服务工作要把每件事情都做好,没有点完美主义是不可能的,这就要求我们面对每一个困难都要以积极的态度去面对。这个案例表明,我们的员工真正站在客人的立场上完成了此项工作,把工作推向了完美。"完美"是需要很多付出来支撑的,这是很简单的道理,但要求我们服务从业人员善于注意细微之处,给宾客提供舒适及惊喜的服务,人生的意义只有一个,即臻于完美。

项 目 练 习

1. 试述酒店洗衣房客房和餐厅布草的运行程序。
2. 目前有哪些经济有效的洗涤方法?
3. 如何处理酒店客人有关洗衣的投诉?请举例说明。

服务与管理项目九

客房安全管理

项目导入

安全需要是客人最基本的需求之一，是客人投宿饭店的前提条件。因此，客房安全是任何一家饭店的客房部所面临的一大问题。对饭店来说，客房是最重要的"商品"，是体现饭店管理水平、服务质量和获得盈利的重要部门。对客人来说，客房将是客人停留时间最长并存放物品的场所，其安全保障将是客人最为关心的问题之一。对于酒店来说，安全无小事，任何对安全方面的小小疏忽，都随时有可能导致一场灾难的发生。因安全管理的不善而导致的严重后果，则会使酒店的声誉造成负面影响。而客房的安全保卫更是酒店安全管理的重中之重。

所谓客房安全，必须从多个角度进行理解。第一，客人安全。根据国际旅馆业的惯例，旅客一经住宿登记即表明饭店要正式对旅客的安全承担责任。客人安全主要包括：客人在客房范围内人身、财产、正当权益不受侵害；客人住店期间在精神上、心理上不受伤害。第二，员工安全。这主要包括：员工的人身和财产安全；员工的职业安全和健康，即饭店为员工提供一个健康的工作环境，如温度适宜、通风良好、湿度最低等。此外应禁止员工带病上班，以免影响安全操作及客人和其他员工的身体健康。第三，客房安全。这里指客房区域处于没有危险的状态以及对潜在危险因素的排除。在保证客人和员工安全的前提下，确保饭店财产安全和饭店正常运营同等重要。一旦不安全事故发生，必牵涉到各个方面，对饭店带来的危害则不仅仅是事故本身所造成的损失，更严重的是发生后一段时间内事故所带来的影响。由此可见，客房安全管理是全方位的，其重要性则不言而喻。当然无论是客人还是饭店员工和管理者，必须以遵守本饭店安全管理条例为原则。

客房安全事故发生的原因可分为直接原因和间接原因。直接原因可分为人为的和设施的两个方面。人为的原因主要是指由人们不安全行为所造成的各种原因，包括指导与监督疏忽、肇事者未按规定要求行事、误用或错用各种器具、危险性物品使用错误及不安全行为等；设施方面的原因主要是指不良的环境设施所引起的，包括照明不良、维修不当、使地面过滑，以及危险场所的防护设施等。间接原因是指各种机械装置的定期检查和保养不良。由于最高经营者责任心不强，导致安全管理制度组织不完备、安全管理标准不明确等。

因此，保障客房安全对于饭店来说是一个至关重要的大项目。本章将对保障客房安全这一项目进行分解，对每一个子项目进行详细的阐述。

客房安全服务过程分解

第一节　服务过程一：火灾事故处理

一、客房楼层火灾的预防

1. 在客房区域配备完整的防火设施设备，包括地毯、家具、床罩、墙面、房门等，都应选择具有阻燃性能的材料制作。
2. 房内《安全须知》中应该有防火要点及须客人配合的具体要求。客房服务员在整理房间时，应注意检查安全隐患，加强对住客的防火宣传。
3. 安全通道处不准堆放任何物品，不准用锁关闭，保证通道畅通。
4. 配合保安部定期检查防火、灭火装置及用具，训练客房部员工掌握灭火设备的使用方法和技能。
5. 除办公室和指定的吸烟地点之外，其他场所一律不准吸烟。
6. 确保电梯口、过道等公共场所有足够的照明亮度；安全出口 24 小时都必须有红色照明指示灯；楼道内应该有安全防火灯及疏散指示标志。
7. 制定客房部各岗位服务人员在防火、灭火中的任务和职责。
8. 制定火警时的应急疏散计划及程序。

二、客房员工在火灾中的职责

1. 向饭店防灾中心报警（如火势大，应同时向消防部门报警）。
2. 按次序向客人发出通报。
3. 提醒客人有关注意事项，包括：
（1）要求客人保持镇定，防止火未烧身人已跳楼身亡，或由于恐慌、拥挤而造成其他意外伤亡事故。
（2）提醒客人穿好衣服或睡袍，勿将身体直接暴露在火焰之中，以免烧伤。
（3）提醒客人随身携带房门钥匙，以便在无法从安全通道出去时返回房间，等待救援或采取其他措施。
（4）最好能将一件针织衫用水浸湿，蒙在头上，当做"防毒面具"使用。
（5）如整个通道已被浓烟弥漫，可提醒客人匍匐前行，在火灾中，浓烟比烈火往往更危险，而浓烟较轻，所以一般先上升后下降，因而爬行有可能逃生。
（6）提醒客人不要乘坐电梯，以免突然停电、电梯失控而被堵在电梯内。
（7）向客人指示安全通道，疏散客人，引导客人迅速撤离现场。
（8）协助消防人员进行灭火，力争将饭店财产损失减少到最低限度。

三、火灾通报

发生火灾时,饭店有关部门(如防火中心)应立即向消防部门报警,同时,要向客人发出通报,要求客人迅速撤离客房,但考虑到在这种情况下人们特殊的心理状态,因此通报应采用一定的艺术方法和步骤,以免因大恐慌而造成更多的伤亡。一般来说,火灾发生时,最好能够按照以下步骤进行通报。

(一)异常通报

通过安装在客房床头柜上的广播向客人通报紧急事态的发生及疏散方法,这时,防灾中心最好采用预先录制好的磁带用不同的语言播放通报的内容,以免因此时此刻播音员以激动的语气向客人通报"火"灾而引起恐慌。考虑到很多客人并未打开床头柜音响,或因熟睡而无法听到广播,在通过广播进行通报的同时,应由饭店保卫人员对各客房逐个通知。

为了使疏散工作顺利进行,通报应按步骤进行:首先向起火层报警,再向其上一、二层报警,然后通报上面其他楼层,最后通报起火层以下各层。

(二)二次通报

鸣警铃,进行全楼报警。

(三)报警

如火情严重,应立即拨打"119"报警。报警时要讲清楚以下事项:
1. 饭店的名称、地址。
2. 什么东西着火。
3. 哪一层楼着火。
4. 报警人的姓名和电话号码。
5. 报警后应派人到门口或路口等候并引导消防车。

四、火灾事故的处理

一般来说,火灾中的人员伤亡大多是由于处理不当而造成的。因此,客房部应制定专门的消防制度,使员工正确处理火灾。

(一)当发生火情时

客房楼层一旦发生火灾,报警器会发出信号,作为服务人员,首先要保持沉着冷静。当班是楼层的通信枢纽,要立即报告宾馆饭店消防中心和上司,应立即查明火源的准确位置及燃烧物质,并立即向饭店防火中心报警。在火灾初起阶段,消防队员没有到达之前,可以利用就近的消防器材扑救,并按次序向客人发出通报,进行自救,以控制火势蔓延。如果火灾不能及时控制,听到疏散信号,应立即打开所有安全楼道,组织客人撤离,并组织人员把守各楼梯口、路口，有计划、有步骤地引导客人从各安全通道撤离，避免拥挤，造成挤压死伤现象，特别要注意帮助老弱病残及儿童，护送他们到达安全的地方。

（二）注意问题

关闭所有的电器开关、通风及排风设备，撤离现场时不得使用电梯。帮助客人撤离时要将房门关上。特别照顾老弱病残及儿童。保护好起火现场以便查明起火原因。

第二节　服务过程二：防盗训练

偷盗现象在饭店时有发生，尤其在管理不善的饭店更是如此。涉外饭店是外国旅游者和商人居住、停留的场所。因此，饭店就成了社会上一些不法分子盗窃的主要目标。饭店的客房是失窃最多的地方。偷盗的对象既有住店客人，又有店方本身。失窃物小到一个打火机、一包香烟，大到一枚戒指、上万元巨款乃至更多。虽然保安人员每天会例行巡视各楼层走廊，但这远远不够，一是由于保安人员少，二是由于客房楼层面积大，远远满足不了楼面安全需要。一旦客人财物被盗，将有损于饭店的声誉，因此，楼面治安主要由客房部负责，客房部员工在其中发挥着不可替代的作用。

一、偷盗类型

（一）社会上的不法分子混入饭店作案

此即社会上的不法分子乔装成住店客人，或装成客人的朋友，或装成有关工作人员混入客房，盗取客人及饭店的财物。犯罪分子在饭店作案时，所采取的方法是多种多样的，有的是冒充住店的客人，到楼层服务台骗取服务员的信任，"名正言顺"地进行作案。还有的是趁楼层服务台无人，盗窃房间钥匙进行作案，也有的是同外宾拉关系，以会客的身份到宾客房间进行作案。

（二）宾客中的一些不良分子进行作案

这主要是指相识或不相识的旅客同住一层，其中一位利用这种地利与人和的方便，伺机窃取另一位旅客的财物。这种情况虽少，但时有发生。要及时提醒客人提高警惕，保管好自己的财物。

（三）内部员工利用工作之便进行作案

这种类型的盗窃在整个偷盗事件中占有很大的比例。因为在饭店的内部，没有人比客房部员工有更多的机会接触饭店和客人的财物。比如说饭店成箱的名酒、餐具、卫生用品等不翼而飞，大都是饭店员工所为，由于他们对于饭店内部的管理情况、活动规律以及地理位置等都了如指掌，因此作案也最容易。

二、偷盗预防

（一）加强对员工的管理

1. 对本店员工要加强职业道德教育，提高员工的素质，增强员工遵纪守法的自觉性。
2. 当班服务员必须坚守岗位，掌握客人出入情况，做好来访登记工作，并注意观察进出客人携带物品情况。
3. 服务员进出房间要有工作记录，无关人员未经同意不得随便进入房间。
4. 房态报表和交接班本须对外人保密。
5. 卫生班服务员清扫完房间时，将工作车停在打开的客房门口，调整好工作车的位置，使床单等物品面对客房，避免被人顺手牵羊。
6. 在清扫客房时，不能随意将客房钥匙丢在清洁车上或插在客房门锁上。
7. 不能主动将客人的情况告诉不明身份的访客。
8. 严格履行领用和保管物品的手续。

（二）完善对钥匙的管理

宾客领取住房钥匙要登记住房卡，客人拿走钥匙须将钥匙登记证留在服务台，交回钥匙时可将登记证取走。

禁止客人将房门钥匙放在门锁上，如服务员发现后，应将钥匙送给客人，如房间没有客人，则将钥匙送交主管并进行登记。

服务员搞卫生时，要将钥匙随身携带，不可将其放在工作车上或门锁上，以防丢失。

收发钥匙的业务无论设在总服务台或楼层服务台，都须有专人管理，领取钥匙要有登记，服务台（总台）换班要有交接手续。发现钥匙丢失后，应立即向上级报告，迅速采取防范措施，并在24小时内将丢失钥匙的锁更换。

服务台钥匙箱、柜或可锁的抽屉一律设在隐蔽处，客人留在服务台的钥匙一律放入其内。

服务员非正常工作需要，不得擅自使用客房钥匙。

（三）对客人的管理

1. 客房服务员要提高警惕，掌握客人进出情况，做好来访登记工作，注意观察进出客人携带物品的情况。
2. 客房中价值较高的物品，如挂画、灯饰等，应该采用较大尺寸，以使客人无法将其装入行李箱中。
3. 加强对储藏室的管理，不可让客人自己进入储藏室拿取备品或布巾用品。
4. 客人退房后，要清查房间物品，如有遗失，立即与总台联系。
5. 对晚间没有回房住宿的客人，应及时做好记录并作汇报。
6. 在巡视楼面时，如发现客人门钥匙忘记拔下，应敲门提醒客人。
7. 注意可疑情况。

（1）在审查证件中要特别注意：证件上照片与面貌是否相符，印章是否有模糊不清或涂改现象，证件是否已过时失效，等等。

（2）在客人的言谈举止中特别注意：谈话内容和方式是否与客人身份相符，口音与籍贯是否相符，神态是否正常，等等。

（3）从客人的举止打扮中特别注意：服装式样和质量与身份是否相符，是否经常走窜其他客人的房间，是否经常打探其他客人的情况，等等。

（4）从日常生活中要特别注意：客人是否与不相识的人乱拉关系，客人的起居是否正常，客人是否不明原因地匆匆离店，等等。

三、偷盗事故处理

客人在住店期间财物丢失、被盗或被骗后，直接向当地公安机关报告，称为报案。如未向公安机关报案，而向饭店反映丢失情况，称为报失。无论是报案还是报失，饭店有关部门领导和工作人员均应积极协助客人或公安机关调查失窃原因，寻找线索，尽快破案。

（一）报失后的应急措施

1. 客人向值班服务员报失财物后，应马上向上级领导汇报情况，并由领班或主管及时向客人了解情况。

2. 须查询的情况：客人丢失物品的名称、特征；客人丢失物品的时间；丢失前，什么时间最后一次看到此物；客人在丢失物品前财物放在什么地方；客人在丢失物品前，去过哪些地方；客人在房间会客情况；客人丢了多少钱（是一部分还是全部）；客人在丢失前是否买过什么物品，等等。

3. 问清楚情况后，安慰客人不要着急，并请其再仔细查找，征求客人意见是否要报案；如果客人不要求报案，只是要求帮助寻找，应该及时把情况汇报给领导，听取领导的处理意见；如果客人要求立即报案，也应给客人提供方便，让客人自己到公安机关（或打电话）报案。

4. 认真听取客人对丢失物品的详细说明并做好记录。

（二）报失后的注意事项

1. 客人报失（报案）后，服务员只能听取客人反映的情况，不做任何结论或说一些否定性的语言，以免为今后的调查工作增加困难。

2. 客人报失（报案）后，服务员绝不能到客人房间查找，以免发生不可想象的后果。

3. 客人报失（报案）后，服务员应采取积极协助的态度，及时向领导和公安局有关部门反映情况，并尽量保护好现场。

（三）拾遗物品的处理

饭店都规定员工在店内拾到的物品一律上交，拾物不交者，经发现将严肃处理。饭店管理拾遗物品的归口部门是客房部，由客房服务中心或办公室负责处理。要设立拾遗物品登记保管制度，详细记录失物或客人遗留物品情况，包括物品名称、拾获地点及时间、拾获人姓名等。对遗留物品要注明房号、客人姓名、离店时间等。处理客房遗留物品时要判断究竟是客人扔掉的还是遗忘的。一般认定下列物品为客人遗留物品：现金、珠宝首饰，身份证件，具有文件价值的信函和物件，留在抽屉或衣柜内的物品，仪器零件和器材等。

按国际惯例，客人遗留物品保存期为一年，特别贵重物品可延长半年。超过保存期的，饭店可按规定自行处理。饭店对拾遗物品要妥善保管，如服务员遇到客人有关失物的询问，不能随意回答，须经客房部查核后，才能给客人以明确答复。对已知遗留物品客人姓名、单位的，应及时联系交还。客人要求寄还的，要由客人支付邮资。

第三节　服务过程三：客人受伤和死亡处理

除了火灾、盗窃，客房中还会发生许多意外事故。任何不安全因素都应该加以重视，加以防范。

一、客人伤病处理

在客人住店期间，因身体原因或意外情况而导致身体不适或突发疾病或其他伤害，客房部员工要及时发现，及时汇报处理。一般性疾病要帮请驻店医生，严重性疾病要派人派车将病人送往医院救治。另外，在客房的卫生间还应设有紧急呼救按钮或紧急电话，以及供人浴晕时用的紧急开门器等，以备突发疾病时使用。

（一）一般性疾病

客人可能会偶感风寒或有其他小病，服务员发现后可询问情况，帮助客人请驻店医生。在此后的几天中应多关心该客人，多送些开水，提醒客人按时服药。

（二）突发性疾病

突发性疾病包括心脑血管病、肠胃疾病、食物中毒等，服务员要立即请医生来，同时报告管理人员。绝对不能自己擅作主张，救治病人，那样可能导致更严重的后果。在没有驻店医生的情况下，如果患者头脑尚清醒，请服务员帮助购药服用，服务员应婉言拒绝，劝客人立即到医院或请医生到饭店治疗，以免误诊。

客人病情严重，客房部要立即与同来的家属、同伴或随员联系。若客人独自住在饭店，客房部经理应立即报告在店经理或大堂副理，请饭店派车派人送客人去医院救治。必要时还要设法与客人公司或家中联系。对于突发性疾病的处理，应作详细的书面报告，说明发生的原因、处理经过及后续追踪的结果。

（三）传染性疾病

传染病会危害客人和员工的健康，它的产生和传播大都与饭店的卫生工作有关，主要是食品卫生和环境卫生，有些饭店食品卫生工作搞得很差，经常发生顾客食物中毒的现象，轻则拉痢、传染，重则因此而丧生，给饭店的财产和声誉都带来不可估量的损失。有些饭店只重视饭店餐厅卫生，而不重视员工食堂的卫生，岂不知员工因此而患病后，不但会影响日常的接待服务工作，而且还会将病菌通过客房服务而传染给客人，显然，这种态度是不可取的。

如果说食品卫生是餐饮部的责任，那么，环境卫生则主要是由客房部负责的。一般来说，客房部应该从以下几个方面着手搞好环境卫生，防止传染病的发生和传播。

1. 按预定的清扫频率，组织正常的清扫工作。如果饭店所在地气温较高就应注意潮湿问题，应对潮湿的角落经常检查，并定期或不定期地喷洒杀虫剂。另外，要避免灰尘的堆积，角落、家具的底部时间一长就会成为灰尘积聚的场所，因而要组织系统有效的行动来清除灰尘。

2. 布草的清洁。无论是客人使用的布草还是员工使用的布草都应保持清洁卫生，无懈可击，对于那些可能感染上病菌的布草应尽可能放在沸水里去煮。

3. 卫生间设施的特别清扫。浴缸、淋浴器、便器以及洗脸池是客人身体直接接触的物体，病菌容易通过这些设施传染给随后住房的其他客人，因此搞卫生时应特别予以关注，尤其是那些患有传染病的客人使用过的客房，客人离店之后，要对其卫生间设施使用消毒剂，进行彻底的清扫。

4. 消灭害虫。我国很多旅游饭店老鼠成灾，饭店以及上级有关部门经常收到来自国际旅游者在这方面的投诉，他们气愤地说："我不能与老鼠同住一屋！"有的甚至在回国后有意无意地写文章，投书新闻界，诉说他们在这方面的"经历"，对我国旅游饭店业的声誉造成不良的影响。

事实上，像蟑螂、蚊子、苍蝇以及老鼠、蚂蚁、蜘蛛、跳蚤等害虫，不但影响环境卫生，而且往往也是各种病毒的传播者，因此，它们稍一露头就要进行控制，在害虫容易出没的地方经常喷洒杀虫剂和毒药。因此，做好客房的计划卫生具有重要意义。

此外，为了防止传染病的蔓延，保障住店客人的安全与健康，饭店方面也有权拒绝患有传染病的顾客留宿。

二、客人死亡的处理

住客死亡是指客人在住店期间因病死亡、意外事件死亡、自杀、他杀或其他原因不明的死亡。除前一种属正常死亡外，其他均为非正常死亡。

住客死亡多发生在客房。楼层服务员要提高警惕，发现客人或客房有异常情况时要多留心，及时报告管理人员。例如，客人连日沉默不语，客房长时间挂"请勿打扰"牌，房内有异常动静，访客离去后再不见客人出来，房内久无声响等。对于怀疑有自杀倾向的客人，尤其要多留意观察，要多接近，讲些开导的话。

1. 一旦发现客人在客房内死亡，应立即报告客房部经理、总经理、保安部等有关方面，双锁房门，由保安部报告公安机关并派人保护现场，等候调查。

2. 保持现场的净空，不可让闲杂人等进出。若有媒体人员欲进入亦应协助保安人员礼貌地拒绝，或请公安机关人员协助处理后续相关事宜。

3. 如调查验尸，证实客人属正常死亡，经警方出具证明，由饭店通知死者家属并协助处理后事。

4. 如认定属于非正常死亡，饭店应积极协助调查。客房楼层服务员与客人接触相对最多，应密切配合调查取证，尽可能详细地提供线索，同时也要注意保密。这种事情扩散出去，不仅会使其他客人产生恐慌，影响饭店声誉，也会给侦破工作造成困难。

5. 客人遗留的财物，客房部要列明清单专人保管，待家属领取。公安机关因侦破需要带走的物品，也要有记录和经手人签字。

6. 待相关单位的检查及勘验工作完成后，应与家属协调，利用后门进出，以免惊动其他客人或员工。

7. 因病抢救无效死亡的，可由在场医生出具证明。

8. 发生事故的房间事后应进行消毒，并将该房客所使用的物品全部报请销毁。

9. 整体事件处理后，应由客房部将所有经过和处理的结果报告总经理。

第四节　服务过程四：传染性非典型肺炎防治

疾病概要

传染性非典型肺炎，即严重急性呼吸综合征，简称 SARS，是一种因感染 SARS 相关冠状病毒而导致的以发热、干咳、胸闷为主要症状，严重者出现快速进展的呼吸系统衰竭，是一种新的呼吸道传染病，极强的传染性与病情的快速进展是此病的主要特点。病死率约在 15% 左右，主要是冬春季发病。

（一）流行病学

1. 传染源：患者为重要的传染源，主要是急性期患者，此时患者呼吸道分泌物、血液里病毒含量十分高，并有明显症状，如咳嗽、打喷嚏等易播散病毒。

2. 传播途径：可能是通过近距离空气飞沫传播，以及接触病人呼吸道分泌物和密切接触造成传播。

3. 易感人群：人群不具有免疫力，普遍易感。

（二）临床表现

起病急，以发热为首发症状，一般体温高于 38℃，偶有畏寒，可伴有头痛、关节酸痛、全身酸痛、乏力、腹泻等；常无上呼吸道其他症状；可有干咳、少痰，偶有血丝痰；可有胸闷，严重者出现呼吸加速、气促或明显呼吸窘迫。肺部体征不明显，部分病人可闻少许湿啰音或有肺实变体征。X 光见肺部有不同程度的片状、斑片状浸润性阴影或呈网状样改变，部分病人进展迅速，呈大片状阴影；常为双侧改变，阴影吸收消散较慢。病人肺部阴影与症状体征可不一致。

防治要点

1. 注意均衡饮食、适度运动、保证足够休息、减轻压力和避免吸烟，以增强身体的抵抗力。

2. 保持良好的个人卫生习惯，勤洗手，打喷嚏或咳嗽时应掩口鼻。

3. 传染性非典型肺炎流行时取消旅游计划，减少人员流动，避免集会等群体活动。

4. 旅游途中遇传染性非典型肺炎流行，应提高警惕，保持冷静，自觉配合交通、饮食、隔离、疏散等相关管理。

5. 一旦发现发热、干咳、胸闷、呼吸困难等疑似非典型肺炎病人，须立即通报当地的疾病控制中心或尽快拨打"非典"专线，与专业人员联系，对疑似病人采取就近隔离。

6. 密切接触"非典"病人或疑似病人的人群须隔离医学观察14天。

第五节　服务过程五：人禽流行性感冒防治

疾病概要

人禽流行性感冒简称人禽流感，是由禽甲型流感病毒某些亚型中的一些毒株引起的急性呼吸道传染病。人的禽流感病毒亚型为 H5N1、H9N2、H7N7、H7N2、H7N3 等，其中感染 H5N1 的患者病情重，病死率高。

（一）流行病学

1. 传染源：主要为患禽流感或携带禽流感病毒的鸡、鸭、鹅、野禽等禽类。目前尚无人与人之间传播的确切证据。

2. 传播途径：经呼吸道传播，也可通过密切接触感染的家禽分泌物和排泄物、受病毒污染的物品和水等被感染，直接接触病毒毒株也可被感染。

3. 易感人群：一般认为，人类对禽流感病毒并不易感。尽管任何年龄均可被感染，但在已发现的 H5N1 亚型感染病例中，13 岁以下儿童所占比例较高，病情较重。

4. 高危人群：从事家禽养殖业者及其同地居住的家属，在发病前 1 周内到过家禽饲养、销售及宰杀等场所者，接触禽流感病毒感染材料的实验室工作人员，与禽流感患者有密切接触的人员为高危人群。

（二）临床特征

根据对 H5N1 亚型感染病例的调查结果，潜伏期一般为 1~7 天。不同亚型的禽流感病毒感染人类后可引起不同的临床症状。感染 H9N2 亚型的患者通常仅有轻微的上呼吸道感染症状，部分患者甚至没有任何症状；感染 H7N7 亚型的患者主要表现为结膜炎；重症患者一般均为 H5N1 亚型病毒感染。患者呈急性起病，早期表现类似普通型流感。主要为发热，体温大多持续在 39℃ 以上，可伴有流涕、鼻塞、咳嗽、咽痛、头痛、肌肉酸痛和全身不适。部分患者可有恶心、腹痛、腹泻、稀水样便等消化道症状。重症患者可出现高热不退，病情发展迅速，几乎所有患者都有临床表现明显的肺炎，可出现急性肺损伤、急性呼吸窘迫综合征、肺出血、胸腔积液等多种并发症。

防治要点

1. 尽可能减少人特别是少年儿童与禽、鸟类的不必要的接触，尤其是与病、死禽类的接触。

2. 注意饮食卫生，不喝生水，不吃未熟的肉类及蛋类等食品，勤洗手，养成良好的个人卫生习惯。

3. 不要到禽流感疫区旅游，旅游途中遇禽流感流行，应提高警惕远离家禽的分泌物，尽量避免触摸鸡、鸭等家禽及鸟类，吃禽肉要煮熟、煮透，煎鸡蛋一定要煎透，避免蛋黄不熟。

4. 在疫点，有病死禽接触史，与被感染的禽或其分泌物、排泄物等有密切接触，与禽流感患者有密切接触者须医学观察 7 天，观察期间不限制医学观察对象的活动，但观察对象活动范围须在动物禽流感疫区范围内（疫点周围 3km）。

5. 对出现异常临床表现，如体温高于 38℃ 伴咳嗽或咽痛等症状者，应进行流行病学调查并按照《人禽流感诊疗方案》进行诊断治疗。

第六节　服务过程六：醉酒客人处理

对醉酒客人的服务，既要耐心、周到，又要注意安全，包括客人的安全、饭店的财务和员工自身的安全，客房部员工在为醉客服务时，应做好以下几个方面的工作。

（一）发现醉酒客人

1. 当发现客人在房内不断饮酒时，客房服务员便应特别留意该房客人动态，并通知领班，在适当情况下，与当班其他服务人员或领班借机进房查看，切忌单独进房。

2. 客房服务人员有时会在楼层发现有醉酒客人，若证实其为外来游荡的醉客，应请其离开或通知安全人员将醉客带离楼层，并控制醉客的行为；若是住店客人，应通知领班或同事帮忙，安置客人回房休息。

（二）视客人醉酒程度予以适当的服务

1. 若客人已饮酒过量，难以自理，但尚清醒，应扶客人上床，并将纸篓放在床边，以防客人呕吐，备好面巾纸、漱口水，放于床头柜上。呕吐过的地面应及时清理。

2. 征求客人意见后，泡热浓茶给客人或放于床头柜上。

3. 安顿客人休息后，房间要留灯，如夜灯或廊灯，然后轻轻退出房间，关好房门。

（三）注意安全

1. 密切注意房内动静，以防房间物品受损或客人吸烟而造成火灾。

2. 对因醉酒而大吵大闹的客人要留意观察，在不影响其他客人的情况下一般不予干涉，但若发现客人因神志不清而有破坏行为，则应通知安全部，由大堂副理处理，若已造成设备物品损坏，应做好记录，待宾客酒醒后按规定赔偿。

3. 若客人倒地不省人事和发生意外的迹象，如酒精中毒的客人，应及时通知大堂副理，同时通知医务室医生前来检查，以保证客人安全。

4. 对醉客纠缠不休要机警应对，礼貌回避。

（四）做好记录

在"服务员工作日报表"上填写醉酒客人房号、客人状况及处理措施，做好交接班工作。

第七节　服务过程七：停电、停水事故处理

停电事故

目前在我国城市用电中，停电是比较常见的，因而影响到使用外部供电系统的饭店，也有饭店内部供电系统出故障所致。对于拥有100间以上客房的饭店，应当配备紧急供电装置或足够数量的应急灯，以满足照明的需要。

客房部在处理停电事故方面，应制订周密计划，使各部门各岗位上的员工临场不乱。楼面员工更应该从容镇静、沉着指挥，以减少客人的不满或惊慌情绪，保障客人安全。

1. 如事先得知将要停电，应在客房内放入告示并尽可能通知到所有宾客。
2. 立即打开应急灯照明公共场所，帮助正在楼道中的客人迅速回到自己房间或转移到安全地带。
3. 要向客人说明停电原因和饭店正在采取的措施。请客人锁好房门，在房间安心等候。
4. 所有员工要坚守岗位，并对楼道、安全出口、库房等处密切注意，防止有人趁机行窃。
5. 提醒宾客勿在停电期间乘坐电梯。
6. 楼层上严禁使用明火照明。
7. 如有客人投诉，要做好解释工作。
8. 恢复供电后检查本楼层的各区域是否有异常情况。

停水事故

1. 如事先得知停水，应在客房内放入告示并尽可能通知到所有宾客。
2. 事先贮存一部分水，供必要时使用。
3. 如停水事故发生时宾客正在洗浴，在宾客认为需要的情况下，可安排运水。
4. 恢复供水后检查是否有漏水现象及黄水现象并做相应处理。

第八节　服务过程八：防范台风

1. 台风来时，电话接线生会通知客房部办公室。联络员会立刻通知部门主管、副主管、总主任和客房部的各级主任。
2. 收集报废的毛巾以待急用。
3. 当下大雨时，检查所有漏水的地方，所有渠道、水道。
4. 在台风刮得到的地方，要把可以移动的物件拿到避风的地方，不能移动的用绳索缚好。
5. 要把所有的门窗锁好。
6. 客房服务员要把窗帘拉好。
7. 把小型电筒、有座的蜡烛送到各客房。

8. 员工要时刻准备帮助客人。
9. 为留下来帮忙的员工安顿好房间或床位。
10. 预备好食物和饮品。

第九节 服务过程九：自然事故处理

在饭店中，防止自然事故的发生是不可疏忽的一项重要工作。自然事故发生的后果是难以想象的，一是可能造成宾客或员工伤亡，二是可能造成家具、设备严重被损。客房自然事故的发生原因是多方面的，有些是属于设备维修和更新不及时，有些则是由于员工工作时严重违反操作程序及工作检查不细，一时疏忽造成的。因此，自然事故的应急处理是服务员必须掌握的业务技能。

（一）自然事故的应急处理

1. 查原因。宾客由于某种自然事故致伤后，服务员应首先查清致伤的原因。
2. 汇报。根据实际情况及时向上级主管部门汇报情况，听候领导处理意见。
3. 处理。征求宾客意见是否马上联系医院或联系接待单位。
4. 重点服务。如果客人伤势不重，在饭店疗养，服务员应热情关照，满足客人要求。
5. 领导看望。客人致伤后，无论是住进医院还是在饭店疗养，有关领导都应给予特别关照。
6. 在日常工作中发现家具被损，查明原因，及时报告有关部门给予维修或更换。
7. 个别客房如有安全隐患，而又由于某种原因不能及时排除，那么该客房不能出租，以免发生危险。

（二）自然事故的预防措施

1. 加强安全意识。
（1）查。日常工作中加强各种设备的维修检查。
（2）报。发现各种不安全因素及时报告。
（3）验收。各种设备更新、维修后要进行验收，避免出现漏洞。
2. 加强设备的维护和保养。
（1）地毯。发现楼道走廊（或房间）地毯有凸起、卷边都要及时拉平。
（2）电源线。清理房间、卫生间时，发现各种电源线在明显处（易摔人的地方）要及时放好，放在暗处，发现电源线有磨损之处，要及时通报服务台给予更新。
（3）木器家具。发现有松懈、开胶之处要及时更换、维修。
（4）电器设备。要经常调试、检查各种电器，始终保持完好状态。
（5）各种地面。卫生间地面、房间地面、楼道走廊地面，在搞卫生时要擦干、擦净、无水印。
（6）电镀设备。发现各种电镀拉手、水龙头等有脱皮现象要及时更换，防止扎手。
（7）打蜡。无论是房间或走廊地板打蜡，一定要安全第一，有客人的房间或楼层不要大面积工作，尤其是住店客人的房间禁止打蜡，因为一是气味难闻，二是很容易使客人摔伤。

（8）客房部员工在日常工作期间，必须严格执行各项操作规程，并做到规格化、标准化、科学化，防止安全隐患造成事故。

服务与管理知识点

▶ 项目技巧

客房安全保卫贯穿于客房接待服务的始终，是一项复杂持久且专业性很强的工作，没有安全，一切服务和生产就无从谈起。

酒店安全包括三个方面：客人的人身和财产的安全，酒店财产的安全，员工生产服务过程中的安全操作。那么做好客房安全管理，特别是保障客人的安全，就要所有员工都加强安全意识。

客房日常工作中，员工如果没有敏锐的观察力和高度的责任心，就都可以让安全隐患发展成安全事故：小到开关松动，杯具裂口，地面油污，消防通道的堵塞，门后逃生图的不正确；大到突发暴力事件等。碰到这些问题，都要求员工具备一种预见力，即预见各种事件中存在或潜伏的严重后果。

楼层员工及早识别安全隐患要做到四勤：勤转，勤看，勤闻，勤检查。主要通过听、闻、问、看四个方面来识别。

1. 听：有无不正常的声音（房内呼救声，捂住口鼻之后的声音，哭声）。
2. 闻：闻到异味，如焦味，血腥味，不一气味（长住客烧菜），汽油味，佛香（佛教徒客人）。
3. 问：要有针对性，有目的性的问。发现客人异常行为就要问，要多问，问详细。
4. 看：三四天不许进房，房内有针筒锡纸，不健康的书刊，异教书刊，门未关紧钥匙未收，易燃易爆物，枪支，大功率电器等都须报上级。

安全是客人的基本需求，如果没有安全作为基础，饭店的服务质量再好也不能吸引客人，如果安全出现问题，给饭店的声誉会带来严重的影响。饭店是一个公共场所，客人来自各个层面，因此饭店的安全工作难度比较大。安全是长期的工作，关键是全体员工要有安全意识，在工作中保持警惕性。

安全方面的四懂、四会

四懂：
1. 懂得生产操作中的不安全因素和火险隐患。
2. 懂得火灾预防措施。
3. 懂得扑救初期火灾。
4. 懂得疏散逃生方法。

四会：

1. 会报警。
2. 会使用各种消防器材。
3. 会扑救初期火灾。
4. 会疏散。

第一节　如何保障客人的安全

1. 饭店设有安全监控系统，随时关注各岗点的情况（同时也是在保障员工的安全，如楼层上可能只有一个员工，发生意外时可以及时发现）。另外还有其他的一些安全设施，如保险箱，房间的闭门器等安全设施，同时配有足够的保安人员在巡视。

2. 所有员工要提高警惕，对于闲杂人员要进行关注（楼层上不可让闲杂人员逗留，如发现上前盘问，无法处理时及时上报安全部）。

3. 工作中注意检查设备设施是否完好，不存在安全隐患。

4. 在工作中及时发现存在的隐患。

5. 保护客人的住店信息不被无关人员获知。

6. 服务人员在帮客人开门时要慎重，关门时要养成习惯反推一下。

7. 钥匙管理工作一定要按程序进行操作，具体见钥匙管理。

8. 在用品的选择上，不要使用存在严重安全隐患的物品，如放到客房内锋利的刀具。

9. 服务员工操作过程中员工不仅要注意自己的安全，同时也要关注是否会对客人带来损害。

10. 当客人在房门内门开着时，提醒客人把门关上，特别注意语言技巧。

11. 当发现房内有贵重物品时，提醒客人使用前台的保险箱。

12. 打扫住客房时客人回来要确认身份，以保障住店客人的利益。

13. 当房内发出异常的声音时，要关注及时汇报上级，如有客人的争吵、打骂或有些客人生病时发出呻吟声。

14. 当客人有异常的行为或醉酒客人时，要特别留意。如有的客人一时想不开，想在饭店结束自己的一生，如进入房内就不肯出来时；长期不要打扫房间的客人也要特别留意。

15. 住客房内客人提出自己的保险箱密码忘记了，要求开启时一定要核对身份。

16. 有关消防安全的内容：服务人员要熟悉住店客人的情况，要勤看、勤听、勤检查，善于发现存在的火灾隐患。注意饮酒过量和吸烟的客人，发现异常情况立即汇报。

（1）在日常打扫客房卫生时，要把烟灰缸内没有熄灭的烟头用水浸湿，然后再倒入垃圾内，不能将未熄的烟头直接倒入垃圾桶内。

（2）客房内应禁止使用电炉、电饭锅、煤油炉、电熨斗等危险用具，不准临时安装电器设备或拉接线路另作用途。

（3）要及时清理本楼层和客人房间内的易燃物品，如不用的报纸杂志、废纸木箱等，以减少火患因素。

（4）因工作需要所使用的吸尘器、打蜡机、洗地毯机等电器设备发生故障时，不得私自处理，应通知工程部维修。

（5）每日打扫卫生时注意检查房内的电器、电线和插头等，如有短路、漏电、超负荷用电、线头脱露等现象，应及时采取措施并上报有关部门。

（6）各楼层过道、楼梯、安全疏散通道不准堆放各种物品，确保在任何时候都畅通无阻。

（7）客房内所有的装饰材料应尽可能地采用非燃烧材料或难燃烧材料。

（8）利用各种形式向客人宣传消防知识。

（9）客人离开房间，要认真检查房间内有无火险隐患等不安全因素。

（10）严禁在灯罩上、风机上、蒸汽管道和开水箱上烘烤易燃易爆物品。

（11）各工作点不得私自安装电器设备，如工作需要，由工程部负责，各区域防火责任人要经常检查是否安全可靠。

（12）严禁携带易燃易爆有毒的化学物品进入楼层客房，不准在楼层客房燃放烟花爆竹。

（13）楼层烟感区域报警器发生报警，要及时察看、记录，并向安全部汇报。

（14）熟悉、了解各种电器管道、开关和掌握消防设施的位置和疏散路线。

17. 定时对所在区域的消防器材进行检查，发现损坏或丢失要及时通知安全部。

18. 针对不同客人做好不同的服务。老人：缸内铺防滑垫、地巾。病人：做好关注。醉酒客人：做好安抚，并关注消防安全——酒后吸烟。

第二节　公共场所卫生知识

1. 国家关于公共场所卫生的法规名称是什么？何时由何机构发布？

答：国家于1987年4月1日由国务院颁布了《公共场所卫生管理条例》。

2. 从业人员上岗前必须具备的条件是什么？

答：从业人员上岗前必须经体检合格和卫生知识培训合格，持有效健康证上岗。

3. 公共场所经营开业前必须具备的条件是什么？

答：持有公共场所卫生许可证。

4. 患有哪"五病"的从业人员治愈前不得从事直接为顾客服务的工作？

答：A. 病毒性肝炎　B. 活动期肺结核　C. 痢疾　D. 伤寒　E. 化脓性和渗出性皮肤病

5. 公共品有何卫生要求？

答：一天一换一消毒。

6. 卫生许可证的概念是什么？

答：经卫生防疫机构进行审查监测确定主要卫生指标符合卫生要求的80%以上直接为顾客服务的从业人员卫生知识培训合格的经营单位方可取得卫生许可证，它由县以上卫生行政部门签发，由各级卫生防疫机构负责发放管理。两年复核一次。

7. 卫生消毒概念是什么？

答：概念有两个含义：（1）指清除或杀死致病性微生物，即消毒；（2）清除或杀灭一切微生物，即灭菌。

8. 卫生标准是什么？

答：（1）微小气候三项：温度、湿度、气流。

(2) 空气中的 CO_2、细菌和 CO 的标准达到 CO_2（二氧化碳）小于 0.1%、细菌小于 1000 个/m^3、CO（一氧化碳）小于 $10mg/m^3$。

(3) 物理指标照度：70～100 勒可斯（相当于灯泡 40W）。

第三节　消防管理相关知识点

一、饭店消防灭火系统的组成

火灾是饭店的致命伤。现代化的饭店一般都为高层建筑，一旦发生火灾，仅依靠饭店外的消防栓供水和当地消防部门救火车的云梯登高救火是不能迅速扑灭大火的。饭店必须建立自身的消防灭火系统，由多种火灾报警器、灭火器、防火门、消防泵、增压风机等组成的自动灭火系统是饭店必备的安全设施。

（一）报警器

1. 手动报警器。手动报警器一般安装在每层楼的入口处，有楼层服务台的饭店则设在服务台附近的墙面上。当有人发现附近有火灾时，可以立即打开玻璃压盖或打碎玻璃使触点弹出，造成报警。另外，还有一种手压报警器，只要按下按钮，即可报警。

2. 烟感器。饭店常用的烟感器有两种：电离压力计烟感自动报警器和光电管烟感自动报警器。烟感器常用于客房楼层的报警。

3. 热感器。当火灾的温度上升到热感器的动作温度时，热感器的一弹片便自动脱落造成回路，引起报警。

（二）灭火器

饭店中常用的灭火器种类有喷水灭火器、二氧化碳灭火器、卤化灭火器及化学药品灭火器（卤化灭火器由于保质期较短，加上会对环境造成污染，已属淘汰产品）。

1. 喷水灭火系统。喷水灭火系统主要用于木头、纸等起火的扑灭，它包括自动喷水器、花洒和储水管。

2. 二氧化碳、干化学剂灭火系统。饭店应配备二氧化碳及干化学剂灭火器来防止易燃液体起火和电起火。

二、防火设备与措施

（一）配备消防设备器材

宾馆饭店客房区域的防火设备主要包括下列内容。

1. 烟感报警器。当房内烟雾达到一定浓度时，烟感器便会自动报警，有利于及时发现火情。

2. 花洒器。当房内温度达到一定高度时，花洒器内的水银球受热膨胀而破裂，水即喷洒出来，起到防湿灭火作用。

3. 安全逃生图。客房门背后应贴安全逃生图,用以指示客人在发生火灾时安全撤离疏散。

4. 报警器。客房走廊通道上应装有报警器,发现火情者可立即报警。

5. 灭火器材。客房楼层通常配备消火栓及各种轻便灭火器。

(二)防火措施

1. 客房内服务指南附有安全须知,床头柜上放有"请勿在床上吸烟"告示牌,通道及电梯口有烟灰桶。

2. 楼层走廊照明灯具完好,保证安全通道畅通。

3. 所有服务员都要牢记太平门、灭火器与消防栓的位置,并熟练掌握灭火器材的使用方法。

4. 当班服务员要坚守岗位,注意观察,杜绝火灾隐患(如火星、火花),发现问题要及时采取措施并及时报告。

5. 禁止客人在房内使用电炉,对长住客人在房间使用自备的电器设备做到心中有数,防止超负荷用电。

6. 服务员应明确在特殊情况下自己的任务及作用。

7. 对服务员进行消防知识的培训。

8. 香烟和火柴是宾馆饭店火灾的首要原因,员工应该只在指定区域内吸烟,并处理好烟灰和熄灭烟头。

9. 有故障的电器是宾馆饭店火灾的第三位常见起因,发现不良情况应及时报告。

10. 楼梯和电梯井底部等地积聚的垃圾易造成火灾,应定期清扫。

三、灭火的方法

(一)火灾的种类

依照国家标准,火灾分为四大类。

1. 普通物品火灾(A 类)。由木材、纸张、棉布、塑胶等引起的火灾。

2. 易燃液体火灾(B 类)。由汽油、酒精等引起的火灾。

3. 可燃气体火灾(C 类)。如由液化石油气、煤气等引起的火灾。

4. 金属火灾(D 类)。由钾、钠、镁等物质引起的火灾。

以上不同类型的火灾,应用不同类型的灭火方法和灭火器材进行灭火。客房部的火灾通常属于 A 类,即普通物品火灾。

(二)常用的灭火方法

常用的灭火方法有以下几种。

1. 冷却法。冷却法即通过使用灭火剂吸收燃烧物的热量,使其降到燃点以下,以达到灭火的目的。常用的这类灭火剂是水和二氧化碳。

2. 窒息法。窒息法即通过阻止空气与可燃物接触,使燃烧因缺氧而窒息。常用的这类灭火剂有泡沫和二氧化碳等,也可采用石棉布、浸水棉被来覆盖燃烧物。

3. 化学法。化学法即通过使灭火剂参与燃烧过程而起到灭火的作用,这类灭火剂有二氟二溴甲烷(1202)、一氟一氯一溴甲烷(1211)、三氟一溴甲烷(1301)及干粉等。

4. 隔离法。隔离法即将火源附近的可燃物隔离或移开,以此中断燃烧。

灭火的方法很多,但具体采用哪种方法,要视当时的实际情况、条件而论。

(三) 灭火器种类及使用方法

常用灭火器种类及使用方法如表9-1所示。

表9-1 灭火器种类及使用方法

类　　别	适用范围	使用方法
酸碱灭火器	扑灭一般固体物质火灾	1. 将灭火器倒置 2. 将水与气喷向燃烧物
泡沫灭火器	用于油类和一般固体物质火灾及可燃液体火灾(注意:不可使用于C类火灾。另外,由于容易造成污染,现已逐步淘汰)	1. 将灭火器倒置 2. 将泡沫液体喷向火源
二氧化碳灭火器	用于低压电气火灾和贵重物品(精密设备、重要文件),易燃液体和可燃气体(注意:不适用于A类火灾)	1. 拔去保险锁或铝封 2. 压手柄或开阀门 3. 对准燃烧物由外圈向中间喷射
干粉灭火器	与二氧化碳灭火器使用范围相同,但不宜用于贵重物品的灭火	1. 拔去保险锁 2. 按下手柄 3. 将干粉喷向燃烧物
卤代烷灭火器 (1211、1202等)	上述灭火范围都可以用它来灭火,特别适用于精密仪器、电气设备、档案资料的灭火(由于破坏臭氧层,正逐步淘汰)	1. 拔去保险锁 2. 打开阀门 3. 对准燃烧物喷射

(四) 火灾现场的急救

灭火时,如身上衣服着火,要立即躺倒打滚,使火熄灭,不可惊慌奔跑,如有人受烟熏窒息或发生头昏、恶心、呕吐、失去知觉等症状,应立即将其抬到空气新鲜的地方,解开上衣,在胸前、脸上稍喷冷水,如仍不清醒,应做人工呼吸或急送医院抢救。

四、火灾逃生方法

1. 正确的逃生姿势,利于自我保护。一旦发生火灾,应立即用湿毛巾、口罩蒙鼻,尽量贴近地面,沿着墙角落爬行。

2. 迅速撤离房间。开房间门时,先用手背接触房间门,看是否发热。如果已经发热则不能打开。如果门还没有热,火势可能不大,离开房间以后,一定要随手关门。

3. 选择逃生楼梯，不乘电梯。

4. 逃生方向。高层着火时，要尽量往下面跑。即使楼梯被火焰封住，也要用湿棉被等物作掩护迅速冲出去。暂时无法逃避时，不要藏到顶楼或者壁橱等地方。应该尽量待在阳台、窗口等易被人发现的地方。

5. 滑绳自救。危急时刻，也可用身边的绳索、床单、窗帘、衣服自制简易救生绳，并用水打湿，从窗台或阳台沿绳缓滑到下面楼层。

第四节　安全作业标准

（一）机器设备的安全操作

1. 任何电器插入电源前须检查电线与插座是否完好，若发现电器设备冒火花、冒烟或起火时，应立即关闭，如果可能且安全，应拔下电器的电源插头，并及时将设备故障向领班及工程部报告。

2. 不能站在水中使用电器设备，手上有水或穿湿衣服也不能使用电器设备。

3. 不能靠近可燃液体、化学物品或蒸汽使用电器设备。

4. 电器配件与连接部分应做定期检查。

5. 不能使用电器连接处松动或电线裸露后的电器设备。

6. 不能用拖拉或使劲猛拉电线的方法拔下插头，正确的操作方法为抓住插头，轻轻将它从插座上拔下。

7. 在走道吸尘时，应将电线靠近墙角，并在工作区内放置告示牌；吸尘器使用完毕后，应及时按规定拔下插头，正确卷起电线。

8. 清洁客房时，应检查有无电灯、电器或其他固定装置电线磨损、连接处松动及插座松开的现象；电源插座与开关的盖子须确保其盖合妥帖、无裂开或破损情况，若有须及时上报领班及工程部。

9. 洗衣房机器设备的安全操作。

（1）电力带动设备必须配备手部保护装置，防止机器对手的伤害。

（2）洗衣机、脱水机、烘干机必须装有连锁装置。

（3）在脱水机处装有安全装置。

（4）电器电源装配合格，启动、停止开关必须安装在员工易于操作的位置。

（5）安全预防措施应贴在机器附近显眼的位置。

（6）蒸汽管道必须包裹抗热的绝缘材料或覆盖其他安全装置。

（7）建立定期检查机器正常操作时的安全装置的制度。

（二）化学用品的安全操作

1. 建立化学用品安全数据单，以掌握化学用品的成分、物理与化学性质、反应性数据、危险数据、应急与急救程序、特别防护措施等内容，同时发给员工进行培训。

2. 建立危险化学品档案，制定保证该档案及时更新的程序。

3. 根据化学用品安全数据单配备相应的操作和保护措施。

4. 建立酒店的标签体系,储存化学清洁用品的容器必须使用标签清晰注明化学品名称、危险警告、制造商的名称与地址,同时可以附加不同颜色、字母、编码组合,目的是确保员工易读易懂,准确辨别。

5. 建立正确使用化学用品操作程序与安全措施,特别是危险化学用品。例如佩戴手套等防护措施。

6. 明确化学用品使用不当时第一救护措施,并及时上报管理人员。

(三) 血液病毒与生物危害处理

1. 掌握生物危害的基本预防措施与处理程序。

2. 对受污染的布草,服务员必须佩戴手套,撤入专门装置污染物品的袋子,单独送至洗衣房处理(勿倒入布草井中,以免污染物品滑出袋子,造成二次污染)。

3. 洗衣房领班对受污染的布草应进行及时的检查后再决定处理方法。

4. 配备处理生物危害的相应用品,例如手套、防护镜、口罩等。若发现宾客区域有针筒应避免接触并及时上报。

5. 员工有伤口应及时作处理。

(四) 自身安全防护措施

1. 在每天工作开始之前进行 5 分钟一系列操练,以减少员工腰部扭伤的可能性。

2. 工作时间应穿具有防滑功能的工作鞋。

3. 工作时间内不能在工作场所奔跑,以免摔跤。

4. 在公共区域行走时路线应靠右。

5. 进出推拉门时注意对面是否有人进入。

6. 清洁地面时,必须使用"小心滑倒"的指示牌予以提醒。

7. 地面水迹应及时清除。

8. 及时清除走道上的障碍物。

9. 勿一次性提拿太多的行李。

10. 工作车进出电梯须小心。

11. 工作车上不能放置挡住视线的物品。

12. 操作时,避免用手去试探眼睛看不到的地方,以免受到针头、刀片、碎玻璃等的伤害。

13. 注意布草中夹带的玻璃碎片。

14. 大块玻璃须用扫帚清除,再用吸尘器清洁,碎玻璃应直接用吸尘器处理。

15. 废弃的玻璃不应和普通垃圾放在一起,必须存放在一个单独的碎片不易穿透的容器中,以防意外划伤;不能使用椅子或箱子来代替梯子;任何涉及使用梯子的工作任务,必须有两名员工共同完成,以确保安全。

16. 擦拭客房玻璃窗时,必须佩戴安全带。

17. 高层建筑客房的平移窗开启角度不能大于 15cm,推拉窗不能大于 30°。

18. 烟灰、烟蒂必须确保已无火险隐患（例如可加入适量的水）再倒入垃圾袋中。
19. 提拿垃圾袋等物品前须寻找突起的部位，因这些突起物常包含尖状物品或碎玻璃，以免受伤。
20. 在工作过程中，随时清除事故隐患，例如把手松动、玻璃裂纹等。
21. 清洁客房时（例如翻转床垫等体力劳动较重的工作）应由 2 人共同合作完成，以免损伤腰部。
22. 在清洁浴缸时，一手支撑身体，一手进行清洁。
23. 管家部配备足够的安全操作工具。
24. 建立事故处理的紧急程序。

第五节 急救相关知识

（一）出血

在工作过程中，因不慎导致各种出血现象，应首先进行止血，可采用包扎、指压法、止血带进行止血，初步急救后，应视情况作进一步处理。

（二）烧伤

烧伤可分为热力烧伤、化学烧伤、电烧伤等。
热力烧伤，尽快脱去着火或沾有沸液的衣物，迅速用冷水浇泼、浸泡。
化学烧伤，常见的是硫酸、硝酸和盐酸烧伤，一般都采用清水长时间反复冲洗。
电烧伤，首先使伤员迅速脱离电源，简单处理后送医院治疗。

（三）触电

当发现有人触电时，应使伤员尽早脱离电源，并让其在通风处休息，若严重者，应使其仰卧在地，立即进行人工呼吸和胸外心脏按压，再送医院作进一步处理。

（四）中暑

当有人中暑时，应立即将病人移到阴凉通风处平卧休息，解松或脱去衣服，使其降温，口服水、淡盐水或解暑药品等。病情严重者，初步处理后即送医院处理。

（五）脑血管意外

祖国医学称之为中风，包括脑出血、蛛网膜下腔出血、脑血栓形成和脑栓塞等疾病，其特点是病人肢体瘫痪、失语、昏迷。遇到中风病人时该怎么办呢？

如果病人倒在浴室、厕所等处，应就近移到易于处置的地方。将病者上半身垫高少许，松开衣服，室内保持安静和温暖。脑出血病人常发生呕吐，为避免呕吐物误入气管，可将病者头部侧向一边。病者出现大小便失禁时，应就地处置，不要移动上半身。

（六）心脏病的急救

当突然出现胸部剧烈疼痛或憋闷时，马上调整体位，保持比较缓和的姿势，并保持安静。

脸色苍白，出现休克症状时，马上叫救护车。

采取比较缓解的姿势后，胸痛症状虽好转，但仍得上医院检查治疗。

（七）心绞痛

胸部似被绳子捆紧样地难受时，可能是心绞痛。

症状初发时，首先要保持安静。若痛感持续 10 分钟不缓解，则要叫救护车。

1. 先解松领带、皮带、纽扣等。
2. 让病人坐下，等待阵痛过去。
3. 保持室内空气流通，温度适当，并安抚病人，使其精神稳定下来。

复发时，可以服常备药。

1. 将医生配给的硝酸甘油药含在舌头下面，勿要吞服，约 3~4 分钟起效。
2. 若服药无效，要怀疑心肌梗塞可能，马上叫救护车送医院。

心绞痛病人随身常备解痉药物是十分重要的。

（八）心肌梗塞

症状：胸骨后或心前区突然出现持续性疼痛，同时有全身抽搐、意识模糊、呕吐、休克等。碰到心肌梗塞病人时：

1. 密切注视生命征候情况的同时，叫救护车。
2. 解松衣服，让病人保持半坐或病人感到最舒服的体位，并保持绝对安静。
3. 让病人先含硝酸甘油（如果是心绞痛发作，5 分钟之内可缓解）。

剧烈疼痛持续，放射到左腕、左手背部，脸色苍白，脉搏紊乱，这是非常危险的。可以选择以下姿势中的某一种（以病人感到最舒服为准）保持着等候救护车到达。

1. 有桌子的话，可让病人伏在桌子上，两手当枕，垫在头下。
2. 叠高被子，让病人背靠，让头部也倚在被子上。
3. 垫好枕头，让病人仰卧，并适度垫高脚跟。

心肌梗塞的死亡率很高，所以必须送 CCU 或 ICU 病房抢救。有多次发作，口含硝酸甘油缓解；若这次发作，硝酸甘油无效或者比较肯定的是心肌梗塞时，应一分钟也不耽误，立即送有条件的医院进行抢救。

案例分析

[案例]

南方某宾馆，凌晨 2 点，电梯在 15 楼停住，"叮当"一声门开了，一位客人踉跄而出,喃喃自语:"我喝得好痛快啊!"口里喷出一股浓烈的酒气。这时保安员小丁巡楼恰好走近15楼电梯口,见到客人的言语模样,断定是喝醉了,连忙跑去扶住他,问道:"先生,您住哪间房?"客人神志还算清醒,即从口袋里掏出1517房的钥匙牌,小丁便一步一步把客人扶进房里。他把客人放在床上躺下歇歇,泡了杯醒酒茶,并将内有塑料袋的清洁桶放在床头旁。客人开始呻吟起来,小丁赶紧把客人稍稍扶起,拿沏好的茶"喂"客人喝,同时安慰客人说:"您没事的,喝完茶躺下歇歇就会好的。"然后他又到卫生间弄来一块湿毛巾敷在客人额上,说道:"您躺一会,我马上就来。"随后退了出来,将门虚掩。

一会儿,小丁取来一些冰块用湿毛巾裹着进房,用冰毛巾换下客人额上的湿毛巾。突然"哇"的一声,客人开始呕吐了,说时迟,那时快,已有准备的小丁迅速拿起清洁桶接住,让他吐个畅快,然后轻轻托起他的下颚,用湿毛巾擦去他嘴边的脏物。小丁坐在床边又观察了一会,发现客人脸色渐渐缓和过来,就对他说:"您好多了,好好睡上一觉,明天就能康复了。"他边说边帮客人盖好被子,在床头柜上留下一杯开水和一条湿毛巾,又补充一句:"您如要帮忙,请拨15楼层服务台。"然后他调节好空调,取出垃圾袋换上新的,轻轻关上门离房。

小丁找到楼层值班服务员,告诉她醉客情况,并请她每过10分钟就到1517房听听动静。天亮时,辛苦值勤一夜的小丁眯着一双熬红的眼睛,专程跑来了解情况,得知醉客安然无恙才放下心来。最后又让值班服务员在交接班记事本上写道:"昨夜1517房客醉酒,请特别关照!"

[评析]

客人醉酒是饭店经常遇到的事,直接关系到客人的安全健康。保障醉客的安全健康,这也是饭店保安人员的神圣职责。

第一,保安员小丁突然遇到客人酒醉,毫不犹豫地伸出援手,及时保护了客人的健康安全,避免了一场可能发生的不测,这种急客人之所急的高度责任心值得赞扬。

第二,要保护好客人的健康安全,保安人员还必须具有娴熟的服务技巧,才能在紧要关头临危不乱,救护有方。小丁突遇醉客,能沉着镇定,井井有条地独立实施救护,达到最佳效果,这说明他平时训练有素。

第三,帮人帮到底,救人须救彻,小丁将醉客安顿停当后,继续交代值班服务员定时观察,又于天亮后跟踪了解,并交代接班服务员"特别关照",这种极端认真的服务态度,严谨过细的工作作风,尤为难能可贵。

项目练习

1. 试述酒店客人遗留物品的处理方法。
2. 如果你是楼层服务员,那么遇火警该怎么办?
3. 请简述酒店客人醉酒的处理方法。
4. 有客人反映在房间里丢失了物品,如果你是服务员,你该怎样处理?请举例说明。

服务与管理项目十

服务与管理制度

饭店规则及条例

（一）员工出入口

如无特别许可，员工进出酒店时，必须使用员工的进出通道，安全保卫人员及管理人员有权阻止员工从客人通道进出。

（二）时间卡

员工每天进出酒店时须在打卡机上打卡，并且在本部门签到和签退。

为了做好充分的上班前准备，员工应在上班时间15分钟前，但不能早过30分钟到达酒店。

若没登记考勤将被视作缺勤而被扣除相关一天的工资。

禁止替他人打卡、签到或签退。若替他人打卡、签到或签退，其行为属于欺骗性质，将受到严重的纪律处分。

（三）名字牌

所有正式员工和临时工在工作时都必须佩戴名字牌。员工若被发现没有佩戴名字牌将受到纪律处分。

如果名字牌被丢失、损坏，必须立即报告人力资源部，并支付人民币20元申请新牌。凡佩戴别人名字牌者将受到纪律处分。

（四）酒店工作证

所有的员工都会获得一张酒店工作证。员工出入酒店或在酒店范围内，若有需要，应出示酒店工作证接受酒店保安部门人员或管理人员的检查。

酒店工作证不能交未经批准的人使用，或用于未经批准的事务。若有违犯，将受到纪律处分。

人力资源部会免费发给员工酒店工作证。若有遗失，为了安全起见，员工应立即报告人力资源部办理补领手续。凡补领酒店工作证者，须缴纳手续费人民币30元整。如未报告，将受到纪律处分。

离职时，员工必须把名牌、酒店工作证交还人力资源部，否则罚款人民币50元整。

（五）包裹

若无部门经理或值班经理签发的物品通行证，员工不可把包裹、衣物袋、礼盒或任何饭店物品携离酒店。

员工下班时有主动打开包裹配合保安工作的义务。

（六）仪表

所有的员工在上、下班时，都必须保持仪表的干净、整洁，并要遵循以下几点。

1. 制服必须保持整洁，没有污渍斑点、不能有破损、遗失纽扣或线头脱落现象。制服必须按制服房的要求定期更换，并且不能有烟味或汗臭。

2. 员工须穿黑鞋，皮鞋要擦亮，保持干净。

3. 女性员工应穿肉色连裤袜，不得有洞或抽丝，男性员工只允许穿深色短袜。

4. 头发必须短而梳理整齐。不允许戴假发和彩色染发，发型不得过于新潮。

5. 女性员工必须留干净的短发，披肩发和长发必须盘起来装入发网并只能用黑色的发箍或发夹。前留海不能盖过眉毛。男性员工的头发不能遮住前额、眉毛、耳朵和衣领。

6. 女员工要求化淡妆（不能用紫色或褐色的唇膏）。男性员工不得留胡须并且须每天刮胡须。

7. 手指甲要剪短，并且保持整齐、干净。所有的员工都不允许留长指甲和染指甲。

8. 不能有口臭或体味。上班前或上班时不能吃洋葱、大蒜或其他有强烈气味的食物。

9. 所有的员工都不允许佩戴首饰或在制服上配其他装饰品（除了手表、结婚戒指和钉状耳环）。不允许佩戴奇形怪状的手表、戒指、手链、脚链和耳环。

10. 严禁在工作时携带私人传呼机、手提电话和小刀。任何被发现者将受到纪律处分。

（七）人事记录

所有的员工都必须呈交人力资源部要求记录的文件。人力资源部将会保留员工的最新住址的记录，以及遇紧急事件时的联系人、结婚、生育、新的学业成就及其他有关记录。上述信息发生任何变化都必须在7天内报告人力资源部门。违反者将受纪律处分。

（八）体检

在被正式聘用以前，所有的员工必须到酒店指定的医院接受全面的体检，并上交体检证书给人力资源部。只有身体健康者才会被酒店聘用。若有任何欺诈行为，一经发现，立即开除。

员工每年必须进行一次体检，以保证酒店整体的健康状况。若员工染上了传染性疾病，将暂时停职接受治疗，医疗期及待遇可向人力资源部咨询。员工若被发现患有肝炎并不能在医疗期内治愈将被酒店解雇。被防疫部门认定为身体状况不宜在酒店行业工作者，将被酒店解雇。

（九）劳动合同

员工将收到并要求签署一份劳动合同，该合同包括员工和酒店达成的全面性的条款和条件。

所有新员工在开始工作之前都须参加上岗前培训。

（十）试用期

除非有特殊情况，所有的员工都有自到职日起为期三个月的试用期。若试用期间被证实不合格的，则可解除合同。

（十一）转正

根据员工的表现是否符合工作岗位要求来决定是否结束试用期。在试用期结束后，经考核评估合格者，即被转为正式合同工。

（十二）劳动合同的续订

劳动合同将在到期日根据员工和酒店管理部门的共同意见进行续订。

（十三）调动

酒店有权根据业务需要把员工调到其他部门并作相应的级别调整。若员工想调换部门，应先以书面形式征求主管或部门经理的意见，然后征得酒店人力资源部和调入部门经理的同意，最后得到总经理的批准后方可实现调动。试用期内员工不得提出调动申请。

（十四）提升

在可能的时候提升一名合适的员工到更高的职位上是酒店的制度。酒店内部的提升必须要严格考虑被提升者的优势、效率、技能以及语言能力。

（十五）辞职

任何要辞职的员工须提前一个月递交书面辞职书，或在得到所在部门经理书面批准后，以一个月的薪金代替提前通知。

（十六）合同的终止

员工一年内如有三次违纪警告或严重违反纪律，将被酒店辞退或开除，并没有任何补偿。

公司所发的所有物品（制服、更衣柜、更衣柜钥匙、名字牌、酒店员工卡和用餐卡）都必须交还到人力资源部。漏交或损坏任何物件的员工将被扣罚薪金并将延误办理离店手续。

（十七）专门服务和全职雇用

凡是酒店员工，都不允许再为其他机构或商业活动组织提供兼职或全职服务。在就职期间，员工必须竭尽全力为酒店服务。

（十八）裁员

当酒店经济状况或管理政策发生变化，酒店又没有可能把多余的员工安排到其他部门工作时，酒店有权利进行裁员。

酒店若裁减员工，须提前一个月通知他们，并根据本地有关规定和酒店的制度予以赔偿。

（十九）聘用近亲

酒店通常不聘用员工的近亲（父母、配偶、子女、兄弟姐妹），特殊情况须经总经理书面批准。

当在同一部门的两名员工结婚时，酒店管理层可以要求其中之一更换职位或调遣。

（二十）归还失物

员工在酒店内发现任何丢失的钱财或物品，应立即交到客房部的失物招领登记处，并在失物招领簿上详细登记。发现失物而不上交是严重的欺骗行为，将受到纪律处分。在6个月内没有人认领的失物将由酒店管理部门处理。

（二十一）指示及通知

员工必须阅读并遵守由管理部门发布的张贴在员工布告栏上的各项任务和指示。不阅读布告栏而未按要求去做者，一切后果自负。

员工通知的张贴事宜由人力资源部负责。未经管理部门的批准，不允许在酒店范围内张贴通知或布告。

严禁在布告栏及饭店内任何地方乱涂乱画，违反者将受到纪律处分。

（二十二）客人设施

若非工作需要，任何员工都不得在酒店客人专用的区域内逗留，如客人电梯或客房楼层。未经批准而在这些公共区域逗留者将受到纪律处分。

未经部门经理或人力资源部的事先批准，员工不允许在酒店内消费或使用客人专用设施。

（二十三）私人来访及电话使用

在工作时，员工不得在酒店内接待亲友。

除非工作需要，不同岗位的员工不得相互探访。

未经部门经理的批准，员工不得因私事使用酒店电话打外线。

除非紧急情况，外来私人电话将不被接进。

员工当班时不准携带私人传呼机或手提电话。

（二十四）吸烟

只有在管理部门指定的区域内才可吸烟。指定的区域将被张贴在布告栏上。严禁在工作时间吸烟。吸烟后，请及时清除烟味。

(二十五) 招揽行为

在酒店内任何形式的招揽行为，包括索要客人的回扣、小费或接受其他任何客人、酒店供应商或旅行社所提供的好处都是严重的违纪行为，一经发现，即被开除。

(二十六) 工伤

员工在和工作有关的事件中（因主观因素和自身责任除外）造成的工伤事故将由酒店负责，但员工必须立即向部门经理报告，并填写一份事故报告交部门经理签名。

若须住院治疗，受伤的员工将被送往酒店指定医院就诊。

事故发生后 8 小时内若没有收到报告或记录，或事故的发生是因员工的渎职行为所致，酒店将对此不负责任。同时，对由此给酒店造成损失的，要视情节轻重，追究员工的责任。

为了您自身和您的同事的安全，在可能会引发事故的时候，请向最近的上司报告任何不安全的情况。

(二十七) 酒店前职员工

所有被酒店辞退或开除的员工，在解除聘用关系后 6 个月内不得进入酒店，包括客房住宿及饮食消费。

客房部的日常规章制度

1. 提早 15 分钟到办公室签到，下班准时签退。
2. 保证制服干净、整齐，佩戴名牌。
3. 进入客用区域必须穿制服，注意自己的形象。
4. 主动与客人打招呼，要有礼貌，并称呼客人名字，不要谈论客人。
5. 爱护饭店的设施，保持饭店干净整齐。
6. 在饭店的公共区域、楼层不能大声讲话。
7. 在客人的房间不能使用电话，在住房里听到电话铃声不能接听。
8. 不可以跟客人有私下交易，过分亲密。
9. 保管好钥匙，不可以随便给其他人。
10. 房间的家具不能随意搬运到另一间房间。
11. 在工作时不做与工作无关的事情。
12. 拾到遗失物品要上交办公室，并填写好遗失物品单子。
13. 未经允许不能私自换班、换休。
14. 在工作休息时间严禁离开饭店。
15. 工作时不能离开工作区域。

16. 严禁使用客人卫生间、公共洗手间、客用电梯。

17. 严禁偷拿客人的物品，饭店的财产不可以拿回家。

18. 工作时间不看报纸、杂志、电视，听音乐。

19. 工作时间不吃零食。

20. 服从主管的工作安排。同事间要友好团结，不要搬弄是非。

21. 因生病或其他事情不能上班，必须提早两个小时通知部门，病假须有医院证明。换班必须提早一天；事假必须提前三天，休息日因工作需要可能有变动；所有的假期都须经部门经理签字批准。

22. 保证制服的整洁完好，佩戴名牌进入客用区域必须穿制服，如有事要出饭店，不能穿制服。

23. 在客用区域注意个人形象卫生及仪容仪表。

24. 在公共区域必须做到"三轻"，即走路轻，说话轻，操作轻。

25. 保护饭店的设备。

26. 工作时严禁离开饭店，不能擅自离开工作区域，不能串岗。

27. 严禁使用客用电梯和卫生间，严禁使用客用物品做清洁。

28. 工作时严禁看书、杂志、报纸，严禁在客房内看电视，听音乐。

29. 不能在住房使用和接听电话。不能在住房打外线。

30. 对客人要有礼貌。做到宾客至上，以客为尊；主动与客人打招呼，尽可能称呼其名，熟知客人的特殊要求。

31. 不可以与客人过分友好，不能在当班时间与客人聊天；不得将客人的隐私向他人透露。

32. 工作中保管好自己的钥匙，除工作需要不能擅自把钥匙给其他部门使用，不能随意乱放，做到钥匙不离身。

33. 在未确认客人身份前不能给他开门，以确保客人物品及人身安全。

34. 未经主管及经理同意，严禁私自搬动房间内的客用设施。

35. 捡到客人的遗留物品要及时告诉办公室，及时交办公室并做好记录。客人遗留的报纸杂志不能放在卫生间或带回家。

36. 客人赠予的物品必须告知主管或经理方可带回家。

37. 保证饭店环境的干净整洁，见到垃圾能随手捡起或清理。

38. 离开楼层必须将工作车、吸尘器推进工作间，不允许推进房间。

39. 下班之前必须整理好工作车、工作间，清洗消毒杯具，做好环境卫生，清理吸尘器，经主管同意后方可下班。

40. 工作时严禁吸烟，喝酒，吃零食；房间内撤出的果篮、餐车放到员工电梯厅，不能放在工作间或工作车上，水果不可以带回家。

41. 按时完成主管分配的任务，服从主管的工作安排。

42. 员工按规定时间进房收取客衣，因自身原因漏查而造成的额外费用由员工自行负责。

43. 在你的权利范围内无法解答客人提出的特殊要求，请求助于你的主管，在短时间内给客人答复。

44. 外睡的、无行李的房间及时报文员或主管。
45. "DND"房间要按程序处理。
46. 发现客人损坏房内设施、布草及时报告,保留好现场,留下证据。
47. 客人需要的物品,接到通知应在3分钟内完成。如需办公室拿,则5分钟之内完成。
48. 接到撤吧、无烟处理通知应在5分钟之内完成。通知加床15分钟之内完成。
49. 加床必须接到前台办公室通知才可进行。

工作时间、休假和请假制度

(一) 工作和休息时间

根据排班、轮班、夜班和周末休息的时间表,员工每天的工作时间为8小时,不包括用餐时间。

所有的员工每周有两天休息日,并不一定是连续的两天,具体由部门经理决定。

每天的工作时间根据每个部门的工作安排。

除非有部门经理的批准,员工在休息日、上班时间半小时前、下班时间半小时后,不得进入酒店或在酒店内逗留。

除非有部门经理的批准或特殊情况(比如紧急情况),员工不得在工作时间离开酒店。

(二) 加班

当部门经理要求加班时,员工须服从安排。

超时工作可以以调休形式补偿,但必须在20天内申请,逾期申请无效(特殊情况须经理批准)。担任"B"级部门经理以上职位的人员不能享受超时补偿。

(三) 超时工资

对员工超时加班,在其提出调休的申请后,因工作需要而不给予调休补偿时,可按《劳动法》的有关规定,给予经济补偿。

(四) 节假日

员工在本酒店工作享受7天的中华人民共和国的法定节假日,具体如表10-1所示。

表10-1 法定节假日

节 日	时 间
元旦	1月1日
春节	农历正月初一、初二、初三
劳动节	5月1日
国庆节	10月1日、2日

如果员工在上述几天内加班,酒店将根据工作需要给予三倍的调休或加班工资。

(五)请假

1. 年休假。

员工在酒店服务满一年后,可以享受6天带薪年休假,年休假不能隔年使用。培训生、临时工和试用期间的员工不享受年休假。

2. 探亲假。

员工在酒店服务满一年后可根据中华人民共和国政府的有关规定享受探亲假,探亲假期间只发给基本工资。享受探亲假的职工当年不再享受年休假。

3. 病假。

病假期的规定参照饭店人力资源部的有关规定。

4. 病假工资。

参照饭店人力资源部的有关规定。

5. 婚假。

达到法定结婚年龄,女性23周岁以下、男性25周岁以下的员工,可获三天的有薪(基本工资)婚假。

年满23周岁的女职工和年满25周岁的男职工可获15天的有薪(基本工资)婚假。

婚假、年休假、产假、探亲假不能同时使用。

6. 丧假。

员工的直系亲属死亡(妻子、丈夫、孩子、双亲),可获三天的有薪(基本工资)丧假。死亡证明的复印件须交给人力资源部。

7. 产假。

产假是指符合计划生育条例规定,与生育有关或由此引起的休假。它包括以下几种情况。

(1)产后恢复:90天有薪(基本工资)假期(若员工要求,可在产前15天离开,这包括在90天之内)。

另外,以下情况可有额外的休假。

难产:15天。

双胞胎:15天。

(2)流产。

① 怀孕四个月以内流产,可获15~30天的休假,但必须出具医院证明。

② 怀孕四个月或以上流产,可获42天的休假,但必须出具医院证明。

③ 当妻子生育时,男职工可获5天有薪(基本工资)护理假。

(3)怀孕24个星期以上的员工将被调到后台部门工作。

临时工和试用期间的员工不享受任何产假。

8. 事假。

事假必须经部门经理批准。在事假期间没有薪金、奖金和福利。年终奖也将按比例扣除。

员工福利和赔偿

（一）薪金

每个月的 1 号为员工发薪日。
薪水将通过银行发出。酒店财务部门将为所有员工在指定银行开户。
若发薪水的一天正好是节假日或星期日，薪水将提前一天发出。

（二）所得税

员工的个人所得税将在每月工资里由酒店代扣。

（三）福利

1. 退休金。
员工的退休计划将根据中华人民共和国的法规执行。
2. 医药费。
若员工生病需要看医生，可先到酒店医务室检查治疗。若员工的病情严重，医务室无法诊断治疗，则可到其他医院治疗。
3. 住院报销。
呈交酒店医生转诊的证明和指定医院的病历卡以证实就医的目的。
员工住院医疗费用凭有酒店医生签字证明的医院收据报销 70%，每年最多报销 5000 元。
有下列情形者，酒店将不负责报销。
（1）牙病治疗。
（2）视力检查、配眼镜和视力纠正，性病。
（3）因斗殴、故意伤害自己或他人而引起的疾病。
4. 保险。
根据各省市有关规定，为员工办理养老保险，女工生育保险、工伤保险、失业保险等。
5. 独生子女费。
根据当地政府有关规定，有独生子女的员工每年可获得 50 元的津贴，直到子女年满 14 周岁。

（四）员工活动

酒店工会每年将组织各种各样的员工活动。

（五）员工奖励

所有工作表现出色的员工都有机会被评选为当月最佳员工。

月出勤率达到 100% 的员工将得到全勤奖。

（六）员工设施

1. 员工食堂。

（1）用餐。

所有的员工都可以在员工食堂用工作餐（着制服）。在 6：45 以前上班、上跳班和上夜班的员工一个工作日可用两次工作餐，其余员工只可用一次。任何员工在休假日用工作餐将受到纪律处分。

（2）用餐卡。

① 由人力资源部发给用餐卡。

② 每次用餐时须出示用餐卡。私自授受或转借用餐卡将以违反店规处理。任何违反，一旦发现将受纪律处分。

（3）用餐时间。

每顿用餐时间限时 30 分钟，不包括在 8 小时工作时间内。每个部门员工的具体用餐时间由部门经理制定。

（4）纪律。

① 所有员工必须排队用餐。插队将受到纪律处分。

② 用完餐后，员工应把椅子排列整齐。

③ 盘子和碗筷应分别归还到相应的管理处。

④ 不得浪费粮食，违反者将受到罚款处分。

（5）外来人员。

若没有相关的部门经理、人力资源总监、值班经理的事先批准，外来人员不得在员工食堂用餐。用餐券由人力资源部发放。

2. 员工更衣柜/更衣室。

所有穿制服的员工都可使用员工更衣柜。人力资源部负责分配员工更衣柜。当情况需要时，员工须合用衣柜。

更衣柜一经配给就不能私自转让。更衣柜的转让必须通过人力资源部。违反者将受到纪律处分。

每个员工必须保持更衣柜的清洁、整齐。饭店物品（如香波、手纸等）不得放入个人的更衣柜，更衣柜里放置私人贵重物品，若有遗失，一切责任自负。

人力资源部发放更衣柜钥匙时收取 30 元押金。若有遗失，即以 30 元押金作为赔偿，同时须补交 30 元作为押金，重新配制一把。

人力资源部保留备用钥匙。借用备用钥匙必须获人力资源部的批准并付每次 10 元的借用费。若发现员工擅自强行打开更衣柜以致损坏将赔偿损失并受纪律处分。

严禁私自加装其他锁。

禁止在更衣室内吸烟、赌博、饮食。

禁止在更衣室内睡觉或逗留。

禁止在更衣室内悬挂私人衣物。

更衣室内不准吐痰、乱扔垃圾或其他有碍卫生之举。

员工离职时，必须清理更衣柜并把钥匙归还人力资源部，且取回30元押金。若有违反，罚款30元整。没有被清理的私人物品将被弃除。

若有必要，在总经理的批准下，管理部门和保安部门被授权的人员有权检查员工更衣柜。

所有员工都有义务保持更衣室及其设施的清洁与整洁。

3. 制服。

酒店提供员工制服。员工在领取制服时须付300元押金。服务满一年后，酒店将退还押金。员工离店时必须把制服归还给制服房。

员工须小心保管自己的制服，并根据制服房的时间安排更换制服。制服若有损坏，必须立即通知制服房及时修补。

任何因故意损坏或滥用制服而引起的费用将由员工承担。除非工作需要，禁止在酒店之外穿整套或部分酒店制服。名字牌和鞋子是制服的一部分。

员工辞职或合同终止时，必须把制服归还给制服房，制服房在收回制服后在离店员工检查表上签字。若不归还，将在工资中扣回制服成本费。

纪律行为和程序

以下的员工守则是为了保证高标准的工作质量和员工的优良服务。不遵守这些原则将影响酒店的正常运作，员工也将因此受到纪律处分。

（一）总方针

管理部门也许会施行较以下所述的更轻或更重的纪律处分。这将取决于不同的具体情况。

对有以下一类违例行为的员工，酒店将扣除其最多10%的月浮动工资

对有以下二类违例行为的员工，酒店将扣除其最多25%的月浮动工资

对有以下三类违例行为的员工，酒店将扣除其最多50%的月浮动工资。

凡过失处置前必须和人力资源部商讨，不允许无视情节的轻重而滥施纪律处分。

在施行任何纪律处分时，所有的证明文件或证据都必须立即呈交人力资源部。

作为总方针，每一项纪律处分都必须向员工解释清楚，并且员工有权向人力资源部提出意见。

（二）一类违例

1. 下班或休假时在酒店闲逛
2. 工作时间接待私人探访或接听私人电话。
3. 在酒店内有任何影响酒店秩序的行为，如奔跑、大声喊叫或言语粗俗。
4. 拒绝服从或不遵守保安政策。

5. 不接受酒店的定期体检。
6. 工作时不戴名字牌或不穿规定的制服。
7. 未经事先批准擅自使用客人设施或客梯。
8. 不遵守安全条例或规定。
9. 把食品带出员工食堂。
10. 未经许可擅自通过大堂出入酒店。
11. 在酒店内乱扔垃圾。
12. 对待客人、上司及同事缺乏礼貌或乱发脾气。
13. 衣着邋遢。
14. 在酒店里工作时不携带酒店工作证。
15. 办事拖沓,工作懒散。
16. 工作时佩戴允许范围之外的挂件或首饰。
17. 在酒店外穿制服(除了服务客人所需)。
18. 工作时间饮用含酒精的饮料。
19. 在酒店内手牵手或勾肩搭背,举止不雅。
20. 在公众区域挖鼻孔或抠耳朵。
21. 违反仪容仪表要求。
22. 工作时说方言,而不讲专业语言。

(三) 二类违例

1. 工作时三心二意或做私人事情(如:看书、写私人信件/听随身听)。
2. 工作表现不尽如人意,经常迟到、不服从主管的命令或无故缺席。
3. 在已被通知要加班的情况下无故缺席。
4. 交伪造的文件,如医生证明等。
5. 未经许可,擅自使用或擅开公司的交通工具、机器或设备等。
6. 提供假的证据。
7. 写恐吓信和匿名信。
8. 工作时间睡觉。
9. 在更衣柜内藏匿酒店的财物。
10. 破坏公共财产,如在墙上、卫生间、电梯或酒店物品上涂写。
11. 在地上或向墙上吐痰。
12. 未经许可,把亲戚或朋友带入酒店后台区域。
13. 请别的员工代为打卡或代别人打卡。
14. 在酒店里与顾客、酒店客人或客户过分亲热。
15. 怂恿或纵容对顾客、酒店客人、客户或同事恶意伤害。
16. 对顾客、酒店客人、客户或同事有任何无礼行为。
17. 在酒店里沉溺于、怂恿或参与任何形式的赌博、抽奖或其他任何赌博性质的游戏。
18. 捡到失物不立即报告。

19. 展示不文明的图片、照片或录像带。
20. 未经许可，在布告栏上擅自张贴或撕毁布告。
21. 工作时间抽烟或在没有标明"吸烟区"的区域吸烟。

（四）三类违例

1. 偷窃或挪用客人、酒店或员工的财物将被送交派出所并被酒店开除。
2. 故意或蓄意破坏酒店、酒店客人或同事的财产。
3. 挑衅或激怒主管/同事以致争吵。
4. 故意延迟完成规定的工作任务。
5. 所有不诚实或欺骗的行为。
6. 在酒店内打架斗殴。
7. 未经部门经理的同意，把酒店的财物擅自带出酒店，如食品、饮料、水果、鲜花等。员工收到客人的礼物，应先得到批准后才能带出酒店。
8. 任何形式的与同事勾结篡改公司财务方面的记录或文件，如客人发票等，以获取经济利益。
9. 在酒店里进行流氓或不道德的行为。
10. 为了提升或更好的工作条件而收受或提供任何有价值的东西。
11. 探查酒店客人的秘密，如偷看或监视酒店客人的房间。
12. 对上级的工作安排任性、不服从。
13. 未经管理部门的许可，向酒店的竞争对手或其他任何单位泄漏酒店的秘密，侵犯酒店的利益。
14. 未经许可，在酒店内携带火枪、炸药或危险的武器。
15. 窝藏或试图把含酒精的饮料或毒品带进酒店。
16. 工作时间酗酒或行为不规范。
17. 向客人索要小费。
18. 非法兑换外币。
19. 与酒店任何层次的人发生不道德的私情。
20. 未经许可，在酒店出售、推销、传销或收集捐款或分发任何形式的印刷品。

> **注意**
> 以上所列的一类、二类及三类违例的内容只是一个指导方针，这绝对不是全部。任何将来管理部门所制定的其他条例及规定都将会归入《酒店员工手册》并执行。

（五）纪律处分

纪律处分包括以下几类：口头警告、书面警告、记过/罚款、严重记过、暂时停职、最后警告、劝退、开除/解雇。

1. 口头警告。

员工第一次触犯一类违例，将受到口头警告。

2. 书面警告。

对一类违例再犯类似或不同错误的员工将受到书面警告以示惩罚。犯二类违例的员工也将受到书面警告。

3. 记过/罚款。

只有当员工的违规行为包括故意损坏酒店财物时才被记过。被记过的员工将根据情节轻重被扣罚奖金/工资，扣款数由管理部门决定。记过将和书面警告一起发出。

4. 严重记过。

如果上述行为触犯的对象是酒店客人或同事，将被处以严重警告，如果再犯将被最后警告和开除。

5. 暂时停职。

在某些情况下，有必要利用最多14天的暂时停职方式进行详细调查，特别是对犯下伤害他人身体，严重违反防火、安全或卫生条例及欺骗的错误行为。停职期间没有薪金，财务部负责扣发。但若查实该员工无过失，则会被调回原岗位，并补发停职期间扣发的工资。

6. 最后警告。

在受到了两次书面警告的情况下，员工若再次发生一类或二类违例行为将受到最后警告，并应说明若再有任何警告将马上被无赔偿地开除或解雇。

7. 劝退。

员工可以交辞职报告书自动放弃职位（由管理部门批准）以代替被开除的局面。

8. 解雇。

员工在最后警告后如再次收到一个行为不规范的通知，将马上会被无赔偿地开除或解雇。员工一年内有三次违例行为或犯有重大过失、严重违反公司政策或个人行为严重危害公司利益的行为将被及时开除。

员工患病或者非因工负伤，在医疗期满后不能从事原工作，也不能从事由人力资源部另行安排的工作的，酒店可提前30日以书面形式通知其解除劳动合同。

（六）上诉程序

如果员工对管理方不满，他们可以通过以下程序上诉。

1. 如果员工对管理方不满，应先报告他们的部门主管。
2. 如果主管无法解决问题，应上交相应的部门经理。
3. 如果部门经理无法满足员工的要求，应报告人力资源部总监处理。
4. 如果事件在经过了上述程序后仍然没有解决，由总经理来做最后决定。
5. 总经理的决定将提交工会。

（七）违法行为

违反中国法律或在任何法庭上被判有罪的员工将被即时开除。这包括吸毒、窝藏毒品或武器、卖淫等。

偷窃酒店、客人或其他员工的财物者都将被即时开除并在员工告示栏张贴通报,包括未经管理部门的许可,擅自消耗或拿走食品和饮料等行为。

客房部防火责任制度

1. 严格遵守消防法令、规范、规定。
2. 严禁客人和探望人员将易燃易爆物品带入客房内,凡携带易燃易爆危险物品进入饭店,要立即交安全部专门储存,妥善保管。
3. 服务人员应经常向宾客宣传,不要躺在床上吸烟,烟蒂和火柴梗不要乱扔乱放,应放在烟灰缸内,入睡前应将收音机、电视机等关闭。
4. 服务员应保持高度警惕,不断巡视查看,发现火险隐患应及时采取措施,并报宾馆火警电话,对吸烟的客人应特别注意。
5. 客房内不准使用电饭煲、电炉、电熨斗等电热器皿。
6. 客房员工必须熟悉楼层的火险隐患,掌握消防器材的使用方法。
7. 楼层各疏散通道严禁堆积任何物品及设备。
8. 客房员工必须熟悉大楼内外的安全疏散线路。
9. 客房配置相应的灭火器材,并专人管理。
10. 严禁客人在饭店燃放烟花鞭炮。
11. 对客人在客房内违章地动火、烧香等行为予以及时阻止。

客房部安全管理制度

安全管理是房务管理的重要内容之一,为了更好地为宾客服务,保障宾客和员工的生命财产安全,特制定房务安全管理制度,具体要求如下。

(一) 钥匙的管理

1. 各类万能钥匙只能由相关级别的人携带,携带者必须妥善保管。
2. 任何员工遗失了钥匙都必须立刻上报管理人员,并报告安全部经理。
3. 部门任何员工都不能复制万能钥匙,如有发生,将作严肃处理。
4. 客房磁卡钥匙的制作者必须有记录,不允许任何人都可以制卡。
5. 宾客遗失钥匙要求补发时,必须核实宾客的身份。
6. 宾客要求开门时,必须核实宾客的身份。

(二) 总台接待登记的管理

1. 宾客登记时必须出示身份证或护照,核实登记资料是否正确。
2. 根据公安机关指示,及时把宾客的有效证件进行扫描。

3. 检查身份证或护照上的照片与本人是否相符。
4. 检查外国人的护照有无入境查验章。
5. 严格保密宾客登记的资料,未经允许不得向任何机关或人员泄露(公安机关执行公务例外)。

(三) 现金的管理

1. 认真执行国家财务法规,发现问题和漏洞及时汇报并妥善处理。
2. 每日营业结束后,必须将现金、支票等上交财务专门人员,放入专用保险柜。
3. 总台不得将大量现金留存过夜,应放入专门保险柜妥善保存。
4. 总台严禁存放私人现金及贵重物品。
5. 每次开启保险柜,都必须做好记录。

(四) 设施设备的管理

1. 所有员工必须进行相关设备使用程序的培训,对于比较复杂的设备使用可以进行相关的测试,保证安全操作。
2. 对使用的机器设备须定时检查,发现损坏及时报修。
3. 建立一机一卡制度,保养人、检查人均须认真记录保养、检查情况,并留存备查。

(五) 化学品及操作的管理

1. 任何化学品的使用前都必须有安全质料单,并对员工培训正确的使用方法及应急措施。
2. 任何化学品都必须按规范贮存,并定期检查。
3. 员工在日常操作中必须戴手套按规范操作。

客房部培训制度

培训是管理的有效手段之一,房务部的每位管理者均应该是良好的培训者。为使部门的培训工作有序开展,并确保培训效果,特制定房务培训制度,具体要求如下。

(一) 日常培训

1. 各部门根据人力资源部下达的培训任务及本部门的培训要求,须制订年度、月度培训计划,并按计划认真实施。
2. 培训过程中须认真做好培训评估及考核工作确保培训效果(评估的主要内容包括培训的纪律、培训的内容、学员的反馈情况等)。
3. 每月将下月培训计划及培训资料(信息)的更新内容交至房务中心文员处。
4. 各部门可根据酒店的经营情况,调整相应的培训时间和内容,但必须提前报房务部。

5. 各部门可组织相关岗位的员工参加其他部门或其他岗位的交叉培训，学习新知识，交流新信息。

6. 每月须将本月培训总结上交房务部。

7. 各部门须收集、开发与部门相关的培训教材，建立房务培训资料库。

（二）入职培训

每位新进入酒店房务部的员工必须经过入店培训，时间暂定为一周，内容主要是：集团与管理公司概况培训、酒店概况与产品知识、人力资源基本政策、服务理念与对客服务技巧、员工行为规范与服务礼仪、电话接听规范、卫生安全知识、参观酒店等。培训考核合格后才能上岗。

（三）交叉培训

员工跨部门或岗位交叉培训须提前填写《员工培训申请表》，说明培训的目的，然后报人力资源部或房务部审批。员工在结束培训回到工作岗位时必须完成培训报告。

（四）培训激励

员工所有培训、考核情况都将记录在档，对在各类培训中表现优秀的员工在酒店、部门安排外出培训时，在同等条件下将优先考虑。

（五）外语培训

房务部所有的对客服务岗位将每月进行外语培训，使员工的外语水平有所提高。外语培训也设有一定的奖励制度，具体的奖励办法参照酒店相关规定。

（六）培训交流

房务部将定期组织召开培训交流会，由各级管理人员及员工代表参加。交流会主要内容如下。

1. 受训人员总结汇报自己的受训内容、工作情况，并提出对部门培训工作的建议及如何在今后的工作中学以致用。

2. 培训人员做相关培训总结，并提出对受训人员的评估意见或建议。

3. 各与会人员进行交流，提出培训新思路或方法。

（七）培训教材管理

1. 教学用录音带、光碟、书籍等由房务部文员列出目录，分类保存。

2. 房务部文员须每月底清点培训资料报房务总监。

3. 若因工作需要，各个部门可向房务部借用培训教材。

4. 各部门借阅资料须办理手续，并妥善使用保管，且在规定时间内归还，以方便其他员工借用。

5. 对于借出的培训教材归还时要仔细检查，如有损坏须按规定赔偿。

客房部巡视检查制度

一、仪容仪表

各在岗人员的仪容仪表符合酒店要求，工作精神饱满，有正确的站姿、坐姿。

二、礼节礼貌

各在岗人员必须有良好的有声服务意识，见到宾客必须微笑问候，对 VIP 客人或试营业后入住两次以上的客人要求带姓称呼；熟悉集团、酒店管理人员，并能以职务称呼；同事之间见面能点头问候。

三、管家部

（一）楼层、服务中心

1. 接到服务中心宾客入住信息后，楼层服务员必须站在电梯口等候宾客并以姓氏或职务称呼。
2. 及时、高效、规范地为宾客打扫房间，并保证房间卫生符合要求。
3. 及时传递宾客的各项服务需求并尽快提供服务。
4. 及时与总台沟通，保持房态的准确性。
5. 保持房间空气的清新，不能有异味。

（二）PA

1. 做好酒店各区域的地毯保养工作。
2. 做好酒店所有公共区域的清洁卫生工作。
3. 做好相关设施设备的保养工作。
4. 主管须做好成本控制工作。

（三）花房

1. 做好酒店各区域鲜花布置工作及绿色植物的管理工作。
2. 及时做好集团、酒店各办公室植物养护工作。

四、行政楼层

（一）总台

1. 服务热情周到、操作规范高效。
2. 熟练并正确运用管理系统接待宾客。

3. 宾客档案的检查和清理工作，保证档案的唯一性、准确性。
4. 工作区域干净整洁。
5. 爱护酒店财产，做好工作设施设备的保养工作。
6. 做好行政楼层引领及 VIP 接待工作。

（二）楼层

1. 接到服务中心宾客入住信息后，楼层服务员必须站在电梯口等候宾客并以姓氏或职务称呼。
2. 及时、高效、规范地为宾客打扫房间，并保证房间卫生符合要求。
3. 时刻关注宾客，及时传递宾客的各项服务需求并尽快提供服务。
4. 及时与行政总台沟通，保持房态的准确性。
5. 做好 VIP 的接待工作。
6. 保持房间空气的清新，不能有异味。

客房部员工绩效考核管理制度

第1章 总 则

第1条 目的

为规范化管理客房部工作，提高客房部服务质量，挖掘员工潜能，提供酒店经济效益，特制订本方案。

第2条 原则

本部门绩效考核坚持的原则如表 10-2 所示。

表 10-2 客房部绩效考核的原则

考核原则	说　　明
公平、公开	客房部所有员工都要接受考核，对同一岗位执行相同的考核标准
定期化与制度化	作为制度定期施行，员工必须遵照执行
定量与定性相结合	定性化指标权重占 40%，定量化指标权重占 60%
沟通与反馈	考核评价结束后，客房部领导应及时与被考核者进行沟通，将考评结果告知被考核者

第2章 绩效考核的实施

第3条 考核周期

本部门绩效考核分为月度考核、季度考核及年度考核三种。

第4条 考核内容与指标的设计

1. 考核内容。

绩效考核主要从服务态度、服务技能与工作业绩三方面进行，其相关内容如表10-3所示。

表10-3 考核内容

评估内容	权重	指标示例
工作态度	10%	考勤状况、工作主动性、工作积极性、工作责任心等
服务技能	30%	专业知识掌握程度、灵活应变能力、对客态度等
工作业绩	60%	工作操作规范程度、客人有效投诉件数、工作效率提升率、准确率等

2. 客房部关键绩效指标体系。

客房部关键绩效指标体系如表10-4所示。

表10-4 客房部关键绩效考核指标体系一览表

指标类别	绩效指标	单位	指标（值）
设备设施管理	客房整洁度与舒适度		
	客房设施设备合格率		
	客房设施设备安全率		
	配套设施合理性		
客产服务质量	客房清扫是否及时及卫生合格率		
	是否符合客房服务规范化要求		
	宾客委托事项办理及时性		
	宾客个人情况熟悉度		
	宾客紧急意外情况处理是否及时		
综合服务质量	宾客关系维护		
	宾客遗失物品处理是否及时		
	服务态度与礼仪礼貌是否符合要求		

第3章 绩效考核实施

第5条 考核实施主体

考核从自上而下与自下而上两方面相结合进行，即采取360°考核法进行如下评估。

（1）自我评估。

（2）上级领导评估。

（3）同事评估。

（4）客人满意度评估。

第6条 评估工具

客房部人员考核采用量表法进行，具体如表10-5所示。

表 10-5 客房部人员绩效考核表

被考核者姓名		所在岗位		入职时间	
考核阶段	年 月 日至 年 月 日		填表日期	年 月 日	
考核内容	考核项	权重	考核要点		评估得分
工作态度	考勤状况	2%	出勤率的高低，迟到、早退情况		
	工作主动性	4%	积极、主动地完成本职工作		
	工作责任感	4%	工作认真，勇于承担责任		
服务技能及工作业绩	卫生合格率	10%	90%≤R≤100%		
			80%≤R<90%		
			70%≤R<80%		
			60%≤R<70%		
	服务设备设施完好率	10%	95%≤R≤100%		
			85%≤R<90%		
			75%≤R<85%		
			70%≤R<75%		
	客人委托服务及时率	10%	在规定的时间内完成		
	对客服务差错次数	10%	不得高于____次		
	经营成本节省率	10%	经营成本节省率达到____%以上		
	客人有效投诉件数	10%	不得低于____件		
服务能力	专业知识水平	5%	全面掌握本岗位所需的专业知识、操作规范		
	语言表达能力	15%	辞能达意，有条理，具有一定的谈判技巧		
	综合分析能力	10%	对工作中出现的问题做出准确的分析与判断		

第7条 绩效申诉

被考核者若认为考核结果不符合实际情况，可于绩效反馈后7个工作日内向直属上级或人力资源部申诉。被考核者进行绩效考核申诉时，须填写《绩效考核申诉表》，如表10-6所示。

表 10-6 绩效考核申诉表

申诉人		所在岗位		所属部门		申诉日期	
申诉事由							
处理意见或建议	受理人签字：				受理日期：		
处理结果							
申诉人意见							

第4章　绩效考核结果的运用

第8条　本部门各岗位员工绩效考核结果可为员工培训与发展、薪资调整、职位变动等方面提供依据和具体应用。

1. 培训。

酒店人力资源部或客房部经理根据员工考核结果，吸取教训，总结经验，寻找员工工作中的不足之处，编制相应培训内容，适时提供培训，提高工作技能。

2. 调动调配。

管理者在进行人员调配岗位或工作调动时，应参考绩效考核结果，把握员工适应工作和适应环境的能力。

3. 提薪及奖励。

根据员工的绩效考核结果，结合酒店的薪酬制度，给予客房部员工相应的调薪、奖惩等。

第5章　附　　则

第9条　本制度自颁布之日起生效，每年修订一次。

项　目　练　习

1. 试述酒店客房部的规章制度。
2. 简述酒店客房部员工绩效考核的主要内容。

服务与管理项目十一

客房实用英语

（一）楼层日用英语

A/C grill 空调风口格栅
A/C thermostat（Air Condition thermostat）空调调温器
adaptor 万能插头
arm chair 坐椅
baby cot 婴儿床
baby sitting 婴儿服务
ball pen 圆珠笔
bamboo basket 竹篮
basin drainage
bath mat 脚巾
bath robe 浴袍
bath room 浴室
bath tub 浴缸
bathroom 浴室
bed sheet 床单
bed side lamp 床头灯
bed spread 床罩
blanket 毛毯
carpet edge 地毯边
carpet under the bed 床底地毯
carpet 地毯
ceiling 天花板
check in（C/I）入住
check out（C/O）离店
chrome fixture 不锈钢
cloth brush 衣刷
coffee table 咖啡桌
coffee table 咖啡桌
cold water jag 冷水壶

curtain 窗帘
desk chair 桌椅
do not disturb（DND）card 请勿打扰牌
door bell 门钟
door closer 弹簧
door knob menu（breakfast）早餐牌
door lock 门锁
drawer 抽屉
dressing table drawer 化妆台抽屉
emery board 指甲锉
entrance 进
expected arrival room 将入住房
expected departure room 将离店房
extra bed 加床
face towel 面巾
faucet 水龙头
flask 水壶
floor drainage 地漏
floor lamp 落地灯
floor 地
foam bath 沐浴剂
frame 门框
glass tumbler 玻璃平底杯
glass 玻璃杯
guest room 客房
hair dryer 吹风机
hand towel 手巾
hanger 衣架
head board 床头板
heavy curtain 厚帘

hook 钩
hot water jag 热水壶
ice cube container 冰格
ice cube 冰块
ice melting 融雪
inside/outsider cleaning 内外清洁
lamp shade 灯罩
laundry list 洗衣表格
laundry 水洗
light luggage 少行李
list 表格
lost & found 失物招领
luggage bench 行李架
main/bathroom door 大门，浴室门
marble counter 云石柜面
matches 火柴
match 火柴
mini bar voucher 吧单
mirror 镜子
net curtain 薄帘
night table 床头
no luggage 无行李
occupied room（OCC）住房
opener 开瓶器
out of order room 维修房
out of town（OOT）离市
overflow 排水口
paper coaster 杯垫
pelment 窗帘盒
pencil 铅笔
picture 挂画
pillow case 枕袋
pillow 枕头
pipe 水管
post card 明信片
questionnaire 宾客意见表
radio 收音机
refrigerator（mini bar）冰箱

room service menu 客房送餐服务菜单
rubber stripe 胶边
sanitary bag 卫生袋
service directory 服务指南
sewing kit 针线包
shoe horn/cloth brush 鞋拔/衣擦
shoe shine mitt 擦鞋纸
shower cap/shampoo 浴帽/洗发液
shower cap 浴帽
shower curtain 淋浴帘
sick guest 病客
sill 框
skirting board 踢脚板
slipper 拖鞋
soap dish 肥皂碟
soap 肥皂
socket 插头
sofa 沙发
special cleaning 细致卫生
spring cleaning 大清洁
stationary 文具
stationery folder 文具夹
stirrer 搅拌棒
stirring stick 调酒棒
stopper 去水塞
switch panel 控制板
switch panel 音响控制板
tea cup 茶杯
tea tray 茶盘
Telephone Directors 电话指南
telephone 电话
telex（fax）form 电报传真纸
toilet paper/facial tissue 厕纸，面纸
toilet seat 坐厕板
tooth brush 牙刷
tooth paste 牙膏
towel rack 毛巾架
towel 毛巾

transformer 变压器
tray 盆
turn down service 夜床服务
TV 电视
vacant room 空房
vacuum cleaner 吸尘机
vase 花瓶
very important person（VIP）贵宾
wall lamp 壁灯

wall 墙
wardrobe 衣柜
washing sud 洗衣粉
waste basket 废纸箱
water tank 水箱
weight scale 磅秤
window 窗
writing pad 便笺

（二）各种房态的英文表示

OD：Occupied Dirty 住客脏房
OR：Occupied Ready 干净的住房
VR：Vacant Ready 干净的空房
OOO：Out Of Order 维修房
R/S：Refuse Service 拒绝服务
RR：Reserved Room 已预订房

S/O：Slept Out 外睡房
E/D：Expected Departure 将退房
N/B：No Baggage 无行李
L/B：Light Baggage 少行李
DND：Dot Not Disturb 请勿打扰
LSG Room：Long Staying Guest Room 长住房

（三）客房部日常服务英语

1. Good morning sir, may I clean your room now?
   早上好！先生，我现在可以打扫你的房间吗?

2. What time would you like to clean your room sir?
   先生请问什么时候可以打扫你的房间?

3. Your room is ready, sir.
   先生你的房间打扫干净了。

4. I will come to your room as soon as I finish this one, sir.
   先生，我打扫完这房间就到你的房间。

5. Your room will be ready in half an hour, sir.
   先生你的房间半小时后就打扫完。

6. May I refill your mini bar, sir?
   先生我可以补充酒水吗?

7. Turn Down Service, may I come in?
   夜床服务，先生我可以进来吗?

8. May I turn down the bed for you now?
   我可以现在为您开夜床吗?

9. May I vacuum your carpet, sir?
   先生我可以为你吸地毯吗?

10. Can you fill out the laundry list, sir?
    先生你能填一下洗衣单吗？

11. Could you show me your key card, sir?
    先生我能看一下你的房卡吗？

12. Do you have any laundry, sir?
    你有要洗的衣服吗？先生。

13. I come to collect your laundry, sir.
    先生我是来收洗衣的。

14. May I come in and check your mini bar, sir?
    我可以进来检查酒水吗？

15. There are some drinks in the mini bar.
    冰箱里有些饮料。

16. I am sorry to disturb you, sir.
    对不起，先生，打扰你了。

17. Could you tell me your room number sir?
    先生你能告诉我您的房间号码吗？

18. Your room is ok now, anything else?
    您的房间已经好了，您还有其他需要吗？

19. No problem, I will be there in a minute.
    没问题，我马上就到您这儿。

20. Good morning madam! I am sorry to disturb you, at what time you would like to clean your room?
    早上好，女士！很抱歉打扰您了，什么时候打扫您的房间方便？

21. I am ready with your room, madam. If you need anything else, please tell me or call us.
    女士，您的房间已经好了；如果你还有什么需要，请告诉我或打电话给我们。

22. Sorry, I do not understand. Please wait a moment, I will send someone to help you.
    对不起，我不是很明白，请稍等一下，我叫其他人来帮忙好吗？

23. If you send your laundry to us before 10AM, it will be sent back tonight.
    如果您的洗衣在早上10：00交给我们，傍晚能送回。

24. I see. I will send an engineer up to repair it immediately.
    我明白了，我马上叫工程部来修理。

项目练习

1. 请用英文编一段对话，情景是：房间1805的客人要求快洗衣服，他打电话给客房中心，如果你是客房中心的文员，该如何处理？（用英文表示）

2. 请简述客房的各种状态。（用英文表示）

服务与管理项目十二

打造知识型客房部员工

项目导入

随着时代的进步,宾客去酒店消费,除了吃、住,更多的是去寻求一种精神上的享受,而能给宾客带来享受的主要是文化;未来酒店竞争力的源泉是知识,在酒店的经营中实行知识管理,追求服务上的文化突破,提高酒店员工的文化涵养是关键。随着服务经济时代的来到,与其说是酒店,还不如说是宾客更需要知识型员工。这一需求特征要求酒店行业必须打造知识型客房部员工。

知识储备

(一)知识型员工的定义

所谓知识型员工指的是能在酒店给宾客提供集知识、技能、文化品位和情感内涵等知识型服务的员工;他们受过严格的专业训练,深谙宾客心理,完全有能力提供异于常规的、包含知识与情感的知识型服务的酒店员工。

(二)打造知识型员工的必要性

1. 21世纪的社会生活或服务购买,人们更注重自己的情感体验,人们去酒店消费,尤其希望酒店能给自己提供一种愉悦的体验。随着感性消费时代的来临,宾客在整个消费过程中具有强烈的情感需求,其满意与否不仅仅由酒店的产品功能决定,而且还取决于整个消费过程中的一种心理体验。美国心理学家马斯洛曾将人的需求由低级到高级分为5个层次:生理、安全、社交、尊重和自我实现的需要。而情感体验贯穿于每一个需求层次,当宾客的某一层次的需求得不到满足时,会出现负性情感体验,从而引起宾客对酒店的不满。使每一位光临酒店的宾客得到更多的正性情感体验,避免负性情感体验的出现是对知识型服务人员的基本要求。

所谓正性情感,是指宾客在一系列的活动中所感受到的愉快的、开心的、欢乐的、积极的情感体验。

2. 现代社会的人们提倡个性张扬,即追求另类。人们越来越意识到自我的重要,开始厌倦了标准化和单一的服务,希望酒店能时时地关心自己,能单独地为自己提供服务,希望自己的个性需求得到极大的满足。而这些都要靠酒店知识型员工去塑造,去满足。

毫无疑问,宾客真正满意的客房部员工是能提供知识、文化与情感在内的知识型员工。知识型员工会用自己的热情、知识、情感、创意给人们提供个性化服务,他们在与宾客的交往中用自己的高素质甚至人格魅力来影响每一位与其接触的客人,他们在宾客的心目中确立了优质服务形象,甚至形成个人服务品牌。用自己的情感打动客人,不但能满足宾客的个性偏好,甚至能创造宾客需求。

知识型客房部员工打造要素

第一节 知书达理是知识型客房部员工的基本素质

知识就是力量,知识型客房部员工应该是自己领域内的权威,能为宾客提供相关的客房部服务知识,不仅如此,他们还对其他领域的知识有所涉猎,不断地充实自己,以满足客人的不同需要。礼貌的语言和真诚的微笑是知识型客房部员工的基本礼节,要懂得尊重他人,行为合乎情理,让宾客在"清心怡神"的服务过程中感受到一种独特的文化氛围,感受到员工内在的文化品位,这需要员工通过语言、技巧的提高,服务艺术的升华,才能达到。这还需要员工不断地提高自身的文化素养,文化是一种包含生活积累的东西,比如,数千年的品茶历史造就了中国特有的茶文化,只有从细小的事情一点一滴持之以恒地做下去,保持酒店客房部的经营理念,才能慢慢形成自己的文化氛围;也可以通过挖掘中国数千年的古老文化,与现代酒店接轨,以增加服务的文化底蕴;创造快捷高效、品位高雅的服务将是知识型客房部员工的目标。

第二节 个性化服务是知识型客房部员工的追求

知识型客房部员工为了能给宾客提供尽善尽美的服务,就应能不拘谨于服务的标准化,在提供规范化服务的同时,注重为宾客提供"量体裁衣"的定制化服务,追求卓越。这要求他们善于注意细微之处,懂得从一般中发现特殊,能依据宾客外部特征或"提示"的信息提供差异化服务,他们应该知道何时对宾客多一分关心,而何时应该尊重宾客的隐私。为了读懂客人,客房部的知识型员工需要注意以下几个方面。

宾客希望被"定制化"

酒店的服务对宾客的生活来说不是必需品,而应该是享受品。现代社会的人们提倡个性张扬,追求另类。越来越意识到自我的重要,开始厌倦了标准化和单一的服务,希望酒店能时时地关心自己,能单独地为自己提供服务,希望自己的个性需求得到极大的满足,希望在酒店能享受到专门为自己设计的服务项目,比如:老年宾客在餐厅点菜时,侍者能提供不同度数的老花眼镜,以方便他们看清菜单;女性宾客希望在坐下时有一个可以放手提袋的地方;正在减肥的宾客希望在品尝美味佳肴的同时不增加体重,等等。宾客不愿意听到"不行"这两个字,当要求不能被满足时,他们希望酒店能为此做出一些特别的安排;但很多时候,员工会用"这是我们酒店的规章制度"来拒绝宾客的一些定制化需求;其实,规章制度不是法律,不能破例,酒店的员工只是不想因为宾客而去给自己找麻烦。

每天，酒店的管理者都在寻求宾客的需求，而当宾客自己将一些定制化需求说出口时，却经常遭到员工"义正词严"的拒绝，由此，酒店很难得到宾客的忠诚。如果宾客的看似不能实现的定制化需求能够被满足，酒店就能得到宾客的长期信任，并取得良好的口碑。

宾客希望酒店能尊重自己的隐私

酒店是宾客的"家外之家"，宾客对房间享有使用权，希望进房的员工能尊重自己的生活习惯、爱好，除了日常必要的清扫，他们希望不被打扰，并对自己的一些看似平常的"隐私"，比如，所住的房号、离店日期、来往朋友的情况、摆放物品的习惯、嗜好等保守秘密，特别是对宾客想要回避的人。餐厅的员工同样应该尊重宾客的饮食习惯，而不是把宾客的一些与众不同的习惯等当做茶余饭后的笑料来谈论，更不能暗地里嘲笑。只有这样，客人才有真正到"家"的感觉。

宾客希望酒店能善待自己的过失

宾客来酒店消费，由于不熟悉环境或者酒店的设施未能明确地指示用法，"犯错"是难免的，酒店应"善待宾客的失误"，员工应设身处地地为宾客着想，及时妥善地处理好宾客的一些"过失"。国际著名的香格里拉酒店要求员工达到这样的共识，即："我们不必分清谁对谁错，只需分清什么是对，什么是错，让宾客在心理上感觉'赢'了，而我们在事实上做对了，这就是圆满的结局。"在国外，有一位客人在酒店的客房休息时，不小心把一个瓷瓶碰到了地上，瓷瓶摔个粉碎，客房经理知道后，急忙到房间对客人说道："对不起，没有吓着您吧？"那位客人问道："我需要赔偿吗？"经理说："不。您在告诉我，应该把东西摆放在恰当的地方。"客人心里充满了对酒店的感激之情，回国后，将此事告诉给自己的亲朋好友，并将酒店的"以人为本"的服务精神告诉他们，表示将来有机会不但自己再来，还要让他的朋友们来光顾酒店。

宾客希望能得到解决问题的服务

"礼貌待客"、"微笑服务"固然重要，但当宾客遇到困难时，他希望员工能一次性地迅速解决问题，比如，夏天在客房，宾客投诉空调太热了，宾客催了服务员几次，每次，服务员总是面带微笑，礼貌地说"对不起，请稍等"，但就是不见工程部员工来维修，最后，宾客愤怒地找值班经理投诉。能否做到一次性地解决宾客的困难，就要看酒店的员工是否真的以宾客为中心，为他们着想。美国的里兹—卡尔顿（Ritz-Carlton）酒店有这样一条经营原则：员工能在个人层次利用客人反映的信息为宾客提供最优的服务，只要客人有需求，员工应立即放下正常工作，并允许员工在2000美元范围内采取措施，以满足客人的各种需求。里兹—卡尔顿酒店勇敢地选择了迎合每一位宾客的需求，要求酒店的员工应以最快的速度对宾客的要求做出反应，并暂时放下正常的工作，采取积极措施去满足宾客，以确保服务互动的友好性，这也就是酒店的边缘服务规则（Lateral Service）。

第三节　知识型员工要真正了解宾客需求、追求服务创新

知识型客房部员工应掌握心理学知识，不但充分理解宾客的各种不同需求，能从宾客

的心中获取大量的信息,并熟知宾客的需求会随时间、收入等因素而改变。可以说,宾客的需求就像一座冰山,平时,我们所看到的只是浮出水面的部分,知识型客房部员工应能挖掘宾客埋藏在心灵深处而没有浮出水面的需求。

客人是酒店的"财源",只有充分了解他们的需求,包括那些外在的和潜在的需求,才能进行服务创新,才能使客人在酒店拥有愉悦的体验经历,才能真正吸引住客人,光顾酒店,去而又返,成为酒店永远的客人。如今的酒店管理者试图通过各种途径,想方设法地寻找客人的需求:有的通过宾客意见表,有的从网上寻找,有的从客人的投诉中分析等,但收效甚微,其表现在于酒店服务管理方式往往不能与客人的需求变化同步,更是缺乏前瞻性。那么,酒店知识型客房部员工究竟怎样才能真正了解到客人的需求呢?这涉及两方面的问题。

首先,酒店应摆正寻求客人真正需求时的出发点和立场。

大多数酒店往往站在自身的立场,从员工的服务效率出发,设计相关的服务程序、规则。如果酒店能站在客人的角度、立场,来规划、设计对客服务规程,当客人说出其真正需求时,包括一般的与个性化的,员工都能依据有关的规章制度,及时予以满足,就不会出现员工理怨客人不遵守酒店的规章制度,就能真正设身处地地了解到客人的需求,而不需要管理者煞费苦心地"设想"客人的需求。其实,客人是最了解自己的需求的。

其次,酒店应着重找到客人需求的潜在因素,才能够真正满足客人的需求,并且能够在服务上不断创新。

随着时代的变迁,客人的需求从 20 世纪 80 年代对产品的需求转到 90 年代对服务的需求,如今,客人需要的是能满足自身需求的服务。美国著名的学者 Harvey Thompson 对客人的需要与需求分别作了定义,所谓客人的需要是指那些客人已经表达出来的,能满足自身愿望的。而客人的需求是指促使客人提出那些需要的潜在因素。正如著名物理学家牛顿所说:"给我一个支点,我能撬起整个地球。"寻找客人需求的真正原因,即那些潜在因素就是酒店了解客人需求的"支点"。例如,客人总是向大堂经理抱怨结账时排队的时间太长,当你问客人为什么时,就会发现其真正的原因应该是客人希望马上能结账离开,那么,酒店可以据此去发现、采取一些新的、理想的服务方式来满足这一需求:可以让总台的员工身兼两职,在忙的时候帮助结账,也可以让一部分客人,比如,一部分散客在贵宾柜台结账,还可以让一部分客人前一天结账,走时只需核对一遍即可,等等。一旦酒店寻找到了服务创新的切入口,就不但能满足客人的各种需求,还能发现客人的潜在需求,创造需求,以保持酒店的可持续发展。

酒店的客房部员工究竟该真正了解到客人的哪些需求呢?针对这些需求酒店应采取什么样的服务创新呢?知识型客房部员工应该注意以下问题。

客人总是想要最低价吗?

过去,酒店管理者擅长于节约成本,包括人力、财力、物力、能源等,以使酒店的产品能低价出售给客人。但在 21 世纪的今天,在考虑价格的同时,更应注重酒店产品能给客人带来的价值,怎样吸引住客人,使之成为酒店的忠诚宾客。这就需要酒店有匠心独具的服务理念与方式,能精心设计客人消费过程中的弹性服务程序,使客人获得无微不至的

关怀，比如，客房卫生间的厕纸不是简单地折成三角，而是折上花纹，有的甚至可以贴上一朵鲜花，以示温馨，让客人"一见倾心"。这样，即使房价高过其他酒店，客人也还是会选择让自己有美好体验回味的酒店。

客人自己会创造出酒店尚未出现的、符合自己需要的服务吗？

通常，客人不会替酒店想象出自己真正需要的服务。酒店可以将重点放在调查研究影响客人需求的潜在因素上，并与客人沟通，询问客人需求的真正原因，了解客人从中能得到的价值享受，并一同展望更好地提供、满足这类需求的方法，以进行服务创新。例如，在防止客人卫生间发生意外方面，欧洲的酒店充分考虑到了客人的安全需求，进行了创新：在卫生间浴缸的墙壁旁，有一根紧急拉绳，当客人需要帮助、发生意外时，只要顺手拉一下，工作间的警铃就会响，且显示房号，通知服务员马上去该房间查看，帮助客人摆脱困境。这样做避免了许多意外，在保证客人安全的同时，提高了酒店的声誉。

客人的需求都是独特的吗？

虽然，客人的性格、脾气、要求不尽相同，但是，他们来酒店消费的需求种类是大致雷同的，只是侧重点不同，但他们都希望采用自己喜欢的方式在酒店拥有一个愉快的经历。据美国的一份调查资料显示，只有30%的客人需求是独特的，其余都是普通的一般需求。因此，酒店管理者在设计服务时首先应满足70%的客人共性需求，然后再设计满足30%的独特需求，以保持、创造酒店的客源市场。要避免"顾此失彼"的误区：一、有的酒店误认为满足了30%的客人需求，就是满足了酒店客人的全体需求，结果使客人的大部分需求未能满足，招致不满；二、酒店忽略了30%的独特需求，只向客人提供了70%的服务内容，使一部分客人因为个性需求没得到满足而离开酒店。

客人需要"正性"情感体验

随着时代的进步，客人低层次需求的得以满足，高层次需求逐步显现，对名誉、地位、尊严等的需求越来越显著，物质性需求的重要性逐步下降，精神性需求逐步上升，并占据主导地位；人们越来越不满足于低层次的服务，对高层次服务的需求则是越来越强烈。与企业有形的消费品或产业用品相比较，客人在整个消费过程中的情感需求更迫切、更强烈。客人在购买酒店的服务产品时，具有非完全的物质利益取向，有些客人宁愿花较高的费用，舍近求远到常去的酒店住宿，这是因为宾客的满意与否不仅仅由酒店提供的产品功能决定，而且还取决于整个服务过程中的一种心理体验。而这种心理体验是客人对酒店服务过程进行感知与同化的一种精神过程或称为情感体验过程，这种情感体验过程正是酒店需要用心体察、进行服务创新的地方，因为这是将酒店的一般宾客变成忠诚宾客的关键所在。分析客人的情感需求，酒店不但能发现潜在需求，满足需求，并能保证客人的真正满意。

客人需要酒店的诚信

当今社会，"诚信"是酒店的立足之本，客人对酒店的诚信需求包括两方面：一方面是对酒店的能力、竞争力的一种信任，使之愿意入住该酒店；另一方面是在同事或亲戚、朋友的正面影响、介绍下，对该酒店产生信任，而愿意尝试入住该酒店。诚信是酒店建立良好的宾客关系的基石,酒店如果失去诚信,客人将不会再信任酒店,酒店失去的不仅仅是一位客人,而将是整个客源市场。

第四节 培养知识型员工的幽默感

幽默是知识型客房部员工的魅力所在。知识型客房部员工要和不同的宾客打交道,他们会碰到很多的烦恼和困难,而幽默能使恼怒和不满得以很好地排除。美国心理学家认为:"当您以幽默的力量感染并引导别人时,您就会发现自己的生活更加充实。这种力量可以为人们之间的鸿沟架起一座桥梁从而缩短了相互间的距离。"知识型客房部员工应能充分利用这座桥梁来调节与宾客的关系,以增进与宾客相互间的信任与了解,缓解紧张的气氛,促进双方友谊的建立,为宾客带来服务的高附加价值。

第五节 注重知识管理

知识管理是酒店塑造知识型客房部员工的关键。酒店应重视文化建设,使知识型客房部员工真正成为酒店内在文化底蕴的载体,酒店精神的精髓能通过他们达到内在化、个性化、自喻化。酒店要创造"学习型组织",使员工能不断获取知识和自学成才,发挥知识团体的整合效应。在实施知识管理时,应重视对知识型客房部员工的精神激励,不只是那种赞赏、表扬或荣誉的传统式精神激励,而是一种新型的精神激励,即赋予更大的权利和责任,充分挖掘自己的潜力以实现自身的人生价值。在新经济时代,知识管理将成为酒店竞争力的源泉,酒店将设立CKO(知识主管)职位,以管理和开发好人力资源,注重知识型客房部员工的培养和发展。

积极开展知识型管理

世界酒店管理之父——Mr. Ellsworth M. Statler早在19世纪在阐明其经营目标时,这样描述:"让每一位客人都感觉到非常的愉快,成为我们永远的顾客,不但去而又返,同时还不断地带来新的客人。"

建立一套运作完善的服务程序和制度,而不只是要求员工会礼貌地"微笑",对客人说"对不起"

一般而言,客人去酒店餐厅是享用美味佳肴的,如果员工的服务不周,餐厅经理微笑地说声"对不起",还是可以弥补的。但如果客人是对餐厅的菜肴不满意,礼貌地说声"对不起"是远远不够的,其关键在于酒店如何才能保证每一道菜肴的色、香、味、形,使客人每次都能满意而归。为此,酒店应该建立一套完整有效的服务程序与制度,并对服务程序设计上的每一步都做好检查工作,确保不出任何差错或将出错的概率降到最低。这从美国的餐饮连锁公司麦当劳(McDonald)供应的土豆服务操作程序可以略见一瞥:从土豆生长需要的特定土壤与气候，到土豆储藏所需的仓库要求，到厨房的切割方式，最后是炸出薯条的全部过程都有一套严格的控制程序，以保证在全世界，无论何时，无论何地，客人每一次去麦当劳都能品尝到质量标准都是最好的薯条。

 可以减少，甚至不需要督导

酒店的员工如果知道有人每天都会来检查自己的工作，那么，员工自己就不会负责地对自己的工作进行检查。因此，酒店的督导不会提高员工的工作效率，相反，督导这一职位会使酒店对同一种内容的工作付出双倍的工资，这增加了酒店的操作成本。试想，如果一个员工可以完成的工作需要两个人来完成，酒店还有效率吗？比如，客房部的员工就应该对自己所打扫的房间负责，如果客人入住后有投诉，该员工就应受批评，以确保下次不会有同样的错误发生，否则将受到更严厉的处罚。同时，酒店的主管可以抽查员工清洁的房间，以了解员工的实际工作情况，帮助提高服务质量。

 可以减少，甚至不需要宾客服务经理，同时，给所有亲自为客人服务的员工增加解决宾客问题的权力与责任

现代酒店的每一位员工都应该是酒店的宾客服务代表，例如，如果总台的员工对客人不礼貌，那么无论宾客服务经理怎样对客人礼貌，该客人都已经受到了低标准的服务待遇，这一次的服务水准已经下降了。为了避免这种情况的出现，酒店管理当局应该让每一位为客人服务的员工都具有宾客服务代表的素质与责任，并授予每一位员工满足客人各种合理需求的权力。世界著名的里兹—卡尔顿酒店正是以这种服务理念与方式使该酒店的忠诚宾客数目超过24万人次。

 应在第一时间准确无误地完成客人需要的服务，并遵守诺言

"说到做到"是酒店确保对客服务水准的重要内容，也是客人衡量酒店服务水平的主要方面。在美国的连锁酒店 COMFORT INN，总台的大理石柜台上、客房的书桌上，显眼地竖着"100%满意保证"即"100% SATISFACTION GUARANTEE"这样一小块公告：在 COMFORT INN，我们保证让所有的宾客都满意；如果您对我们的房间或者服务有不满意的，请告诉总台员工；如果我们还是不能满足您的需要，酒店将免去您的房费。按质按量地完成客人的要求，比起微笑、酒店赠予的小礼物、"对不起"重要多了。酒店的员工应该第一次就将客人的需求正确无误地完成，以真正保证客人的每一次服务体验都是正性情感体验，不需要补救的。

 酒店应想方设法地满足客人的需求

不管酒店的客人有何要求，只要是合法的，我们就应该积极地尽量予以满足。酒店的"金钥匙"是这方面的专家，如果客人的要求我们暂时无法提供，酒店可以向同行求救、借鉴。在信息时代，客人的需求千变万化，酒店应十分注重收集各种客人需求信息，力求发现客人潜在的需求，虽然这种需求就像是沉在大海的冰山；酒店管理者也可以亲自询问客人的需求。在美国马里兰州的 COMFORT INN，酒店房间的服务指南本上有一项内容是这样的：每星期二晚上的5：30—7：30，本酒店的总经理邀请您一起在一楼会议厅进行访谈。在彼此轻松的交谈中，不但增进了双方的感情与友谊，交了朋友，还就酒店服务等关

心的内容交换了意见。这样酒店既能了解宾客的需求，又能及时改进酒店现存的服务缺陷。

 酒店需要不断进取，永不停步

　　保持酒店一定的服务水准，每次给客人都能提供满意的服务，就像是"逆水行舟"，不进则退。因为客人的需求是日益变化的，酒店只有不断进行服务与管理的创新，才能吸引住客人，才能创造丰厚的利润。再者，由于加入WTO后，酒店之间的竞争会愈演愈烈，倘若有酒店能给客人更多的服务创新、更多的优惠政策，能给客人创造更好的正性情感体验，那么，客人自然而然地会"蜂拥而至"，而不管以前某酒店曾给过他们怎样的帮助、好印象。因此，"百尺竿头，更进一步"，酒店需要定期邀请专家作为"神秘客人"来光顾，对酒店的服务水准进行评估，提出整改、创新建议；也可以定期光临同行，向同行学习、取经，以不断提高酒店提供给客人的每一次服务水准，争取更多的忠诚宾客，以确保酒店的可持续发展。

　　知识型客房部员工能够在酒店服务的第一线为宾客提供蕴涵知识、文化品位与情感内涵的正性情感服务，高超的服务技艺和高雅的文化气质是知识型客房部员工的基本素质。在服务经济时代，知识型客房部员工将起到关键的作用，因为只有他们才能为酒店提供超越宾客期望的知识型服务，以不断满足宾客个性化的情感需求，只有他们才能"读懂"宾客，也只有他们用自己的真情打动宾客，才能使之对酒店产生情感上的依赖而成为酒店的忠诚宾客。

项目练习

1. 什么是知识型的客房部员工？
2. 怎样才能成为知识型的客房部员工？

服务与管理项目十三

客房部员工的沟通技巧和抗压能力培养

项目导入

客房部员工除了保持房间的清洁和舒适之外,还要与客人进行有效的沟通,与酒店其他部门的员工进行合作与交流,才能圆满地完成自身的工作任务,因此,客房部员工的沟通技巧对能否给客人提供满意的服务起到十分重要的作用,员工的沟通能力所起到的作用往往大于他们的专业能力。本项目具体分为沟通技巧和抗压能力培养两个部分。

客房部员工的沟通技巧

客房部员工的沟通技巧具体包括三方面的内容:有效的聆听(Effective Listening),有效的回应(Effective Feedback),有效的无声启示(Effective Non-Verbal Hints)。

第一节 有效的聆听

(一)含义

聆听是一种过程,它包括身体、情绪以及智能的组合,从而谋求共识。其中,接收者必须明白传讯者所传达的训息,还要鼓励连续沟通。

(二)有效聆听的障碍

1. 健康状况。
2. 忽略无声启示。
3. 个人偏见(正负两面)。
4. 骚扰。
5. 复杂信息(集中于如何回应而非专心聆听)。
6. 身边的环境(噪音、光、气温以及家具的位置)。

(三)有效聆听该做与不该做的事情

1. 应该做的事情。
(1)聆听时应保持眼神接触。

（2）专注。
（3）适当时以身体语言做出回应。
（4）表示关怀及体谅。
（5）抵抗骚扰。
2. 不应该做的事情。
（1）草率了事。
（2）不耐烦。
（3）发白日梦。
（4）转动手上的物件。
（5）拒绝已经认识或从未接触过的事情。

第二节　有效的回应

（一）含义

接收者对所传送的信息有所回应，可以同意、不同意或中立；可以口述或文字、正式、非正式的提问；表示支持（加强原来的行为），加以改善（适当地改变行为）。

（二）回应的重要作用

1. 显示接收者对信息的了解程度
2. 向传送者肯定信息已被接受及正确了解，而接收者亦已做好准备去接收第二个信息。

（三）有效的回应该做的

1. 与沟通的内容应该是互相呼应，而不是概括而言。
2. 避免作人身攻击。
3. 为双方利益着想。
4. 时间准确控制。
5. 双向沟通。
6. 适量的信息。

第三节　有效的无声启示

（一）含义

无声启示指的是说话的同时可做的其他提示，包括姿势、面部表情、身体移动、距离和接触；有时，无声的提示或动作更有助于传达信息的隐藏意思。

（二）有效的无声启示包括的内容

1. 面部表情，包括惊讶、喜乐、伤悲、愤怒和厌恶。

服务与管理项目十三 客房部员工的沟通技巧和抗压能力培养

2. 身体的移动。

3. 沟通者之间的眼神接触会表露出人们对话题的兴趣、喜恶、投入感以及侵略性。

4. 身体的距离：人与人之间应保持适当的距离，人们通常会与陌生人及有正式关系的人（比如上司、下属的人保持较大的身体距离）。

> **注意**
>
> 人与人之间的沟通方式共有5种方式。
>
> 1. 自我否定式（Self-Denying Style）。
>
> 这种沟通方式的人尝试孤立自己，与他人隔离；喜欢隐藏自己的意念、意见、态度与感受。性格内向者都采用此方式。
>
> 2. 自我保护式（Self-Protecting Style）。
>
> 这种沟通方式的人向他人做出批评，只顾分享别人的意念、意见、态度及感受，绝少分享或接纳他人对自己性格上或其他不足之处的批评。
>
> 3. 自我表露式（Self-Exposing Style）。
>
> 这种沟通方式的人不断询问别人关于自己表现的评语，以鼓励别人注意自己；他们较容易受别人的看法而影响情绪。
>
> 4. 自我讨价还价式（Self-Bargaining Style）。
>
> 采用这种沟通方式的人对意见能给予回应，能开放自己让别人批评。
>
> 5. 自我肯定式（Self-Actualising Style）。
>
> 采用这种沟通方式的人能自动自觉地提供自己的资料，要求别人的回应，能有建设性地给予他人回应。

客房部员工的抗压能力培养

随着信息时代的来临，人们的生活方式从根本上发生了变化，然而，随之而来的是人们的工作压力越来越大，各种因工作压力而产生的疾病不断增加，企业的生产效率受到了较大的影响。据对美国部分公司的调查，46%的员工认为自己的工作高度紧张，34%的员工觉得压力太大而想辞职，因工作压力引发的经济索赔以及高血压、心脏病等直接医疗费用，每年给美国带来的经济损失高达2000亿美元。据估计，日本每年因为工作压力太大而死亡的人数达到10 000名。压力是身体对外界需求的反应，中国加入WTO之后，中外酒店的竞争日益加剧，酒店的员工将承受前所未有的因工作引起的紧张焦虑，比如，员工长期处于超负荷的工作状态，加上"裁员"的风险，家务琐事，还有来自上级、客人的各种个性要求等，使得他们的身心健康难以保证；员工的工作压力不仅会在人体、生理上造成伤害，而且可能造成心理创伤，引起情绪波动，增加他们的焦虑，产生沮丧情绪，同时给员工的行为造成很大的影响，如缺勤、离职、酗酒、抽烟、家庭矛盾等，严重影响了员工的生活与工作绩效。但由于酒店客房部员工本人缺乏对这方面知识的认识，并且酒店管理者较重视员工的岗前、在职培训，提高员工的服务技能，从而忽视了对人力资源的日常养护工作，即对如何缓解员工的工作压力没有引起足够的重视。

减压不仅是酒店客房部员工个人的私事，组织行为学的最新研究成果表明，压力问题的解决除了个人的努力，越来越多地依靠组织的干预，尤其是领导的关怀；笔者认为，缓解酒店客房部员工心理压力的应对措施可以从两方面来考虑：一是个体的应对措施，即通过员工自身有意识地调节；二是组织的应对措施，即在酒店管理者的帮助下，采取一系列的有效策略，帮助员工战胜压力，从而达到减压增效的目的。

第一节 酒店客房部员工自我应对压力的措施

养成良好的生活习惯，学会放松自己

随着员工的心理、生理压力的日益增加，他们会感到疲劳、懒散或缺乏动力，有的人会借助酒精、香烟、咖啡以减轻紧张感，结果适得其反，要学会努力改变不良的生活习惯，控制情绪，放松自己，比如，下班后，和家人共进晚餐，交流一天中有意义的事情，遇到问题，也可以作一个家庭商讨，享受民主的气氛；还可以一起散步或做美容，阅读娱乐杂志，使自己的身体得到改善，精神得以振奋。

找到可陶醉自己的玩耍项目

在业余时间开发一些新兴趣、爱好，并找到使自己能沉醉其中的活动，比如，某项运动、旅游、集邮、收集古董等，它能使你自由自在，兴奋不已；或沉醉于最浪漫的事情——儿童游戏中，去玩具吧、漫画吧、手创馆，在天真烂漫的童年记忆中慢慢变小，这对缓解身心压力有很大的作用。

学会控制时间

预料可能发生的危机，预先计划好工作的截止日期，并估计出自己对此所采取的工作步骤，从而有效地控制工作、生活的时间，最终得到满足感、成就感和心灵的平静。

努力培养"忘我、无私奉献"的精神境界

逐渐培养自己忘我地工作、学习，不计较个人利益的得失，为他人着想，为酒店无私地奉献自己青春年华的思想境界，学做一个高尚的人，才有可能完全地排解压力，全心全意地为人民服务。

增加对挫折的承受能力

世上不如意事常十之八九，面对难以排解的工作压力，每天与客人打交道的酒店客房部员工难免会有挫折感。因此，学会善于寻求社会支持，不要过于独立，能充分利用社会资源，平时注意搞好与客人、同事的关系，有好的人缘，在关键时刻，就能得到大家的关照。此外，善于认清自己，特别是认识自己的生理状况、个性特点和能力，有"自知之明"，在工作中扬长避短，这也能使你减轻压力。

第二节 酒店管理者帮助员工缓压的有效策略

实施"爱抚管理"

为了应付日益激烈的竞争，员工的工作负荷大增，他们的身心压力将成倍增长，加上酒店的管理组织结构"等级森严"，无形中使员工产生压抑感。因此，酒店管理者有必要对员工实行"爱抚管理"，避免成为"老板"，可采取"公仆领导方式"，让员工感觉到你是在为他们工作，而不是他们在为你工作。在酒店管理中提倡关心人、爱护人、安慰人，用平等的姿态与员工沟通、交心；不仅注意减轻员工在酒店的压力，如提供、创造升职机会，安全保障，更注重把员工作为伙伴和朋友，而不是看成管理的对象，努力构筑体贴、关怀的管理方式，减轻员工的心理压力，为他们创造和谐的工作环境。

管理者应强调酒店愿意长期聘用员工，不到万不得已，绝不"裁员"

"裁员"是酒店客房部员工最大的心理压力源，管理者应强调酒店愿意长期聘用员工，工作保障问题最终取决于员工自己。在市场经济的作用下，酒店为求更好的发展，会做出一些适应性的调整行为，比如，招聘酒店的目标员工、减员增效等，在此过程中，管理者应慎重对待，多点责任与爱心，努力做好各方面的工作，因为一着不慎，既伤员工，更伤酒店。一个对员工不负责任的酒店，即使广告投入再多，对客人再热情，也抵不过内部员工的负面口碑的250定律（即一个负面口碑影响250个人）。20世纪30年代，美国经济危机爆发，福特汽车公司陷入困境，董事会上，老福特力排众议："不裁减一名员工，我每月只拿一美元工资。"当人们走出会议室时，大家惊呆了，整个工厂灯火通明，全体职工自愿无偿加班，坚守岗位，所有的董事深受感动。对员工负责的福特汽车公司三年后，靠着全体职工努力，重新称雄美国汽车市场。

通过网络促进有效沟通，及时排解压力

由于酒店的分工，员工日常接触到管理层的机会不多，网络使员工与酒店的管理层沟通更为直接、有效，酒店可以在内部局域网上建立员工的个人主页，可以有BBS论坛、聊天室、建议区、公告栏以及酒店的各管理部门的邮箱等，这样，员工的不满有了发泄的地方，酒店的管理者也可随时了解员工的心声、对酒店的建议等。这对集团化的酒店尤其重要，因为酒店领导不可能每天都巡查各个酒店，但通过网络，可以随时了解员工的需求，并及时排解矛盾。同时采取"门户开放"政策，任何管理层人员对员工的这些建议、想法等如有实施报复、打击，将受到酒店严厉的纪律处分甚至解雇，以确保员工的工作压力得以有效释放。

善待客房部员工的过失

每个人都会犯错。酒店的管理者应该允许员工犯错。当员工不小心犯了错，比如，客房员工滑了一跤，摔碎了房间的一只花瓶，管理者不能简单地指责、处罚员工，因为这时，他们的压力已经够大了，而是应该立即处理好现场，安抚客人，同时关心一下员工有否伤着，并找出问题所在，加以改进，使员工在充满感激的同时找回工作的信心。请记

住，善待你的员工，他们会善待你的客人。

使用幽默色彩，经常让员工笑一笑

酒店的员工每天要和不同的宾客打交道，他们会碰到很多烦恼和困难，而幽默能使恼怒和不满得以很好地排除，使员工可以轻装上任。酒店管理者可以使用"幽默"这一特殊因子，把服务管理提高到一种高超的艺术水平，因为幽默是松弛蹦紧的神经、缓和紧张关系的润滑剂。"9·11"恐怖事件之后，美国航空业全面下滑，只有西南航空公司实现了盈利，此公司的CEO赫布凯莱赫经常以幽默的姿态出现在员工当中，特别是面临巨大困难时，他穿着小丑服装参加公司举办的周末晚会，努力营造轻松的工作气氛，他还给"谁袜子上的窟窿最大比赛"的获奖乘客发奖，让乘客与员工一起在欢乐的气氛中度过旅行。由此可见，工作压力在西南航空公司的幽默中不知不觉地被化解了。

重视员工的健康，建立酒店的健康保障制度

由于服务工作的繁重，客房部员工的体能消耗较大，能否在体力上胜任工作是员工经常感到的压力。酒店有必要建立员工的保健制度，为员工制订增进身心的"健康计划"；有专职的健康培训人员，酒店可设立员工健康设施，举办健康讲座，帮员工培养良好的锻炼习惯，鼓励员工参加体能训练，给员工提供营养配餐，为员工应对工作压力做好心理、生理的准备。

设立CKO（知识主管），重视工作重组设计

酒店的客房服务工作具有单调、重复的一面，为避免员工产生枯燥、压抑感，酒店可以设立知识主管的职位，根据员工的特点、能力、兴趣爱好与需要，为他们筹划职业生涯发展计划，安排其升职培训、转职培训、各种专题培训，并提供适合其需求的上升道路，使他们的个人发展与酒店的可持续发展得到最佳的结合；重视酒店服务工作的重组设计，通过轮岗、交叉培训等，为员工提供一份富有挑战性的工作，以提高其工作热情和兴趣。

实施有效的压力管理不但有助于提高员工的生活质量，同时，对酒店的经营管理有着不容忽视的重要意义，首先，它可以增强酒店的组织凝聚力，树立管理者的威信。管理者给员工降压，是"雪中送炭"，是现代人最为渴望得到的精神礼物，当员工处于逆境时尤为有效。其次，降压可以维护员工的身心健康，减少酒店的医疗费用的支出，降低成本，取得员工健康与酒店增效的"双赢"局面。最后，员工的工作业绩与身心健康有密切的关系，随着压力的日益增大，员工的身心容易发生扭曲，因此，创造一个轻松、和谐的工作环境氛围，帮助员工有一个健康的身心，是提高酒店生产率的有效途径。有效缓减员工的压力是21世纪酒店管理者不容忽视的一个系列工程，通过员工本人和酒店管理层的共同努力，使员工得到暂时的休整、放松，恢复最佳状态，以良好的精神面貌投入到每天的服务工作中，这不但有利于员工的生活与工作，更有利于创造酒店业绩的高峰。

项目练习

1. 如何才能增进酒店员工的沟通技巧？
2. 怎样培养客房部员工的抗压能力？

服务与管理项目十四

客房部管理者的管理风格

项目导入

一位客房部管理者的管理风格可以用多种方式演绎，有的客房部管理者被认为是"独裁者"，有的被描述为"长着冷酷的花岗岩脑袋的人"，有的被认为是"和蔼、宽容"的人。面对不同的酒店情景，可以采取不同的管理风格。本项目将详细阐述客房部管理者的不同管理风格，以及这些管理风格的具体运用。

客房部管理者的管理风格

第一节 独裁式的管理风格

这种管理风格的酒店经理人保持最大的权力，独立决断，发布命令不需下属的意见或辩护，并要求下属服从指示。

此风格适用于：对服务程序不熟悉的新员工，当员工缺少自发性和责任感时，在有时间限制或紧急情况下，当领导的权力受到挑战时，当员工对其他管理方法没有正确的反应时。

有效运用的案例

在控制一起酒店四级警报的火灾时，其他部门经理都变得心慌意乱，如果客房部经理当天是值班经理，为了挽救客人及员工的生命，他必须有决断，及时发出命令，没有时间作任何解释，然后，密切关注员工是否严格按照指示来进行。

运用不妥的案例

酒店客房部的一名员工，一向工作勤勤恳恳，认真负责，有较强的主动性和责任心，经常受到客人的表扬。但客房部经理在布置这位员工的工作时，和对待其他员工一样，未事先商量就独断专行，安排好了其工作的时间、地点，甚至方式，并要求这位员工严格执行。这样不但缺乏管理的灵活性，还会挫伤员工的积极性。

第二节 制度式的管理风格

这种管理风格的客房部管理者强调一切工作是根据服务条例、政策和标准而进行的，这包括经理人所做的决定，只容许少量的个人判断。这类经理人并非带领而是用酒店的规定程序、制度去管理下属。

此风格适用于：依常规程序工作的服务人员，客房部办公室的文职人员，专业人员负责新的机器或操作程序。

有效运用的案例

如果你是一位在酒店工作已达十多年的客房部经理，客房部最近来了一些员工，他们是大专院校酒店管理专业的毕业生，但他们在酒店的经验却不足，虽然有一定的理论基础，但当遇到不同的酒店情况时，这些员工的处理方法却与酒店的要求有所不同。作为酒店的客房部管理者，你可以用制度式的管理风格，让他们了解酒店的对客服务程序、规章制度等，来确保你的员工采用符合酒店要求的处事方法。

运用不妥的案例

一位客房部经理的下属大部分是具备多年本酒店服务经验的员工，但在每周的服务例会上，尽管员工对客房服务程序的了解程度和经理一样深刻，但经理还是"老三篇"，就服务的每一个程序、每一个细节等都重复做了详细的解释，这不但拖长了会议的时间，重点不突出，缺乏创新，还容易使员工有厌倦之感。

第三节 民主式的管理风格

这种管理风格的酒店经理人咨询、考虑员工的意见，尽量让员工参加解决与他们有关的问题，与员工一起分享决策及责任。

此风格适用于：员工拥有相当的经验与技术，经理人不善于解决的问题，所做的决定需要员工接受并执行的，问题有几个可供选择的解决方法。

有效运用的案例

一位客房部管理者，在他的部门里，有一些热心学习的下属，虽然他们有不同的工作经验和背景，但他们一向都能互相合作，并一同分享不同的意见去解决问题。当你与下属开展工作时，比如，在调整酒店的装修方案、推出客房个性化服务等，可以使用民主式的管理风格。

运用不妥的案例

某日，一位客人向酒店投诉，他的一件昂贵的皮衣在洗衣房洗涤过程中被损坏了，要求加倍赔偿，总经理的反应是：召集酒店的餐饮部、保安部、客房部、采购部、人事部等各部门经理开会，询问各位经理的意见，尽管他们对洗涤技术、洗衣服务程序缺乏相应的知识与经验。结果，提出的方案遭到客人的拒绝。

第四节 放任式的管理风格

这种风格的酒店客房部管理者委派工作给员工，但极少甚至不指导员工，给员工作决定的权力，并容许他们自由发挥所长。

此风格适用于：员工有极高的自我激励能力，员工有极高的自觉性和责任感，酒店客房部有关技术专家和顾问。

有效运用的案例

酒店的客房部管理者知道下属有能力，而且也知道他们能及时完成任务，因而，经理不用给下属压力和命令，只是告诉他们该干这件事就行了。比如，对客房部的培训老师，对评选出来的客房优秀员工、礼貌大使宜采用放任式的管理风格。

运用不妥的案例

酒店客房部的一位实习生，某天，清扫一间住房时，在床底下发现了一只男式的袜子，而当天这间房住的是一位日本的航空小姐，这位实习生向他的师傅请教该怎么办，他的师傅只是很含糊地说了一句，该怎么处理就怎么处理。于是，实习生想了一想，将这只男袜折好，整齐地放在床头柜上。晚上，客人回来了，发现床头柜上有一只男人的袜子，十分恼火，向酒店的大堂经理投诉，认为客房不安全，马上要求退房，并要求赔偿损失。对经验不足的员工（包括实习生）运用放任式的管理方法是十分容易出问题的。

多种管理风格的综合运用

酒店客房部管理者每时每刻都面临着复杂而微妙的宾客关系和工作任务，在变幻莫测的服务环境中，酒店客房部管理者的管理风格不仅受自身素质的影响，在很大程度上也受到酒店服务工作的要求、客人的需求、时间限制、下属状况等因素的影响。比如，一个本来并不紧急的工作突然应客人的特别要求，变成了需要优先被完成的服务工作，这会引发一系列相关因素的变化。因此，仅了解这四种酒店管理风格是不够的。当员工的工作能力、状态发生变化时，管理者应能察觉到它的变化，并能根据环境的要求选择合适的管理风格。有的员工有丰富的经验和知识，且有高度的自觉性，他们并不需要太多的鼓励与支持，让他们自己控制局面或许会更好，采用放任式的管理风格比较合适。相反，如果员工对工作完全没有准备，职业经理人须明确告诉员工该做什么，怎么做，在哪里做及何时做，采取独裁式的管理风格比较合适。还有，当下属的工作态度、积极性下滑时，职业经理人须对自己的管理风格进行相应的调整，先弄清员工目前的工作状态，注意"对事不对人"，尽量采取个性化的管理方法，对症下药，以有效提高服务绩效。

另外，酒店客房部管理者的个人素质和背景，经理人的性格、个人作风、知识和经验都会影响他对员工的管理风格。例如：职业经理人觉得员工应该参与作决定的程度；他对员工的信心，这关系到是否放心地委派工作给员工；根据估计，某员工是否可以委以重任；等等。

案例分析

[案例]

快到复活节了,坐落在芝加哥的密特威罕布顿酒店的生意却不那么红火,171 间客房,出租率仅 50% 多一点,近一半的房间还空着。这天下午,房务部经理唐娜·爱因斯华兹来到总台,对当班的员工说:"大家动动脑筋,争取一些客源,想办法卖掉一些客房,我想你们肯定能行的。"说完,她就出去开会了。前台的几位员工果然马上聚集一起商议,时近傍晚,到哪儿去寻找客源呢?有位员工灵机一动:"何不打电话与航空公司联系,看看有没有误机的客人。"接着大家纷纷主动出击,最后,密特威罕布顿酒店的前厅员工在下午 5 点钟争取到 60 间客房的客源,在当地酒店同行中传为佳话。

[分析]

前厅的员工主要负责接待登记,但密特威罕布顿酒店的前厅员工变主动为被动,联系客源,为酒店争取了一笔大生意,其中的奥妙还在于房务部经理唐娜·爱因斯华兹的民主式的管理风格,她的似乎只是一句"漫不经心"布置工作的话,包含了多少日积月累的经验和对自己员工的信任!她深谙授权之道,采用了适当的管理风格,充分发挥了培训有素的员工的积极性,提高了酒店的经营业绩。

项 目 练 习

1. 简述酒店管理者的四种管理风格。
2. 运用怎样的管理风格才能提高酒店的管理效能?请举例说明。

参 考 文 献

[1] 蔡万坤. 新编饭店客房管理 [M]. 广州：广东旅游出版社，2003.
[2] 王大悟. 饭店实用服务学 [M]. 北京：北京燕山出版社，1994.
[3] 吕建中. 现代旅游饭店管理 [M]. 北京：中国旅游出版社，1999.
[4] 平文英. 客房服务与管理 [M]. 大连：东北财经大学出版社，2000.
[5] 徐文苑. 饭店客房管理实务 [M]. 广州：广东经济出版社，2005.
[6] 范运铭. 客房服务员实战手册 [M]. 北京：旅游教育出版社，2006.
[7] 支海成. 客房部运行与管理 [M]. 北京：旅游教育出版社，2003.
[8] 贺湘辉，徐文苑. 饭店客房管理与服务 [M]. 北京：清华大学出版社，2005.
[9] 梭伦. 客房管理实务 [M]. 北京：中国纺织出版社，2001.
[10] 蒋丁新. 旅游饭店管理概论 [M]. 北京：高等教育出版社，1998.
[11] 邹益明，张世琪. 现代饭店房务管理与案例 [M]. 沈阳：辽宁科学技术出版社，2003.
[12] 国家旅游局人事劳动教育司. 客房服务与管理 [M]. 北京：旅游教育出版社，1998.
[13] 唐鹏德，等. 现代饭店经营管理 [M]. 上海：复旦大学出版社，2000.
[14] 孟庆杰，黄海燕. 前厅客房服务与管理 [M]. 广州：广东旅游出版社，2000.